도산 안창호/민족개조론

도산 안창호/민족개조론

@이광수 2022

초판 1쇄 인쇄 | 2022년 05월 23일
초판 1쇄 발행 | 2022년 05월 27일

지은이 | 이광수
펴낸이 | 이호림
디자인 | 박동화·이강선
펴낸곳 | 도서출판 글도
출판등록 | 제128-90-10700호(2008. 3. 15.)
전화 | 031-765-6137
팩스 | 031-766-6137
주소 | 경기도 광주시 초월읍 현산로69 106-406

이메일 | snowangel1@naver.com
홈페이지 | http://cafe.naver.com/ilnp2
ISBN | 979-11-87058-68-7 03800

이 도서의 국립중앙도서관 출판예정도서목록(CIP)은 서지정보유통지원시스템 홈페이지(http://seoji.nl.go.kr)와 국가자료공동목록시스템(http://www.nl.go.kr/kolisnet)에서 이용하실 수 있습니다.

*책값은 뒤표지에 있습니다.
*파본은 구입하신 서점에서 교환해 드립니다.

도산 안창호 / 민족개조론

이광수 저

서 문

저희 출판사가 펴내고 있는 한국의 근대문학 시리즈 네 번째 인물입니다. 바로 춘원 이광수입니다.

춘원은 우리 근대문학의 사실상의 최전선에 선 선구자이고, 최초의 근대소설『무정』에서 볼 수 있듯 우리 근대문학은 바로 이광수에서부터 시작한다고 하여도 과언이 아닙니다. 춘원은 주로 소설을 그중에서도 장편에 치중했으며, 우리 근대문학작가 가운데에서 가장 많은 분량의 원고를 남긴 분일 것입니다.

이번 저희가 펴낸 책은 춘원의 본령이었다고 할 수 있는 장편소설은 아닙니다.『도산 안창호』라는 평전에 가까운 전기와『민족개조론』이라는 논설입니다.

춘원은『무정』을 비롯하여『사랑』『유정』『흙』『단종애사』등의 장편소설과 역사소설 등 다양한 주제와 소재의 소설들을 썼지만, 그 이외의 논설이라든가 평문, 전기 등 다양한 장르의 글에도 손을 대었습니다. 이광수의 삶이 단지 작가로써만 묶어두기에는 그 함의와 진폭이 굉장히 넓고 방대했다는 점에서 그의 작품쓰기도 다양한 장르에 미치고 있었던 것은 당연한 과정이었다는 생각입니다. 특히 민족문제에 대한 춘원의 천착은 뿌리 깊고 절박한 것이었다고 하겠습니다.

그래서인지는 몰라도 춘원의 작품 가운데에서 그를 대표할 대표작을 손꼽으라고 하면 꼭 그의 소설만이 거론되는 것은 아닌 듯합니다. 춘원의 작품 가운데에서 가장 잘된 것 셋만 고르라고 하면 장편소설『흙』과 전기『도산 안창호』그리고 논설『민족개조론』을 드는 경우가 흔합니다. 춘원이 단지 작가로서만 우리 곁에 존재하는 것이 아니라, 민족 지도자 가운데의 한분으로서 현상되고 살고 계시다는 점에서 그다지 놀라운 일은 아니라고 하겠습니다.

금번 저희가 내는 책은 춘원의 대표작으로 꼽히는 『도산 안창호』와 『민족개조론』을 하나로 묶어 엮은 것입니다. 두 작품을 하나로 묶은 데에는 저희 나름의 이유가 있었습니다. 두 작품이 하나는 전기요 다른 하나는 논설이라는 장르상의 차이가 있지만, 그 두 개의 작품이 공히 안창호 선생과 관련이 있다는 점이었습니다. 춘원의 의식세계에서는 그러했다고 하는 것입니다. 춘원은 민족지도자 가운데 선배인 도산을 가장 존경하고 따르고 있었고, 그래서 해방 후 그를 기리는 전기를 썼던 것 같고, 『민족개조론』이라는 논설이 나오게 된 배경에도 역시 도산이 그 중심에 자리잡고 있었던 것입니다.

춘원은 생전에 그가 존경했던 도산을 대중에게 많이 알리고 싶어 했던 것으로 드러납니다. 그게 우리 민족을 살리는 길이라고 믿었기 때문이 아닌가 싶습니다. 춘원의 이 두 작품 『도산 안창호』와 『민족개조론』을 함께 읽으면 도산을 이해하고 받아들이는데 그 무엇보다도 좋은 경험이 되리라는 판단입니다. 더불어 춘원이라는 우리나라의 큰 작가를 이해하는 데에도 많은 도움이 되리라고 봅니다.

여태껏 춘원의 이 두 작품 『도산 안창호』와 『민족개조론』이 한데 묶여 출간되어 나온 적이 없었습니다. 저희 출판사에서 최초로 이와 같은 작업이 이루어지게 된 것에 출판사로서 크게 기쁘게 여기고 있습니다. 독자 여러분의 성원 덕분이라고 생각합니다. 감사합니다.

2022년 임인년 무르익어가는 봄날에

차 례

서문 · · · · · · · · · · · · · · · · · · · 4

도산 안창호(島山 安昌浩)

투쟁생애편(鬪爭生涯篇)

1장 소년시대 – 쾌재정(快哉亭)의 웅변 · · · · · · · 11
2장 미주유학시대 – 교포(僑胞)의 조직과 훈련 · · · · 18
3장 신민회(新民會)시대 – 한말 풍운과 민족운동 · · · 26
4장 망명 – 실국(失國) 전후의 극적 사안 · · · · · · 50
5장 미주활동시대 – 살아있는 태극기와 애국가 · · · · 69
6장 상해시대(上海時代) – 임시정부에서 대독립당까지 · 80
7장 피수순국시대(被囚殉國時代) – 민족정신의 수호자 · 113

국민훈련편(國民訓練篇)

8장 자아혁신(自我革新) · · · · · · · · · · · 130
9장 송태산장(松苔山莊) · · · · · · · · · · · 148
10장 흥사단(興士團) · · · · · · · · · · · · 167
11장 동지애(同志愛) · · · · · · · · · · · · 219
12장 이상촌 계획(理想村 計劃) · · · · · · · · 236
13장 상애(相愛)의 세계 · · · · · · · · · · · 248

민족개조론(民族改造論)

- 변언(辯言) · · · · · · · · · · · · · · · · · · · 270
- 민족개조(民族改造)의 의의(意義) · · · · · · · · · · 271
- 역사상(歷史上)으로 본 민족개조운동 · · · · · · · · 276
- 갑신이래(甲申以來)의 조선의 개조운동 · · · · · · 284
- 민족개조(民族改造)는 도덕적(道德的)일 것 · · · · · 293
- 민족성(民族性)의 개조(改造)는 가능한가 · · · · · 303
- 민족성(民族性)의 개조(改造)는 얼마나한 시간을 요할까 315
- 개조의 내용(內容) · · · · · · · · · · · · · · · · 327
- 개조의 방법(方法) · · · · · · · · · · · · · · · · 342
- 결론(結論) · · · · · · · · · · · · · · · · · · · 351

[후기] 이광수와 안창호 · · · · · · · · · · · · · · 356

도산 안창호(島山 安昌浩)

투쟁생애편(鬪爭生涯篇)

1장 소년시대 – 쾌재정(快哉亭)의 웅변

금수강산의 이름이 있는 대동강 연안이 선생의 고향이요, 출생지요, 만년의 잠시간 칩거지(蟄居地)다.

안씨의 세거지(世居地)는 평양 동촌이니 대동강 동안 낙랑(樂浪) 고분(古墳) 남연이요, 선생이 출생하기는 대동강 하류에 있는 여러 섬 중의 하나인 도롱섬이다. 이는 그 부친이 농토를 구하여 동촌으로부터 도롱섬으로 이거한 까닭이요. 그 후에 그 백씨는 다시 강서군 동진면 고일리로 이사하기 때문에 선생의 적이 강서로 된 것이다.

선생의 이름은 창호(昌浩), 호는 도산(島山), 서력 1878년 무인년 11월 12일에 위에 말한 도롱섬 한 농가의 차남으로 태어났다. 어려서 고향에 있는 사숙(私塾)에서 공부했는데, 그 천성의 명민함이 이미 드러나서 사람들을 놀라게 하였다.

청일전쟁의 갑오년(1894년)은 무인생인 도산이 17세 되던 해였다. 그는 평양에서 일본군과 청군이 접전하는 양을 보고 또 전쟁의 자취를 보았다. 평양의 주민은 헤어지고 고적과 가옥은 파괴되었다.

총각 안창호는 어찌하여 일본과 청국이 우리 국토 내에 군대를 끌고 들어와서 전쟁을 하게 되었나 생각하였다. 그의 소년시대의 동지요 수년 연상인 필대은(畢大殷)과 이 문제를 토의하노라고 야심토록 담론하였다. 그래서 도산은 한 결론을 얻었다.

"타국이 마음대로 우리 강토에 들어와서 설치는 것은 우리나라에 힘이 없는 까닭이다." 라고.

다음 해가 을미년, 청일전쟁에 청국이 일본에게 패하여 마관조약(馬關條約)에서 조선의 독립이 두 나라로부터 승인된 것이다. 다시 말하면, 청국의 태종(太宗)의 조선 침입, 조선 인종(仁宗)의 남한산성 항복 이래 이백 수십 년 간 청국이 조선에 대하여서 가졌던 종주권을 승전자 일본의 요구에 의하여 포기한 것이다. 이리하여 조선은 국호를 고쳐서 대한이라 하고, 대군주(大君主)를 고쳐 대황제(大皇帝)라 하고, 동서 열강과 외교관을 교환하고 겉으로는 독립국의 체면을 꾸몄다.

이때에 황제와 그 근신(近臣)은 무엇에 주력하였는가. 궁전의 예의를 황제식으로 고치고, 목조에서 태조까지 4대를 황제로 추숭(追崇)하고 등등 체제를 정비하기에 골몰했다. 정갈한 국고(國庫)는 매관매작(賣官賣爵)으로 충용(充用)하는 옛 한(漢)나라 조착(晁錯)의 논법을 썼으니, 방백 수령을 비싼 값으로 사가지고 간 사람들은 적어도 본전의 몇 배를 벌지 아니하면 아니 되었다. 그들은 남원 부사 변학도(卞學道)의 방법을 배웠다.

이리하여 독립이 왔기 때문에 국보(國步)는 더욱 가난하고 민생은 더욱 도탄에 괴로워하였다.

도산은 생각하였다.

'힘이 없구나!'

힘은 없고 이름만 있는 대한의 독립이었다. 총각 안창호도 이러한 무력한 국토를 노리는 자가 있는 것을 간파할 수가 있었다. 그것은 전패한 청국은 차치하고 러시아와 일본이었다.

러시아는 슬라브 민족의 뒤떨어진 운명을 만회하려고 표트르 대제 이래로 분기하였다. 다른 민족들이 모두 바닷가, 기후·풍토가 좋은 지역을 차지하여 안락과 부강을 누릴 때에 슬라브족은 무슨 연고인지 아무도 살기를 원치 아니하는 동토·흑토·적토의 밤과 낮이나 차고 더운 것이 고르지 못한 세계의 뒷골목에서 칩거하고 있었다.

슬라브 민족이 이 불운한 처지를 벗어나는 길은 서쪽으로 대서양과 지중해로 진출하는 것이 제1의 길. 남으로 인도양이 제2의 길. 동으로 태평양이 제3의 길이었다. 그중에서 제1의 길은 당시 영·불·독의 세 강국이 있어서 도저히 범접할 희망이 없고, 제2의 길인 인도양 길은 영국의 세력범위 내요, 오직 하나 만만한 데가 제3의 길인 태평양 길이었다. 이에 러시아는 노(老)한 청 제국을 압박하여 네르친스크 조약으로 흑룡강 이북의 땅을 할양케 하고, 만주의 모든 권익을 승인케 하며, 조선을 엿보는 것이었다. 러시아가 역사적으로 주위의 초점을 삼는 지점이 둘이 있으니, 그것은 곧 지중해로 나아가는 다다넬스 해협과 태평양 상의 기지로 조선이었다.

총각 안창호는 새로 독립을 얻은 조국이 북으로는 러시아의 수연(垂涎)의 대상이 되고, 동으로는 일본의 대륙 진출의 기지로서의 대상이 된 것을 알았다. 일본이 청국에 대한 승전의 결과로 조선의 독립을 주요한 요구로 한 것은, 우선 조선을 청국의 농중(籠中)에서 꺼내어 놓고 서서히 자기 농중에 넣을 공작을 하려는 흉담인 것은 삼척동자라도 추측할 수 있는 일이었다.

이때에 조선이 할 일은 급급히 서둘러서 러시아와 일본이 덤비기 전에 국력을 충실히 해서 독립의 기초를 공고히 하는 것이었다. 그러하거늘 묘당(廟堂)의 의(議)는 이에 나아갈 줄을 모르고 혹은 러시아에 아첨하고, 혹은 일본에 친하여 일시 구안(苟安)을 찾거나 자가 자파의 세력 부식에만 급급하였다.

이때에 러시아와 일본의 악독한 어금니를 피할 방책으로 이이제이(以夷制夷), 즉 오랑캐로 오랑캐를 제어하는 구투(舊套)를 쓴 것이 광무제의 영·불·독 등 여러 강국을 끌어들여 호시탐탐한 러시아 일본 두 나라를 견제하는 것이었다. 이로 하여서 한성은 여러 강국의 외교쟁패의 음모장이 되었다.

이때에 미국에 오랫동안 망명하였던 서재필(徐載弼)이 미국 시민 자격으로 조선 정부의 고문이 되어서 한성(漢城)에 돌아왔다.

서재필은 갑신정변에 김옥균(金玉均)·박영효(朴泳孝) 등과 같이 거사하였다가 실패하여서 미국으로 망명하매 그의 삼족은 모조리 잡혀 죽임을 당하였고, 그 자신 역시 사형을 받은 죄인이었다. 광무제가 바로 김옥균들의 손으로 경우궁(景祐宮)에 파천되었던

이요, 청군에 의부(依附)한 민씨 일파의 구세력에게 들러붙어 김옥균 이하를 내어버린 이다.

서재필은 망명 신세로 조국을 떠난 지 십수년 만에 조국의 독립 완성, 모든 정치를 새롭게 하자는(庶政一新) 웅장한 계획과 열정을 품고 고국에 돌아왔다. 그는 나라의 독립과 부강이 국민의 각성과 단결에 있음을 역설하여 이상재(李商在)·이승만(李承晩) 등 동지를 규합하여서 독립협회를 조직하고, 『독립신문』을 발간하고 사대(事大)의 유물인 모화관(慕華館)을 독립관(獨立館)이라고 개칭하여, 거기서 조선에서는 처음인 연설회를 연속 개최하여 세계의 대세와 정치를 잘하고 못하는 것과 국가의 나아갈 길을 논하고, 일변으로 서재필 자신이 광무제와 당시의 코 높은 관리들을 혹은 계몽하고 혹은 힐책하여 나라의 운명이 알을 포개어 놓은 것처럼 위태함을 경고하였다. 독립협회는 세를 확대하여 만민공동회(萬民共同會)가 되었다.

이때에 총각 안창호는 동지 필대은 등과 함께 평양에서 궐기하여 쾌재정(快哉亭)에 만민공동회 발기회를 열고 그 자리에서 감사 조민희(趙民熙)를 앞에 놓고 수백 명 집회 중에 일대 연설을 하여 조민희로 하여금 감탄을 금하지 못하게 하고 안창호의 명성이 관서 일대에 진동케 되었던 것이다.

그러나 도산은,

"힘이다. 힘이다."

하고, 힘이 독립의 기초요, 생명인 것을 통감하였다.

그러면 힘이란 무엇이냐?

국민이 도덕 있는 국민이 되고 지식 있는 국민이 되고 단합하는 국민이 되어서 정치·경제·군사적으로 남에게 멸시를 아니 받도록 하는 것이었다.

그러한 국민이 되는 길은 무엇이냐?

국민 중에 덕 있고 지식 있고 애국심 있는 개인이 많이 생기는 것이다.

그렇게 하는 길은 무엇이냐?

우선 나 자신이 그러한 사람이 되는 것이다. 내가 덕 있고 지식 있고 애국심 있는, 즉 힘 있는 사람이 되면 우리나라는 그만한 힘을 더하는 것이다.

또 나 자신이 힘이 없이 남을 힘 있게 할 수 없음은 마치 내가 의술을 배우지 아니하고 남의 병을 고치려는 것과 같이 어리석은 일이다.

그러므로 나는 공부하자.

도산은 이렇게 결심하였다. 이러한 사고 방법은 도산이 평생에 쓰는 방법이었다.

그때에 도산은 이씨 부인과 약혼 중에 있었으나 혼인은 공부하고 돌아온 뒤에 할 터이니 그때를 기다리든지 그렇지 아니하면 다른 데로 출가시키라, 십년 전에는 돌아올 기약이 없다고 이씨 집에 선언하고는 미국으로 향하는 길에 서울로 올라왔다. 서울에 올라와서는 시국을 관망하면서 정동 미국 선교사의 사숙(배재(培材)의 모체)에서 얼마동안 공부하다가 만민공동회가 구세력의 사주를 받은 보부상파(褓負商派)의 습격을 받고 정부의 큰 탄압을 받아 부서지자 서재필은 미국으로 물러가고, 윤치호는 중국으로 빠져나가고, 이승만은 감옥에 갇히게 된 이듬해인 기해년, 22세 때에 인천서 미국선을 편승하고 미주로 향하였으니, 이때에 이씨 부인은 죽을 데를 가더라도 같이 간다 하여 편발로 도산을 따라와서 바로 배 타기 직전 인천에서 초례(醮禮)를 치르고 남편 도산의 뒤를 따랐다.

2장 미주유학시대 – 교포(僑胞)의 조직과 훈련

　도산이 청운의 뜻을 품고 북미에 상륙한 때(1899년)는 22세의 청년이었다. 그의 목적은 학업에 있었으나 당시에 미국에 이민한 한국 동포들의 현상은 도저히 그로 하여금 학창에 전념할 틈을 주지 않았다.
　샌프란시스코에 상륙한 지 얼마 안 된 어떤 날 도산은 길가에서 한인 두 사람이 상투를 마주잡고 싸우는 광경을 미국인들이 재미있게 보고 있는 것을 보았다. 도산은 뛰어들어가 그들의 싸움을 말리고 그 싸우는 연고를 물었다.
　그들은 이 근방에 흩어져 사는 중국 교민들에게 인삼행상을 하는 이들이었다. 이때에는 아직 가게를 벌이고 정당한 상업을 경영하는 한인은 없고 대부분이 인삼장수와 노동자였다. 도산이 길가에서 싸움을 말린 두 동포의 싸움의 이유는 협정한 관계 지역을 범하였다는 것이었다.
　도산은 이것이 인연이 되어서 샌프란시스코에 재류(在留)하는 동포를 두루 찾아 그 생활상태를 조사하였다.

그래서,

"당당한 독립국민의 자격이 없다. 이들이 이러하기 때문에 미국인들이 우리 민족을 보기를 미개인이라 하고 독립 국민의 자격이 없다고 보는 것이다." 라고 결론하였다.

도산은 여러 날 고민한 끝에 공부한다는 목적을 버리고 우선 미주 재류동포가 문명한 국민다운 생활을 하도록, 그리하여서 보기에 한국인은 문명한 민족이다, 넉넉히 독립국가를 경영할 만한 소질도, 실력도 있는 국민이라고 볼 수 있는 정도까지 끌어올리기에 노력하리라고 결심하였다.

도산은 이 뜻을 동지로 동행한 이강·김성무·정재관 등에게 통하였다. 그들도 동감이라 하며 우리 4인은 이 목적을 달하기까지에는 이 사업을 중지하지 말자고 약속하고, 또 도산의 생활비는 다른 3인이 벌어 댈 테니 도산은 동포 지도에 전력하라고 도산을 격려하였다.

도산은 더욱 감격하여서 미국에 있는 동포의 생활향상을 위하여 분골쇄신하기로 스스로 맹세하고 그날부터 일을 시작하였으니, 이것이야말로 그가 몸을 바쳐서 민족운동을 한 첫날이었다. 빛나는 정치운동이나 혁명운동이 아니라 만리타국에 유리하여 와있는 불과 몇 백 명의 무식한 동포의 계몽을 위하여 청운의 웅지를 버리고 나서는 22세의 청년 안창호를 상상할 것이다.

그는 그날부터 재류동포의 호별 방문을 시작하여 그들의 생활상태를 시찰하였다. 첫째로 그의 눈에 띈 것은 동포들이 거주하는 거처가 불결한 것이었다. 셋방이나 셋집을 물론하고 장식이 없고 소재가 불충분하여서 밖에서 얼른 보아도 어느 것이 한인이 사는 집인지 알 수 있을 정도였다. 첫째, 한인이 거처하는 집으로 눈에 띄는 것은 유리창이 더럽고 문장(門帳)이 없는 것이었다. 서양인의 창에는 반드시 그것이 있었다. 둘째로 눈에 띄는 것은, 문 앞이 더러울 뿐더러 오는 손님을 기쁘게 하는 화초가 없는 것이요, 셋째로는 실내가 불결하고 정돈되지 않고 또한 미화되지 않은 것이었다. 그리고 여러 집을 찾아다닌 결과로 발견된 것은 집에서 불쾌한 냄새가 나는 것이었다. 이 냄새로 인하여 이웃에 서양인이 살 수가 없어서 집을 떠나는 일도 있었다. 그 다음에 이웃 사람이 싫어하는 것은, 고성담화(高聲談話)와 훤화(喧譁)였다.

이에 도산은 몸소 한 집 한 집 청소운동을 시작하였다. 처음에는 동포들이 도산이 하는 일을 의심도 하고 거절도 하였으나 차차 신임하여서 도산을 환영하였다. 그는 손수 비로 쓸고, 훔치고, 창을 닦고 또 헝겊과 철사를 사다가 창에다 얌전하게 커튼을 만들어 치고, 문 앞에 화분을 놓거나 꽃씨를 뿌리고 주방과 변소까지도 깨끗이 치웠다.

도산은 소제인부가 되어서 이 모양으로 동포의 숙소를 청결히 하고 미화하였다. 이것은 몇 달이 지나지 않아서 동포의 생활을 일변케 하였다. 그것은 다만 거처의 외양만이 변한 것이 아니요, 그 정신생활에까지 변화를 일으켰다.

"의관을 정제히 하면 중심이 필칙(必飭)한다"는 말과 같이 더럽고 산란한 환경에 기거하는 것과 정결하고 정돈한데 있는 것은 마음에 일어나는 생각이 다른 것이었다. 동포들은 어느새 면도를 자주하고, 칼라와 의복을 때 안 묻게 하게 되고, 담화도 이웃에 방해가 안 되도록 나지막한 소리로 하게 되고, 이웃사람이 싫어하는 냄새나 음성이나 모양을 안 보이려고 애를 쓰게 되었다.

"양코놈들한테 왜 눌리느냐. 그놈들이야 뭐라든지 내 멋대로 한다." 하고 뽐내던 몇 동포도, 이럴 게 아니라 서로 이웃을 위하는 것이 문명인의 도리요, 또 여기서 한 한인이 미국인에게 불쾌한 생각을 주면 이는 전 미국인으로 하여금 우리 민족 전체를 불쾌하게 생각하게 하는 것인 줄을 깨닫게 되었다.

이 모양을 하는 동안에 도산은 신뢰를 받아서, 동포들은 어려운 일이 있으면 의논하러 오고, 또 도산을 집에 청하여서 식사도 대접하였다. 도산은 이러한 신뢰의 날이 오기를 기다리고 묵묵히 소제 인부와 심부름꾼의 노력을 계속하였던 것이다.

동포의 신뢰를 얻게 되매 도산이 처음으로 동포 간에 제의한 것은 인삼행상의 구역을 공평하게 정하되 1개월씩 서로 구역을 교환하는 것과, 인삼의 가격을 협정하여서 서로 경쟁하여 값을 떨어뜨리게 하는 폐단이 없게 하는 것이었다.

도산은 이 모양으로 점차 동포에게 협동과 준법(遵法)의 훈련을 하여서 될 수 있으면 인삼 행상들을 단합시켜 계를 만들어 매입과 매출을 하나의 큰 조직에서 관리함으로써 신용과 이익의 안정을 보장하려 하였다.

둘째로는 노동력의 공급에 관한 것이니, 한인의 노동력을 통합, 공급하는 기관을 만들어서 거기서 미국인의 노동력 주문을 받고 한인의 노동력을 공급함으로써 노동자들의 최저임금을 보장하고 또 실직이 없게 하자는 것이었다.

그러나 여기서도 그의 평생의 사업 원리를 적용하였으니, 그것은 점진적으로 민중의 자각을 기다려서 하는 것, 민중 자신 중에서 지도자를 발견하여 그로 하여금 민심을 결합케 하고 결코 도산 자신이 지도자의 자리에 서지 아니하는 것이었다. 공립협회(共立協會)를 세우고 『공립신보(共立新報)』를 발간하고 다시 확대하여 미주국민회가 되고 『신한민보(新韓民報)』라는 신문이 될 때에도 도산은 늘 배후에 있었다. 그가 국민회장이 된 일이 있으나 그것은 훨씬 후의 일이었다.

도산이 이 모양으로 독특한 민족운동을 시작한 지 1년쯤 하여 이 운동의 효과가 미국인에게 반영된 결과가 생겼다.

필자는 그의 이름을 잊었거니와, 샌프란시스코 자본가의 하나요 가옥을 많이 가지고 있는 모 미국인이 그의 집에 세를 들어있는 한국인에게,

"당신네 나라에서 위대한 지도자가 왔소?" 하고 물었다. 무엇을 보고 그러느냐 한즉 그 미국인은,

"당신네 한인들의 생활이 일변하였소. 위대한 지도자 없이는 이리 될 수 없소." 하므로, 한국인들은 안창호라는 사람이 와서 지난 1년 동안 우리를 지도하였다고 대답하였다.

"그럴 것이오. 나, 그이 한번 만나고 싶소." 하여 도산이 그와 면회하였다. 그는 도산이 백발을 흩날리는 노인이 아니요, 새파란 젊은이인 것을 보고 더욱 놀랐다고 한다.

그 미국인 집주인은 도산을 극구 칭양하고 도산의 공적에 감사하는 뜻을 표하기 위하여 자기 가옥에 거주하는 한국인의 집세를 매년 1개월을 감하겠다는 것을 선언하고, 또 도산이 한국인을 지도하기에 사용할 회관 하나를 무료로 제공할 것을 자청하였다. 이리하여 얻은 집이 한국인의 최초의 회관이요, 예수교회가 되었다.

이에 공립협회가 조직되고 순국문으로『공립신보』가 발간되고, 샌프란시스코뿐만 아니라 캘리포니아 주 여러 도시에 흩어져 있는 한국인을 조직하고, 나아가서는 하와이, 멕시코에 있는 동포까지도 합하여 대한인국민회(大韓人國民會, Korean National Association)를 설립한 것이다. 대한인국민회는 그 출발로 보아, 또 조직자요 지도자인 도산의 의도와 인격으로 보아 단순한 교민단체만이 아니었다. 그것은 일종의 민족수양운동이요, 독립을 위한 혁명운동이요, 민주주의 정치를 실습하는 정치운동이었다. 그러나 그뿐이 아니었다. 대한인국민회는 재미동포의 보호기관이요, 취직 알선 기관이요, 노동조합이요, 권업기관(勸業機關)이요, 문화향상 기관이었다. 이제 그 실제 활동의 한두 예를 들어서 그 본래의 성격과 공적을 살펴보자.

캘리포니아 주 행정청에서 한인에 대한 것은 국민회에 자문하였고, 또 한인에게 알리고자 하는 것은 이 회를 통하여서 하였다.

미국에 새로 입국하는 한인은 여권이 없거나 법정 휴대금이 없는 경우에라도 국민회에서 이민국에 보증하면 통하였다.

사업주들이 노동력이 필요할 때에는 국민회를 통하여서 한인 노동력을 구하였고, 국민회는 응모하는 동포의 보증인이 되었으며, 사업주와 동포 간의 이해 충돌이 있을 때에는 국민회가 나서서 동포의 이익을 보호하였다.

국민회는 동포에게 매년 5달러의 국민의무금을 징수하고 각 지방 대의원과 총회장의 선거를 투표로 하여서 민주정치의 훈련을 하였다.

본국으로부터 여행자나 유학생이 올 때에는 이들의 편의를 주선하였다. 동포 상호간의 쟁의가 있을 때에는 그것을 미국 법정에 끌고 가지 아니하고 재결하였다.

생활개선을 지도 장려하여서 국민의 명예를 보전 발양하도록 하고 외인의 비웃음을 받지 아니하도록 하였다.

제1차 세계대전이 휴전이 되자 대한인국민회 총회장 안창호 명의의 신임장으로 이승만 박사를 워싱턴으로 파견하여 독립운동을 개시하였으니, 이것은 상해에서 신한청년당(新韓青年黨)이 김규식 박사를 파리 강화회의에 파견한 것과 아울러 한국 독립운동의 중요한 사실이었다.

회원의 성금을 모아 이승만 박사의 워싱턴 위원부의 경비를 부담하고 또 상해임시정부 경비의 절반과 중경체재 중인 임정 요인의 생활비를 보내었다.

제2차 세계대전 끝에는 재미한족연합회(在美韓族聯合會)를 조직하여 대표자 15인을 본국에 파송하여 독립운동에 합력케 하였다.

대한인국민회는 실로 40여 년의 역사를 가진 민족운동 단체로서, 그 수명으로나 공적으로나 우리 민족사에 대서특필할 위업이라고 아니할 수 없다.

국민회는 제1차 세계대전 전까지는 시베리아에도 원동(遠東)지부가 있어서 바로 제1차 세계대전이 터지던 여름에도 치타에서 원동 각지 국민회 대의원회가 열려 3일간 회의를 계속하였다. 그때에 출석인원은 50명이 넘었거니와, 멀리 크라스노야르스크 지방에서까지 대의원이 와 있었다. 치타에는 이강(李剛)이 중심이 되어 기관지 『정교보(正敎報)』를 발행하고 있었다. 그러나 대전이 일어난 뒤에 러시아 영토 안의 국민회 운동은 소멸되고 말았다.

도산이 북미주 동포를 조직하여 놓았을 때에 러일전쟁이 끝이 나고 조국의 운명이 그 당시 우리 신문지상에 예투(例套)로 쓰는 문자로 '누란급업(累卵岌業)'이었다. 이에 도산은 북미동포의 재촉으로 일본을 경유하여 고국에 돌아왔으니, 이른바 을사조약이 이미 한국의 자주독립권의 일부를 박탈하여 일본의 한국 병탄이 오늘인가 내일인가 한 때였다.

3장 신민회(新民會)시대 - 한말 풍운과 민족운동

　포츠머스 조약(1905년 미 포츠머스에서 조인된 러일전쟁의 강화조약)에서 중재자인 미국 대통령 시어도어 루스벨트는 일본의, 한국과 만주에 대한 특수권익이란 것을 인정하여버렸다. 영국도 이것을 승인하였다. 러시아가 한국의 북위 39도선 이북을 일본과 자기 나라 사이의 중간지대로 하여 서로 주병(駐兵)하거나 기지를 세우지 말자던 일본과의 조약의 권리를 상실한 것은 물론이거니와, 용암포를 러시아의 기지로 한국에 강요한 것은 마산포의 강요와 아울러 일본을 격발하여 러일전쟁을 일으킨 한 원인이 되었던 것이다.
　도산은 환국하는 길에 동경에서 유학생 중 저명한 인물들과 만났다. 그때에 동경에는 '태극학회(太極學會)'라는 유학생 단체가 있었다. 유학생 단체라고는 하나 일종의 애국적 정당이어서, 그 회합에서는 국가의 운명과 시국에 대한 대책을 토론하였고 『태극학보(太極學報)』를 발행하여 널리 국내 동포에게 정치적 계몽운동을 하고 있었다. 『태극학보』는 당시 우리나라에서는 손에 꼽히는 애국적·정치적인 잡지였다. 얼마 후에 '대한유학생회'라는 것이 생겼다. 도산은 이 태극학회의 간부를 방문하였고, 그가 주최한 학생회에서 일장의 강연회를 행하였으니, 이것은 청중에게 우리나라에 큰인물이 났다 하는 감격을 크게 주었다.

그때는 도산이 처음 고국을 떠난 지 8년 후로 30세의 청년이었다.

도산은 동경에서 첫 명성을 높인 것도 한 원인이 되어서 서울에 들어오는 길로 전 사회의 주목을 끌었다. 그의 당당한 풍채라든지, 웅장한 음성이라든지 열성 있는 인격이라든지는 얼마 안 되어 유근·박은식·장지연 등 언론계의 지도자와 유길준 등 관계의 선각자와 이갑·이동휘·노백린 등 청년장교요 지사들이며, 이동녕·이시영·전덕기·최광옥·이승훈·유동열·유동주·김구 등과 동지의 의를 맺게 되었다.

특히 도산의 연설은 유명하였다. 도산의 연설이 있다면 회장이 터지도록 만원이 되었다. 그의 신지식과 애국·우국의 극진한 정성과 웅변은 청중을 감동시키기에 충분하였다. 그는 거의 연일 연설하였다. 그가 동포에게 호소하는 주지는 일관하였으니, 곧 지금 세계가 민족경쟁시대라, 독립한 국가가 없고는 민족이 서지 못하고 개인이 있지 못한다는 것과, 국민의 각원이 각성하여 큰 힘을 내지 아니하고는 조국의 독립을 유지할 수 없다는 것과 큰 힘을 내는 길은 국민 각 개인이 각자 분발·수양하여 도덕적으로 거짓 없고 참된 인격이 되고, 지식적으로 기술적으로 유능한 인재가 되고 그러한 개인들이 국가 1,000년의 대계를 위하여 견고한 단결을 해야 한다는 것이었다.

그는 세계의 대세를 설하고 한국의 국제적 지위가 어떻게 미약하고 위태하여 흥망이 목첩(目睫)에 있음을 경고하고, 그런데 정부 당국자가 어떻게 부패하고 국민이 어떻게 무기력함을 한탄하고, 나아가서 우리 민족의 결함을 척결하기에 사정이 없었다. 지금에 깨달아 스스로 고치고 스스로 힘쓰지 아니하면 망국을 뉘 있어 막으랴 라고 눈물과 소리가 섞이어 흐를 때면 만장이 느껴 울었다. 그러나 그는 뒤이어서 우리 민족의 본연의 우미성(優美性)과 선인의 공적을 칭양(稱揚)하여, 우리가 하려고만 하면 반드시 우리나라를 태산반석(泰山盤石) 위에 세우고 문화와 부강이 구비된 조국을 이룰 수 있다는 것으로 만장청중으로 하여금 서슴지 않고,

"대한독립만세"를 고창하게 하였다.

이 모양으로 도산의 귀국은 국내에 청신한 기운을 일으켰다. 특히 주목할 것은 그의 민족운동 이론의 체계였다. 다만 우국·애국의 열정만이 아니라 구국제세(救國濟世)의 냉철한 이지적인 계획과 필성필승(必成必勝)의 신념이었다. 도산의 사념과 신념은 당시의 사상계에 방향을 주고 길을 주었으니, 곧 각 개인의 자아수양과 애국동지의 굳은 단결로 교육과 산업진흥에 전력을 다하는 것이었다.

도산은 지식인들의 여론 통일에 노력하였으나, 당시도 지금이나 마찬가지로 급진론자가 많았다. 그때에 급진론이라면, 당장에 정권을 손에 넣어서 서정을 혁신하고 국가의 총력을 기울여서 독

립을 이루어야 한다는 것이니, 이 급진론은 도산이 그 중심인물이 되기를 청하였다. 그러나 도산은 이 급진이 성공 못할 것을 역설하고, 오직 동지의 결합훈련과 교육과 산업으로 국력과 민력을 배양하는 것만이 유일한 진로라고 단정하고 주장하였다. 그러면 급진론자는 '국가의 존망이 목첩에 달린 이때에 국력과 민력의 배양을 말하는 것은 백년하청(百年河淸)을 기다리는 것'이라고 도산의 정로점진론(正路漸進論)을 불만스럽게 생각하였다.

그러나 도산은 힘없는 혁명이 불가능함을 말하였다. 갑신정변의 김옥균 일파의 독립당 운동도 그러하였고 정유년의 서재필·이승만의 독립당 운동도 그러하였다. 번번이 '시급'을 말하고 '백년하청'을 탄하여서 '있는 대로 아무렇게나'로 거사하여서 번번이 실패하지 아니하였는가. "갑신년부터 단결과 교육산업주의로 국력배양운동을 하였던들 벌써 20여년의 적축(積蓄)이 아니겠는가. 정유년부터 실력운동을 하였어도 벌써 10년 생취(生聚), 10년 교훈이 아니었겠는가. 오늘부터 이 일을 시작하면 10년 후에는 국가를 지탱할 큰힘이 모이고 쌓이지 아니하겠는가. 이 힘의 준비야말로 독립 목적 달성의 유일무이한 첩경이라"고 도산은 주장하였다.

도산이 급진론자를 경계하는 또 하나 큰 이유가 있었다. 그것은 조정에 뿌리를 박은 수구파 세력과 이등박문(伊藤博文)을 대표로 하는 일본 세력이었다.

급진론의 주장과 같이 신인들이 정권을 잡는 길은, 하나는 수구파(守舊派)와 합작하는 일이요, 또 하나는 일본의 후원을 받는 길이었다. 갑신의 김옥균이나 갑오의 박영효나 다 일본의 후원으로 수구파를 소탕하고 정권을 잡으려는 계획이었다. 그러나 외력을 빈다는 것이 원체 대의에 어그러질뿐더러 비록 외국의 위력으로 일시 반대파를 억압한다 하더라도 억압된 반대파가 반드시 매국적 조건으로 그 외력과 다시 결합하여 신파에게 보복할 것이다. 하물며 이미 충군애국(忠君愛國)의 정신을 멸여(蔑如)한 양반 관료랴. 그러므로 일본의 후원을 비는 것은 천부당만부당한 일이라고 도산은 역설하였다.

이때에 최석하(崔錫夏)가 이등박문과 자주 만나서 한국정치의 혁신공작을 하고 있었고, 그는 안창호 내각을 출현케 하는 것이 한국의 혁신을 위하여 가장 양책(良策)임을 이등에게 진언하였다. 동시에 도산에게 대하여서도 이등의 진의가 결코 한국의 병탄에 있지 아니하고 일본과 한국과 청국과의 삼국정립친선(三國鼎立親善)이야말로 서세동점(西勢東漸)을 막는 유일한 방책이라는 이등의 정견을 도산에게 전하였다.

이등도 도산을 만나고 싶다는 의향을 표시하였다.

당시 이등은 한국의 조정에 인물이 없음을 잘 알고 또 이랬다저랬다 신뢰할 수 없음을 알므로 민간지사 계급과 접근하여 이들 중에서 심복을 구하기를 원하였다.

도산, 이등 회견은 마침내 실현되었다. 이 일이 있게 한 것은 이갑, 최석하의 권유도 원인이 되거니와, 도산도 이등을 만나 그 인물과 정견을 알아보자는 필요와 욕망을 느꼈다.

이등과 회견하였던 도산의 후일의 기억은 대강 이러하였다.

이등은 일본의 동양제패의 야심을 교묘한 말로 표시하였다. 자기의 평생의 이상이 셋이 있으니, 하나는 일본을 열강과 각축할 만한 현대국가를 만드는 것이요, 둘째는 한국을 그렇게 하는 것이요, 셋째는 청국을 그렇게 하는 것이라고 말하고 또 일본에 대하여서는 이미 거의 목적을 달하였으나 일본만으로 도저히 서양 세력이 아시아에 침입하는 것을 막을 도리가 없으매, 한국과 청국이 일본만한 역량을 가진 국가가 되도록 하여서 선린(善隣)이 되어야 한다고. 그러므로 자기는 지금 한국의 재건에 전심력을 경주하고 있거니와, 이것이 완성되거든 자기는 청국으로 가겠노라고. 이렇게 말하고 이등이 넌지시 도산의 손을 잡으며 그대는 나와 같이 이 대업을 경영하지 아니하려느냐고 공명을 구하였다.

그리고 이등은 도산더러 자기가 청국에 갈 때에는 그대도 같이 가자고, 그래서 삼국의 정치가가 힘을 합하여 동양의 영원한 평화를 확립하자고, 이렇게 심히 음흉하게 말하였다.

이에 대하여 도산은 삼국의 정립친선이 동양평화의 기초라는 데는 동감이다. 또 그대가 그대의 조국 일본을 헌신한 것은 치하한다. 또 한국을 귀국과 같이 사랑하여 도우려는 호의에 대하여서는 깊이 감사한다. 그러나 그대가 한국을 가장 잘 돕는 법이 있으니, 그대는 그 법을 아는가 하고 도산은 이등에게 물었다. 이등은 정색하고 그것이 무엇이냐고 반문하였다.

도산은 일본을 잘 만든 것이 일본인인 그대인 모양으로 한국은 한국 사람으로 하여금 헌신케 하라. 만일 명치유신(明治維新)을 미국이 와서 시켰다면 그대는 어떻게 생각하겠는가. 명치유신은 안 되었을 것이라고 믿는다.

그리고 최후에 도산은, 일본이 한국 사람이나 청국 사람에게 인심을 잃는 것은 큰 불행이다. 그것은 일본의 불행이요, 동시에 세 나라 전체의 불행이다. 이것은 그대가 열심히 막으려는 서쪽 세력이 동쪽으로 쳐들어오는 유인이 될 것이다. 일본의 압박 밑에 있는 한인은 도움을 영국, 미국이나 러시아에 구할 것이 아닌가. 일본의 강성을 기뻐하지 아니하는 여러 강국은 한국인의 요구를 들어줄 것이다. 이리하여 일본은 여러 강국의 적이 되고 동양 여러 민족의 적이 될 것을 두려워하노라.

도산은 다시, 그대가 만일 사이좋은 이웃 나라의 손님으로 한양에 왔다면 나는 매일 그대를 방문하여 대선배로, 선생님으로 섬기겠노라. 그러나 그대가 한국을 다스리러 온 외국인이매 나는 그대를 방문하기를 꺼리고 그대를 친근하기를 꺼리노라.

한국의 독립을 재삼재사 보장하고 청일, 러일 양 전쟁 후도 한국의 독립을 위함이라던 일본에 대하여 한인은 얼마나 감사하고 신뢰하였던가. 그러나 전승의 일본이 몸소 한국의 독립을 없이할 때에 한국인은 얼마나 일본을 원수로 보는가. 한 · 일 양국의 이 현상이 계속되는 동안 한인이 일본에 협력할 것을 바라지 말라. 또 그대가 청국을 부축하여 도울 것을 말하나, 그것은 한국의 독립을 회복한 뒤에 하라. 청국 4억 민중은 일본이 한국에 대하여서 보호관계를 맺은 일로 하여 결코 일본을 신뢰하지 아니할 것이다.

도산은 상당히 흥분한 연설조로 여기까지 말하고, 끝으로,

"이 삼국을 위하여 불행한 사태를 그대와 같은 대정치가의 손으

로 해결하기를 바라노라." 하였다.

도산은 이등과의 면회에서 더욱 목하의 정치운동이 무의미·무효과함을 알았다. 심히 삼가는 이등의 말에서 도산은 두 가지를 발견하였다. 하나는 일본이 한국에 대하여 이것을 내어놓을 수 없다는 굳은 의도요, 또 하나는 현재 국내의 정치가로서는 역량에 있어서 이등과 겨룰 사람을 구하기 어렵다는 것이었다. 이등은 그 탁월한 식견과 수완 위에 전승 일본의 무력이라는 배경을 가지지 아니하였는가. 이 이등과 협력한다는 것은 곧 그의 약낭(藥囊)에 들어가는 것과 같은 것이었다.

도산은 이갑·최석하 등 이등을 이용하자는 정객들에게 그것은 도저히 불가능한 일일뿐더러 까딱하면 이등에게 역이용을 받아서 일진회(一進會)의 복철(覆轍)을 밟을 우려가 있다는 것을 정중히 경고하였다.

그리고 도산은 자기가 미국서부터 품고 온 계획대로 실행하기로 결의하고 신민회와 청년학우회의 조직에 착수한 것이다.

그는 우선 기본 되는 동지를 구하기 시작하였다. 그가 기본 되는 동지를 구하는 데는 두 가지 조건이 있었다. 하나는 믿을 만한 사람이요, 하나는 각 도에서 골고루 인물을 구하는 것이니, 이것은 본래 여러 가지로 불쾌한 악습이 된 지방색이란 것을 예방하기 위한 것이었다. 이리하여 구한 동지가 이동녕(李東寧)·이회영(李會英)·전덕기(全德基)·이동휘(李東輝)·최광옥(崔光玉)·이승훈(李承薰)·안태국(安泰國)·김동원(金東元)·이덕환(李德煥)·

김구(金九)·이갑(李甲)·유동열(柳東說)·유동주(流動株)·양기탁(梁起鐸) 등이었다.

이러한 동지를 기초로 신민회를 조직하니, 그 목적은 일(一) 국민에게 민족의식과 독립사상을 고취할 것. 이(二) 동지를 발견하고 단합하여 국민운동의 역량을 축적할 것. 삼(三) 교육기관을 각지에 설치하여 청소년의 교육을 진흥할 것. 사(四) 각종 상공업 기관을 만들어 단체의 재정과 국민의 부력을 증진할 것 등이었다.

신민회는 비밀결사로서 각도에 한 사람씩 책임자가 있고 그 말에는 군 책임자가 있어서 종으로 연락하고, 횡으로는 서로 동지가 누구인지를 잘 모르게 되어 있었다. 그리고 그 입회절차는 심히 엄중하여서 '믿을 사람', '애국 헌신할 결의 있는 사람', '단결의 신의에 복종할 사람' 등의 자격으로 인물을 골라서 입회를 시키는 것이요, 지원자를 받는 것이 아니었다. 그러므로 회가 조직된 지 몇 해가 지나도 그 가족친지까지도 그가 신민회원인 줄을 알지 못하였다. '비밀을 엄수하는 것'을 신민회원은 공부하였다.

신민회가 있다는 소문이 나고 일본 경찰이 이것을 탐색하게 된 것은 합병 후였던 것으로 보아서 이 단결이 어떻게 비밀을 엄수하였는지를 짐작할 수 있다. 소위 테라우치 총독암살음모사건(寺內總督暗殺陰謀事件)으로 700여 명의 혐의자가 경무총감부 아키라이시 모토지로의 명령으로 검거될 적에야 비로소 세상은 신민회라는 것과 누가 그 회원이라는 것을 알았다.

신민회는 중부와 남부에는 발달이 안 되고 경기 이북, 그중에도 황해·평양 양서에서 가장 많이 회원을 획득하였으니, 그것은 그

때에 신사상이 기독교회와 함께 경기 이북에 발달이 되고 충청 이남에는 아직 깜깜하였던 때문이다.

신민회는 그 자체는 비밀결사였으나 사업은 공개하였다. 그 사업으로 가장 드러난 것은 평양 대성학교, 평양 마산동 자기 회사, 평양 · 경성 · 대구의 태극서관과 여관 등이었다. (평양 대성학교는 당시의 유지 김진후 씨가 그때 돈 이만 원을 희사하여 설립했다.)

대성학교는 각 도에 세울 계획이었으나 평양 대성학교는 그 제1교요, 표본교였다. 평양학교를 실험적으로 모범적으로 완성하여서 그 모형대로 각 도에 대성학교를 세우고, 그 대성학교서 교육한 인재로 도내 각 군에 대성학교와 같은 정신의 초등학교를 지도하게 하자는 것이니, 그러므로 당시의 평양 대성학교는 일(一) 민족 운동의 인재, 이(二) 국민교육의 사부(師傅)를 양성하자는 것이었다.

도산은 평양 대성학교의 무명한 직원으로서 교장을 대리하는 것 같은 지위를 가지고 있었다. 이것은 도산이 무엇에나 자신이 표면에 안 나서고 선두에 안 나서는 사업방침에서 나온 것이어서 실제로는 도산이 대성학교의 교주요 교장이었다.

도산이 대성학교에 전심력을 경주한 것은 말할 것도 없었다. 그는 다만 생도만을 교육하는 것이 아니라 교원들을 동지의 의로 굳게 결속하였다. 그의 인격의 감화력이 어떻게 위대한 것은 잠시라도 대성학교의 생도이던 사람은 평소에 도산을 앙모하게 된 것과, 어떤 사람이든지 대성학교의 교원으로 들어오면 수주일 내에 도산화한 사실로 보아서 추측할 것이다.

대성학교의 생도는 창립 일주년이 되기도 전에 평양 신민의 경애를 받게 되고, 휴가에 각각 향리에 돌아가면 그 생도들은 대선생의 훈도를 받은 선비의 품격이 있다 하여 부로(父老)와 동배에게 놀람과 존경을 받았다. 이러하기 때문에 멀리 함북과 경남에서까지 책보를 끼고 대성학교의 문을 두드렸고, 각지에 신설되는 학교들은 대성학교를 표본으로 하였다.

도산은 생도의 정신훈육을 몸소 담당하고 교무는 그때 유일한 고등사범학교 출신인 장응진(張應震) 씨가 맡아서 하였다.

도산의 교육방침은 건전한 인격을 가진 애국심 있는 국민의 양성에 있었다. 도산이 주장하는 건전한 인격이란 무엇인가. 성실로 중심을 삼았다. 거짓말이 없고 속이는 행실이 없는 것이다. 생도의 가장 큰 죄는 거짓말, 속이는 일이었다. 이에 대하여서는 추호의 가차도 없었다.

"죽더라도 거짓이 없으라."

이것이 도산이 생도들에게 하는 최대의 요구였다. 약속을 지키는 것, 집합하는 시간을 지키는 것이 모두 성실 공부요, 약속을 어기는 것, 시간을 아니 지키는 것은 허위의 실천이라고 보았다.

상학 시간 5분 전에 교실에 착석할 것 — 이것이 엄격히 이행되었다. 동창회나 경연회나 정각이 되면 개회를 선언함이 없이 자동적으로 개회가 되었다. 그처럼 훈련의 요목으로 시간엄수에 역점을 두었다.

학과시간에는 학과만 생각하는 것이 성실이었다. 다른 생각, 다른 일을 하는 것은 허위였다. 대성학교 학과 시간에는 생도들은 목석을 깎은 사람들과 같이 고요하고 그들의 눈은 선생에게 집중되어 있었다. 강연회에 출석하는 태도도 마찬가지였다. 벌제위명(伐齊爲名)이 조국을 쇠퇴케 한 원수라고 도산은 말했다. 동(動)할 때에 동에 전심력을 기울이고, 정(靜)할 때에 정에 그리하여라. 흐리멍덩하고 뜨뜻미지근한 것으로 애국자는 못 된다는 것이었다.

"대신이 이름만 대신이요 다른 일을 하므로 우리나라가 이 모양이 되었다."

도산은 이렇게 훈계하였다. 허위로 쇠한 국세를 회복하는 길은 오직 성실이 있을 뿐이다. 제자가 만인의 신뢰를 받는 사람이 됨으로 우리 민족이 만국에 신뢰받는 민족이 되게 하라. 이밖에 우리나라를 갱생시키고 영화 있게 할 길이 없다고 효유(曉諭)하였다.

"농담으로라도 거짓을 말아라. 꿈에라도 성실을 잃었거든 통회하라."

하고, 도산은 기회 있을 때마다 학도에게 타일렀다.

도산은 교내에 까다로운 규칙을 세우지 아니하였다. 법이 번(繁)하면 지키기 어려운 때문이었다. 그러나 한번 정한 법은 엄수하고 여행(勵行)케 하였다. 준법이야말로 국민생활의 제1의 조건이요, 의무다. 이미 법일진댄 지키는 데 대소와 경중이 없고, 상하와 귀천이 없다. 학교의 규칙이나 회의 규약이나 기숙사의 전례나 모두 법이다. 단체생활은 곧 법의 생활이다. 국가란 법의 위에 선 것이다. 법이 해이하면 단체는 해이한다. 그러므로 도산은 학생들이 회를 조직할 때에는 입법을 신중히 하여서 지킬 수 있는 정도를 넘기지 말 것을 가르쳤다. 열심 있는 나머지에 가번(苛繁)한 법을 만드는 것이 오래 가지 못하는 원인이 된다는 것을 지적하였다. 그 대신에 회원 중에 법을 범하는 자가 있거든 단호히 법에 정한 벌에 처할 것이요, 결코 용대(容貸) 있거나 사정이 있어서는 아니 된다고 냉혹하게 말하였다. 법은 냉혹한 것이다. 법과 애정을 혼동하는 곳에서 기강이 해이한다. 한 사람에게 사정을 씀으로 전체의 법이 위신을 잃고, 법이 위신을 잃으면 그 단체가 해이하고 만다.

이것도 도산이 우리 민족이 경법준법(敬法遵法)의 덕이 부족함을 느낀 데서 온 대중요법이었다. 이씨 조선의 끝말에 소위 세도라는 것이 생기고, 매관육작(賣官鬻爵)이 생겨 악법오리(惡法汚吏)가 횡행하매 국민은 법을 미워하고 법을 벗어날 것만 생각하여서 경법, 준법 관념이 희박하여지고 말았다.

이러한 반면에 도산은 학도들을 사랑하였고 모든 긴장을 풀고 유쾌하게 담소 오락하는 시간을 정기적으로 둘 것을 잊지 아니하였다. 이러한 좌석에서 도산 자신도 노래하고 우스꽝스러운 흉내도 내어서 남을 웃겼다. 학생들도 파겁(破怯)을 하여서 어엿하게 나서서 제 장기대로 할 것을 권하였다.

도산은 학도들에게 노래를 부르기를 권고·장려하였다. 자기도 많은 노래를 지어서 학생들로 하여금 부르게 하였다. 자연의 경치와 음악·미술을 사랑하는 것이 인격을 수련하고 품성을 도야하는 데 큰 도움이 된다고 하였다.

도산이 대성학교를 완성치 못하고 제1회 졸업도 보지 못한 채 망명의 길을 떠났거니와, 그 짧은 기간에 청년에게 미친 감화는 말할 수 없이 컸다. 남강(南岡)이 오산학교를 세운 것도, 함북에 경성중학이 선 것도, 그밖에 크고 작은 무수한 사립학교들이 서북지방에 울흥(蔚興)한 데는 도산과 대성학교의 공이 대단히 컸던 것이다.

남강 이승훈은 상인이었다. 그는 선천 오치은 집 자본으로 평양에서 인천 등지에 상업을 경영하여 거상이 되었다. 그는 재산을 얻었으나 문벌이 낮은 것을 한탄하여서 금력으로 양반집과 혼인을 하고, 자손을 위하여 경서를 준비하고, 고향에 서당을 설립하여 어떻게 하여서라도 그 자손으로 하여금 상놈이라는 천대를 면하고 양반행세를 하게 하고자 결심하였다. 그는 자기집이 양반이 되려면 이문일족(李門一族)이 함께 양반이 되어야 한다고 하여 흩어져 있는 일가를 고향인 정주군 오산면 용동으로 모아서 천한 직업을 버리고 농사짓는 데 종사하고, 자제를 교육하도록 하고 남강 자신의 주택과 이문의 서당을 건축 중에 있었다. 남강이 보기에 양반촌에는 사랑문을 열어놓고 양객(養客)하는 현송지성(絃誦之聲)이 끊이지 아니하는 서재가 있었기 때문이었다.

바로 이때에 남강은 평양에서 도산의 연설을 들었다.

"나라가 없고서 일가와 일신이 있을 수 없고, 민족이 천대를 받을 때에 나 혼자만 영광을 누릴 수가 없소."

하는 구절을 듣고 그는 도산과 면회하여 도산의 민족론·교육론을 듣고는 그날로 상투를 자르고 고향으로 돌아와서 자기 주택과 서재의 공사를 중지하고 그 재목과 기와를 오산학교에 썼으니, 이것이 오산학교의 기원이다.

마산동 자기회사(瓷器會社)는 이승훈이 사장이 되어서 물건 만들기를 시작하였다. 평양은 고려자기의 발상지다. 고려인은 평양

부근의 석탄을 이용하여 고열을 발하기에 성공하였던 것이라 한다.

그때에는 한국이 거의 일본의 독점시장이 되어서 일본인들은 일본 제품을 지고 홍수같이 반도로 밀려들어왔다. 도산은 한국의 경제적 파탄을 막을 길이 자작자급밖에 없다고 보았다. 그는 신민회 동지에게, 조국을 살리는 것이 다만 정치만이 아니라 경제력이라는 것을 역설하였다. 도산은 대중에 대한 수다한 연설에서도 산업을 진흥함이 곧 애국이요, 구국이라는 것을 말하고 경제적 침략이야말로 군사적 침략보다도 더욱 무서운 것이라는 것을 인식케 하려고 노력하였다.

도산은 부자 친구도 소중히 여겼다. 그것은 부자가 학교도 세우고 산업도 일으킬 실력이 있기 때문이었다. 선천의 오치은은 도산과 협력한 부자 친구 중의 하나였다.

그때에는 아직 회사라는 것이 드물었다. 다수인의 자본을 모아 대자본을 만들어서 대규모의 상공업을 경영한다는 생각이 없었다. 마산동 자기회사는 아마도 민간 최초의 주식회사였을 것이다. 부자는 제 자본을 가지고 제가 경영하거나, 신임하는 어느 한 사람에게 자본을 주어서 경영하는 것밖에 몰랐다. 이것은 기억 지식이 없는 것도 원인이거니와 신용이 박약한 까닭이었다. 도산은 우리나라의 산업을 진흥함에도 거짓말 않기 운동, 신의 지키기 운동이 기본이 됨을 절실히 느꼈다. 다행히 이승훈이 평상 상계(商界)에서 신용으로 성공한 사람이기 때문에 마산동 자기회사가 성립된 것이다.

도산은 평양 대성학교를 완성하여 그 성과와 실적을 보임으로 전국에 교육의 모범이 되어 학교 설립의 자극이 되게 하려고 한 모양으로, 마산동 자기회사를 성공하게 하여 전국에 산업운동을 일으키는 본보기를 삼으려 하였다.

도산은 '본보기'라는 것을 심히 중요시하였다. 이론이 아무리 좋아도 그것은 실천되어서 한 '본보기'를 이루기 전에는 널리 퍼질 방책이 생기지 못한다고 보았다. 학교 교육에 대한 천 마디 말보다도 본보기 학교 하나를 이루어놓는 것이 요긴하니, 그리하면 사람들은 그것을 모방하려 하는 것이다. 새로운 이론을 내는 것도 천재적 독창력을 요하거니와, 어떤 이론을 응용하여 구체적으로 실행하는 것도 천재적인 비범한 인물을 요하는 것이다. 그러하기 때문에 훌륭한 이론이 있으면서도 그것을 현실화하는 힘을 가진 인물이 나지 않기 때문에 이론이 이론대로 묵어버리고 마는 예가 많은 것이다. 그러나 한번 본보기가 생기면 그것을 모방하기는 성력(誠力)만 있는 인물이면 가능한 것이다. 이러한 생각으로 도산은 본보기 첫 사업을 중요시한 것이었다. 평양 대성학교를 우리가 바랄 수 있는 좋은 학교로 만들어놓기만 하면 우리나라에는 그와 같은 학교가 많이 생길 수가 있고, 마산동 자기회사가 좋은 물건도 만들고, 이익을 내기만 하면 전국에 그러한 회사가 많이 생기리라고 믿었다.

도산은 인격수련에 대하여서도 이 '본보기'라는 생각을 가지고 있었다. 우리 중에 하나 거짓 없는 사람이 생기면 거짓 없는 많은 사람이 생길 수 있다고 보았다. 그러므로 도산은 항상 말하기를,

"나 하나를 건전 인격을 만드는 것이 우리 민족을 건전하게 하는 유일한 길이다."

라고 하였다. 나 하나만은 내 말을 듣지 아니하느냐. 내 말을 들을 수 있는 나를 먼저 새사람을 만들어 놓아라. 그러하면 내가 잠자코 있어도 나를 보고 남이 본을 받으리라 — 이러한 생각이었다.

태극서관은 서적을 발행하고 보급하는 것이 원래 목적임은 말할 것도 없다. 도산은 출판사업을 중요시하였다. 어떤 사상과 지식을 시간과 공간의 제약을 벗어나서 널리 길게 전하는 것이 도서니, 우리 민족의 정신과 문화를 보급·향상하려면 출판사업이 요긴하다. 그러나 그보다 태극서관의 사명을 중대하게 하는 것은 민중에게 건전한 출판물을 제공함이었다. 민중의 저급한 기호에 투(投)하여 그 품격을 타락케 하는 서적을 퍼뜨린다든가, 또는 국민을 잘못 인도하는 사상을 침투시키는 그러한 출판물은 회복하기 어려운 해독을 주는 것이니, 출판사업은 마땅히 영리적 이해타산을 초월하여 국가민족을 위하는 높은 견지에서 할 것이라 하는 것이 도산의 출판 사업관이었다.

"책사(冊肆:서점)도 학교다. 책은 교사다. 책사는 더 무서운 학교요, 책은 무서운 교사다."

도산은 이러한 견지에서 태극서관이 우리 민족에게 건전하고 필요한 서적을 공급하는 모범기관이 되기를 바랐다. 그래서 우선 평양과 경성과 대구에 태극서관을 세운 것이니 이 사업의 중심인물은 안태국이었다.

태극서관이 장차 인쇄소를 가지고 저술부·편집부 등을 두어서 각종 정기간행물과 도서를 출판할 계획을 가졌음은 물론이었다.

서적과 출판물을 민족문화 향상, 민력 발휘의 근원으로 중요시하는 도산은 자연히 문사(文士)라는 것을 대단히 존중하였다. 그가 후에 조직한 수양단체를 흥사단(興士團)이라고 이름 지은 것은 유길준의 흥사단을 전습하는 동시에 '사(士)'를 양성하는 단체라는 뜻이었다. '사'라는 것은 천하국가를 위하여 살고 일신의 이해고락·생사영욕을 초월한 사람을 일컬음이니, '사'에는 두 가지 부류가 있어, 하나는 문사요 하나는 무사라. 국가는 이 양사에 의하여 수호되고 발전되는 것이라고 하였다.

그러나 도산이 생각하는 '사'는 우리가 종래에 생각하던 사류(士類)와는 달랐다. 종래의 사류라는 것은 학문과 문무로만 업을 삼는 일종의 계급적 존재지만, 도산에 의하면, 농(農)이나 공(工)이나 상(商)이나 선공후사(先公後私)하여 나라의 이익과 백성의 복을 염두에 두는 자면 다 사류였다. 그가 신민회원으로 모으고자 하는 것이 이러한 사류였다.

그러나 순수한 사류는 문사와 무사였다. 그들은 선공후사로서만 만족하지 아니하고 지공무사(至公無私)를 행의 목표로 삼는 자이기 때문이다. 문사는 일관필(一菅筆)로 무사는 일장검(一仗劍)으로 위국효사(爲國效死)하는 자이기 때문이다.

당시 우리나라 문사로 신문이나 잡지에 집필한 명사로는 『황성신문』에 유근과 박은식·장지연, 『대한매일신보』에 양기탁과 신채호 등이 가장 저명하였다. 『제국신문』에는 최영연이 있었다. 그들은 모두 한문학의 선비로서 연암 박지원의 『열하일기』, 유길준의 『서유견문』, 청국 양계초의 『음빙실문집』에서 세계 대세와 신사상을 흡수한 이들로, 독립주의의 정치론에 입각 주로 집권계급인 원로 관료 양반배를 공격하였다.

　최광옥은 아직 청년이었으나 기독교인으로 품행이 심히 깨끗한 애국지사요, 또 국어를 연구하여 우리나라에서 처음으로 문법서를 저작하였으며, 글의 재주도 말의 재주도 있었고 도산의 민족향상 사상과 방책에 전폭적으로 공명하였다. 도산의 생각에, 최광옥으로 청년학우회의 인격자의 모범을 삼으려 하였다.

　청년학우회야말로 신민회나 대성학교 이상으로 도산이 심력을 경주한 사업이요, 또 민족향상의 가장 중요한 길이라고 보는 방편이었다.

　신민회에도 수양의 일면이 있었다. 구습을 고치고 새로운 국민성을 조성한다는 의도와 노력이 포함되어 있었다.

　그러나 기성인물의 자아혁신이란 쉬운 일이 아니었다. 30세 이상이 된, 게다가 일류명사로 자처하는 인사들이 사정없이, 냉혹하고 날카롭게 자기를 양심의 법정에 피고로 내세워서 반성하고 비판하여 어린아이처럼 겸허한 재출발을 도모하는 것은 여간한 현인 군자 아니고는 기대하기 어려운 일이었다. 그들 성인의 안중에는 이해관과 사업욕이 앞을 서기 때문에 자아혁신의 도덕적 수련이 깊은 흥미를 끌지 못한다. 하물며 반성자수(反省自修)의 기풍이 소잔한 우리나라에서는 더욱 그러하였다.

　그러나 진정한 민족향상은 각 사람의, 그중에서도 지도자층의 각 사람의 자기개조가 아니고는 달할 수 없는 것이다. 이러하기 때문에 역사상으로 보더라도 한번 쇠하기 시작한 민족은 부흥의 벼루(험한 벼랑)로 거슬러 오름이 없이 멸망의 구렁으로 굴러떨어지는 것이었다. 도산의 눈에는 국가의 정치적 독립 여부 이상으로 민족의 흥망이 보였던 것이다. 민력민기(民力民氣)가 흥왕하면 국가의 독립과 창성은 필연적으로, 자동적으로 따라오는 것이었다. 그런데 우리 민족의 현재 상태로는 비약의 가망이 묘연하였다. 그러므로 무엇보다도 민족혁신운동이 시급하였다.

그러므로 어떻게 하여서라도, 그야말로 무슨 짓을 하여서라도 우리 민족의 품격과 역량의 향상을 도모해야겠고, 그도 급속히 해야 한다고 도산은 보았다. 신민회도 이 때문에 생긴 것이거니와, 그보다도 기본이 되는 것은, 아직 구습에 물 안 들고 대지(大志)와 열정이 그대로 있는 청년, 그중에 학도들을 결합하여서 일대 수양운동, 즉 민족향상운동을 일으키려고 조직된 것이 청년학우회였다. 청년학우회는 합병 전해인 기유년에 발기되었다.

그 주의·정신은 무실(務實)·역행(力行)·충의(忠義)·용감(勇敢)의 4대 정신으로 인격을 수양하고, 단체생활의 훈련을 힘쓰며 한 가지 이상의 전문학술이나 기예를 반드시 학습하고, 평생에 매일 덕(德)·체(體)·지(智) 3육에 관한 행사를 하여서 건전한 인격자가 되기를 기하자는 것이었다.

이때는 통감정치도 벌써 수년이 지나 일본의 경찰망이 한국인의 언행을 무시로 감시하고 조금이라도 배일적인 색채가 보이면 탄압하던 때라, 모든 단체가 다 그 경계망에 걸리지 아니하도록 전전긍긍하던 때요, 또 무슨 집회나 결사나 한국인이 하는 것은 다 내부대신의 허가를 얻어야 할 때였다.

청년학우회는 정치적 성질을 띤 것이 아니라고 하여서 내부대신의 허가를 받았다.

　사실상 청년학우회는 정말로 비정치적 결사일뿐더러 또 정치적이어서는 안 된다고 도산은 역설하였으나 당국은 물론이요 동지들 중에까지 이 결사의 비정치성을 안 믿고 그것은 한 카무플라주(불리하거나 함부로 내세우기 싫은 것을 의도적으로 위장하는 일)라고 생각하였다. 그때에 국내는 일본에 대한 의구로 국가의 운명에 대한 의식이 심히 민감하였기 때문에 무슨 행동이나 정치성을 아니 띠기가 어려웠고, 또 도산이 아무리 자기는 정치에 관여하는 사람이 아니라고 변명하고, 사실상 평양 대성학교에 칩거하여 외계와 접촉이 없는 생활을 한다 하더라도 당국이나 온나라 사람이 다 그를 정치가요 혁명가로 주목하였다. 도산은 이 청년학우회 운동과 대성학교에 지장이 될 것을 두려워하여 대중을 향한 연설도, 서울 오는 것도 피하고 있었다.

　도산은 민족향상운동은 도덕운동이지 정치운동이 아니라고 절연히 구분하였다. 그것은 다만 당시 일본의 억압하에 있기 때문이 아니라 우리나라가 완전히 독립권을 회복한 뒤에라도 민족운동은 정치성을 띠어서는 안 된다는 것이다. 도산의 이 의견은 민족운동을 위하여 중요성을 가진 것이다.

　그가 민족향상운동이 정치적이어서는 안 된다고 했던 이유는 내적인 것과 외적인 것 두 가지로 가를 수가 있다. 내적이란 것은 민족향상 운동자가 정치적 야심을 가지게 되면 그 운동을 정치에 이용할 걱정이 있고, 또 도덕적 민족향상의 가치를 정치보다 아래로 떨어뜨릴 근심이 있다. 민족향상운동은 정치보다도, 무엇보다도 소중한 것이다. 우리 민족으로서는 이 민족향상운동이 아니고는 심하면 멸망하고 적어도 금일의 빈천의 경지를 탈출할 수가 없다. 아무러한 정치라도 향상되지 아니한 민족으로 좋은 국가를 지을 수는 없는 것이다. 망국하던 민족이 그대로 흥국하는 민족이 되기를 바라는 것은 쓰러진 집을 썩은 재목으로 새 집을 세우려는 것과 마찬가지다. 그러므로 민족향상운동은 인(因)이요, 정치는 과(果)다. 민족향상운동은 구원(久遠)한 것이요, 정치운동은 일시적인 것이다. 정치가 민족향상운동을 원조하고 촉진할 수는 있어도 정치가 곧 민족향상운동은 못 되는 것이니, 민족향상운동은 정치가가 권세로 할 것이 아니라 도덕가가, 지사가, 오직 헌신적인·종교적인 노력으로만 되는 것이다.

  도산은 조국이 부강한 국가가 되기를 바라는 마음이 다른 동지들과 다름이 없었다. 오직 한 가지 다른 점은, 다른 동지들은 이 민족을 그냥 가지고 혁명운동만으로 또는 정치운동만으로 당장에 그 부강한 조국을 이루자는 데 대하여, 도산은 민족의 품격과 역량을 향상하는 것이 혁명이나 정치에게도 어머니가 되나니, 부강한 조국에 급속히 도달하는 길에는 향상운동의 관문을 통과하지 아니하는 지름길은 없다고 확신하였다. 이러하기 때문에 민족의 영원한 생명과 그 성쇠흥망을 염두에 두는 도산에게는 정치의 일시적 오르내림보다도 민족의 항구적 운명이 관심이었다. 이것이 내적으로 민족향상운동이 정치성을 띠어서는 아니 된다는 이유였다.

  그 외적 이유란 이러하다. 원래 정치적 세력이란 언제나 소장(消長)이 있는 것이다. 정권은 갑(甲)파에서 을(乙)파로 이동되는 것이니 정권에 붙어 의지하는 자는 물론이거니와 거기 관련을 가진 자도 그 세력과 소장을 함께 하게 되는 것이다. 그러므로 영구하여야 할 사업은 정치적 권세에 초연할 필요가 있는 것이다.

그런데 청년학우회는 민족향상운동의 근원이 될 사업이기 때문에 그 생명은 민족의 생명과 길을 같이하여야 할 성질의 것이었다. 이 단결 속에서 수련된 인물이 정치가도 되고, 군인도, 문사도, 실업가도 되려니와, 이 수양기관 자체에는 정치성이 있어서는 아니 된다는 것이었다. 도산은 이 원칙을 후일 흥사단의 조직에도 적용하였음은 물론이다.

다른 생각이 다 그러한 것같이, 이 생각도 도산의 독창임은 물론이거니와 역사상으로 보더라도 불교나 예수교가 정권과 관련하기 때문에 국가에는 폐해가 되고, 그 자체가 타락된 예는 매거(枚擧)하기 어려울 만하다.

아무려나 민족의 질을 변하여 의식적으로, 목적적으로 향상하여서 민족을 구하자는 도산의 이 운동이 우리나라에서만 초유의 일이 아니라 실로 세계사상에 유례가 없는 일이니, 굳이 그와 비슷한 예를 말한다면 옛날 프러시아의 수덕단(修德團, Tugend Bund)일 것이다.

옛날 아테네에서 소크라테스가 그의 조국인 아테네를 구하려고 청년과 문답의 방법으로 궤변을 타파하고 진과 선을 주장하기로 일생을 바쳐 그것이 소크라테스의 지행합일(知行合一)의 철학을 이루었으나, 그는 단결이라는 방편을 사용하지 아니하였기 때문에 그의 죽음이 곧 그 운동의 죽음이 되어서 조국 구제의 목적을 달성하지 못하고 말았다. 소크라테스는 결코 철학을 지으려고 철학을 한 것이 아니요, 그의 조국을 구하려는 노력이 철학이 된 것이었다. 도산은 이러한 큰 포부로 민족의 영원한 번창과 영광을 염원하면서 반드시 이루어진다는 굳은 신념을 가지고 청년학우회 운동을 시작한 것이었다.

경성·개성·대구·평양·오산·의주 등 중학교가 있는 지역에 청년학우회가 생겼다. 중앙에는 연합회를 둘 계획이었다. 그러나 합병의 비운이 다닥뜨려 모든 결사와 신문이 해산을 당하매 청년학우회도 발기위원회인 채로 해산되고 말았다. 이것은 수년 후에 북미에서 다시 도산의 손으로 흥사단이 되어서 계승되었고, 국내에서는 수양동우회라는 명칭으로 십수년 계속되다가, 연전(年前) 일본 미나미지로 총독시대에 동우회사건으로 일망타진되어 40여 명이 4년간 미결에 신음하는 통에 해산명령을 받았고 도산도 이 사건으로 입옥 중에 병사하였다. 흥사단과 도산의 죽음에 관하여서는 다른 장에서 말할 때가 있을 것이다.

4장 망명 – 실국(失國) 전후의 극적 사안

일본의 한국에 대한 병탄의 의도는 기(氣)를 따라 명백하여지고 그 압력은 날로 심하여졌다.

1907년 헤이그 평화회의에 광무황제가 이상설, 이준, 이위종 등 밀사를 보내어서 일본의 한국에 대한 보호권 설정은 일본 측의 무력협박에 의한 것이요, 한국 황제의 의사가 아니라는 것을 루스벨트 미국 대통령 이하 각국 대표단에 선전하고 회의 참가를 요구하다가 거절되어 이준이 할복자살한, 소위 밀사사건을 이유로 일본 외무대신 임훈이 직접 서울에 와서 광무황제가 황태자에게 양위를 강요함이 되고, 인하여 징병령 실시까지라는 핑계로 한국의 군대를 해산한 것은 합병에 다음가는 비극의 절정이었다.

서울에는 해산당한 군대와 민중의 시위반항이 일어나 이미 일본의 수중에 들어간 한국의 경찰과 일본 군대의 탄압으로 수일간 피가 흘렀고, 각지에서 의병이 봉기하여 일군에게 진정될 때까지 3만 명이나 전사하였다.

그러나 조정에는 인물이 없을뿐더러 벌써 이른바 칠적(七賊)이라는 친일파가 발호하여 송병준 같은 자는 광무황제에게 일본으로 가서 사죄를 하고 하세가와 일본군 사령관 앞에 친히 가서 사죄하라고 권하였고, 이병무·조중은 같은 자는 황제 앞에서 혹은 칼을 빼기도 하고 혹은 전화선을 끊음으로 임금을 협박하여 일본의 요구에 응종케 하였다. 이완용이 친일파의 괴수인 것도 점차로 탄로 났다.

김윤식·민영소 등 원로라는 자들도 일본의 위엄에 눌려 다만 문을 닫고 밖에 나오지 않거나 병이라 칭하고 입을 봉하는 것으로 일을 삼았고, 혹시 어전에 불리어 책임 있는 태도를 표시할 경우에는 '불가불가(不可不可)'식 궤변을 썼다.

이것은 모 원로가 쓴 보호조약에 대한 필답으로, '불가하다' 하는 강한 반대의 의사로도 해석되고 불가불 가하니 '부득이'라는 의사로도 해석되기 때문이다.

일본 사신이 황제에게 의사를 물으면 황제는 대신과 원로에게 미루고, 대신과 원로들에게 물으면 황제에게 미루어버렸다. 아무도 책임을 지려는 자가 없었다. 일본에게 미움을 받기도 무섭고 국민에게 누명을 쓰기도 무서웠다. 어찌어찌 교묘하게 일신일가의 위험을 벗어나자 하는 것이 그들의 심사였다.

그러면 민간 지사들은 어떠한가. 그들에게는 큰 단결도 없고 다른 힘도 없었다. 그들이 할 수 있는 것은 개개인으로 도끼를 메고 상소를 하거나 순국적 자살을 하는 일이었다. 과연 이러한 일을 하는 이는 많았다. 하지만 그것은 국민의 애국적 도의심을 자극할 수는 있어도 그것으로 대세를 움직일 수는 없었다. 그밖에 할 수 있는 일은 당로 대관을 암살하는 것이었다. 군대 해산에 동의한 군부대신 이병무는 자기 집 침실에서 암살을 당하였다. 그러나 그것으로 군대 해산을 막을 수는 물론 없었다. 기유년, 즉 1909년 가을에 안중근은 나라의 원수 이토 히로부미(伊藤博文)를 하얼빈 정거장 앞에서 쏘아 죽이어 세계를 용동(聳動)하였다. 그러나 그것만으로 대세의 움직임을 전환할 수는 없었다. 이것은 안중근 자신이 한 일로 보아서 분명하다. 그는 의병 수백 명을 거느리고 두만강을 건너서 국내에 쳐들어왔었다.

만일 2천만이 응하기만 하면 이것으로 정면대항을 하자는 것이었다. 불행히 2천만 국민은 거기 응할 준비도 역량도 없어서 안중근은 일병에게 패하여 겨우 2명의 수종자를 데리고 도망하였다. 이에 그는 대거 항전의 시기가 아님을 한탄하고 단신 항전을 결행한 것이었다.

1907년 즉, 정미7조약(일명 한일신협약) 이후 한국에는 해산 전 한국 군대보다도 수배나 되는 일본군이 국내 각지에 수비대 하여 배치되고, 헌병과 경찰이 물샐틈없이 경계망을 펴놓았다. 그야말로 꼼작할 수 없었던 것이다.

언론기관도 엄중한 검열을 받아서 오직 영국인 베델의 『대한매일신보』와 영문 『서울 프레스』만이 자유로웠다.

국가의 앞길은 암담하고 의병의 비극은 산비(酸鼻)하였다. 그러나 어찌할 도리가 없음을 한탄하면서 오직 술에 취하여 노래를 부름으로 비분강개의 심회를 발산하였다.

석탄 백탄 타는 데는
연기나 펄펄 나건만
요내 간장 타는 데는
연기도 불길도 아니 난다.

하는 것이 당시 청년 지사들이 사랑해 부르던 사발가였거니와, 이 노래는 그때 애국자의 심경을 잘 표현하였다고 할 것이다.

이토 히로부미가 한인의 손에 죽었다는 것을 이용하여, 또 군벌에게는 적이던 이토 히로부미가 없음을 좋게 여겨 군벌 거두 가쓰라 다로 일본 수상은, 육군대신이요 역시 군벌 거두인 데라우치 마사타케를 한국통감으로, 야마카다 아리토모의 아들 야마카다 이자부로를 부통감으로 육군 소장 아키라이시 모토지로는 경무총감으로 하여 한국에 파견하니, 이것이 바로 경술년 7월이었다. 볼 줄 아는 사람은 누구나 그것이 한국에 대한 일본의 마지막 강압정책의 준비인 것을 추측할 수 있었다.

아키라이시 모토지로는 서울에 부임하여 도착하는 즉시로 한편 한국의 명사를 초연하여 그 의향을 타진하고, 다수의 밀정을 놓아서 민간 유지들의 행동을 염탐하였다. 그리하여 친일파·배일파의 명부를 작성하여서 7월 하순경에 벌써 민간 유지의 헌병대 검속이 시작되었으니, 안창호는 개성 헌병대에, 이갑·이동휘·유동열 등은 용산 헌병대에 유치되었다. 아키라이시의 판단으로는 서북인, 그중에서도 군대 출신이요, 안창호 일파라고 지목되는 자를 탄압함이 필요하다고 본 것이었다.

이 기회에 이동휘에 관하여 한마디 할 필요가 있다. 이동휘는 함남 단천 사람으로, 군대 해산 당시 육군 참령으로 강화 진위대 대대장이었다. 군대가 해산된 후 그는 개성을 벽두로 각지로 유세하여 학교 설립을 권장하여 2, 3년 내에 100여 학교를 세웠다. 웅변은 아니나 그의 열변은 연설로나 좌담으로나 사람을 움직임이 컸고, 안창호와는 아우 형님으로 서로 부르며 이갑과는 문경지교(刎頸之交)였다. 그가 경무총감부에 잡혔을 때에 심문관에게,

"너희가 같은 동양인으로 우리 한국에서 이러한 불법부도(不法不道)를 행하면 너희 일본인의 잔등에 맞는 서양인의 채찍 자국에서 구더기를 파내는 것을 내 눈으로 볼 테다."

하고 호령한 것이 오늘날 와서 보면 꼭 맞는 예언이 된 것도 신기한 일이다.

도산이 개성 헌병대에 수금되었을 때에는 남녀 학생들이 밤에 헌병대 주위에서 애국가, 기타 도산이 지은 창가를 부르고, 혹은 전화로 도산에게 창가를 불러 들려준 여학생도 있었다.

이때에 밖에서 운동한 것이 최석하(崔錫夏)였다. 최석하는 도쿄 메이지대학 법과 출신으로, 일본말에 능하고 또 러일전쟁에는 학생으로서 통역으로 종군한 일이 있으며 외교적 재능이 있어서 이토 통감 시대 이래로 일본 측과 교섭하여 오던 경력이 있었다.

데라우치는 최석하에게, 일본의 본의는 한국의 독립을 존중하여 사이좋은 이웃을 만드는 데 있지만 한국 황제와 정부가 매양 일본과의 언약을 저버리고 제3국에 대하여 음모를 일삼으며 또 한국

의 내정도 예정대로 개선이 아니 되니, 이대로 가면 필시 제3국의 간섭을 끌어들여 화가 일본과 동양에 미칠 것을 염려하므로 일본으로서는 중대한 결의를 아니할 수 없거니와, 만일 한인이 자진하여 일본에 대한 모든 조약의 신의를 이행한다면 그런 다행이 없으니 안창호 내각을 조직하여 일본과 협력케 함이 어떠하냐 하였다. 이에 최석하는 자기가 그대로 힘쓸 터이니 각 헌병대에 구금된 안창호 등을 즉시 석방하기를 청했다. 데라우치는 곧 아키라이시 모토지로에게 안창호 등의 석방을 명하였다.

추측컨대, 안창호 등을 헌병대에 구금하여 거처를 자유롭게 하고 외부와의 전화 연락까지 허용하도록 우대한 데는 데라우치 측에서는 예정한 계획이 있었던 모양이었다. 일본으로서는 합병의 단행은 상당한 모험이었다. 비록 영일동맹의 갱신이 있었다 하나 그것이 러시아에 대한 영국의 견제인 것을 모를 리가 없고, 또 러시아가 비록 일본에게 패하였으나 혁명이 일어나 로마노프 제국이 무너질 듯하던 것이 의외에 다시 안정이 되어서 그의 호시탐탐한 태평양 진출의 숙원을 실현하려고 동할는지도 모르는 것이며, 겸하여 한국의 합병이 중국의 민심에 미쳐 일본을 의심하고 두려워하는 생각을 격발할 것도 모를 리가 없었던 것이다. 그러므로 할 수만 있으면 합병이라는 대죄대악을 범함이 없이 그 실속만을 채우려 함이 이토 히로부미의, 소위 온화파의 의향이었던 것이다. 합병을 목적으로 데라우치가 민간지사에게 한번 교섭을 건네보는 심사가 여기 있었을 것이다.

최석하는 원동(苑洞) 이갑의 집에 도산 등 주요인물을 모으고 데라우치의 의향을 얘기하였다. 그리고 밤이 깊도록 이 문제를 토의하였다.

이 좋은 기회를 놓치지 말자는 의론이 많았다. 최석하는 일본의 진의가 반드시 한국을 합병하는 데 있는 것이 아니니 지금 잘하면 일본과 충돌하지 아니하고도 국맥을 보전할 수 있다는 것을 역설하여, 일본 측의 최초요 최후의 제안인가 싶은, 민간지사와 손잡자는 의도를 거절할 것이 아니라 하여 도산의 결의를 재촉하고, 이갑은 최석하와는 다른 견지에서 역시 호기물실(好機勿失)을 주장하였다.

이갑의 견지라 하는 것은 다름이 아니었다. 어떻게 잡든지 한번 정권을 손에 넣기만 하면 무단정책을 써서 일사천리로 수구파를 복멸(覆滅)하고 서정을 혁신하여서 일본으로 하여금 간섭할 구실을 찾지 못하게 하면서 급속히 나라의 힘을 배양하여 일본의 겸제(箝制)를 벗어나기로 하자는 것이었다.

이러한 논의에 대하여 도산은 시종 침묵을 지키고 다만 경청하고 숙려하는 양을 보였다. 최후에 도산은 입을 열어서 일본의 제안에 응하는 것이 불가하다고 단정적으로 반대하고 서서히 그 이유를 말하였다.

첫째로, 이번 데라우치가 통감이 되어서 온 것은 일본만으로서는 한국에 대하여 이미 최후의 결심을 하고 앞에 남은 것은 오직 그 실현방책뿐으로, 가장 언정이순(言正理順)하게, 가장 세계에 비난을 적게 받으면서 한국 병탄의 목적을 달하자는 것이다.

그런데 일본이 두려워하는 것은 무엇이냐 하면, 을사와 정미의 조약 때처럼 이런 병합이 폭력으로 강압으로 된 것이라고 비난받는 일이다. 이 비난을 면하기 위해 가장 중요한 것은 병합을 한국의 민의라고 내세우기에 이용할 만한 핑계를 만드는 것이다. 이제 민간지사에게 정권을 준다는 것은 백성의 원망의 과녁이 된 귀족계급 — 일본의 허수아비라는 친일파의 — 속에서 말고, 애국지사라 하여 국민의 존경과 신뢰를 받는 민간인 정권으로 그 손에서 주권의 양여(讓與)를 받자는 혼담(魂膽)이니, 우리가 이제 정권을 받는 것은 그 술책 속에 빠지는 것이라는 것이었다.

일본은 비록 권모(權謀)로 하는 일이라 하더라도 정권을 손에 가진 우리가 꿋꿋하게, 강경하게 자주독립을 견지하여 한사코 항거하면 좋지 아니하냐 하는 이론에 대하여 도산은 고개를 흔들었다. 일본의 손으로 주는 정권을 받은 우리가 손에 촌철(寸鐵)이 없이 무엇으로 일본의 의사에 항거하는 정책을 행하랴. 그러므로 한번 우리가 정권을 받는 날은 우리는 일본의 수족이 되는 길밖에 없으리라는 것이었다.

도산은 또 말하였다. 설사 백보를 양보하여 민간정부가 생겨서 어느 기간 혁신정책을 쓸 것을 일본이 방임한다 하더라도 자기 주머니 속 물건으로 알아오던 정권을 잃은 귀족관료는 필시 일본에게 유리한 조건을 가지고 아부하여 정권획득운동을 할 것이다. 그리되면 일본은 싼값으로 판다는 물주를 고맙게 여겨 민간정권을 배제할 것이 아닌가. 만일 우리가 음모로써 음모를 대(對)하고, 아부로써 아부를 항(抗)한다 하면 우리 민간지사라는 것도 결국 이완용 · 송병준 배(輩)와 가릴 것 없는 무리가 되어버리지 아니하는가.

그러면 국가의 흥망이 경각에 달린 이때에 우리 무리가 무엇을 할 것인가, 다만 수수방관할 것인가, 하고 깊은 밤중에 앉은 좌석에는 비분한 살기가 있었다. 도산의 이론에 수긍은 하면서도 최후 일전의 호기를 놓치는 듯한 생각이 누구에게나 있는 동시에 기울어지는 나라를 버틸 길이 없는 안타까움이 북받쳐 올랐다.

도산은 최후의 단안을 내렸다. 우리 애국자에게 남은 길이 오직 하나가 있다. 그것은 눈물을 머금고 힘을 길러 장래를 준비하는 것이다. 우리가 망국의 비운을 당한 것은 우리에게 힘이 없는 까닭이니, 힘이 없어 잃은 것을 힘이 없는 대로 찾을 수는 없다는 것이다. 국내에 있을 수 있는 자는 국내에서, 국내에 있을 수 없는 자는 해외에서 수양, 단결, 교육, 산업으로 민력을 배양하는 것이 조국을 회복하는 유일한 길이라고 도산은 낙루(落淚)하였다. 만좌가 느껴 울었다.

이리하여 망명할 일이 결정되었다. 우선 데라우치에게 며칠 동안 고려할 여유를 청한 뒤에 안창호·이갑·이동녕·이시영·유동열·이동휘·이종호·신채호·조성환 등이 망명할 준비를 하였다. 안창호·이동녕은 러시아의 연해주, 이동휘는 북간도, 이시영·최석하는 서간도, 조성환은 북경, 이 모양으로 각각 해외에 가서 활동할 구역을 분담하고, 국내에 남아 있을 이로는 서울에 전덕기, 평양에 안태국, 평북에 이승훈, 황해도에 김구, 이 모양으로 떼어 맡고, 이종호는 해외로 나가서 하는 모든 사업의 자본을 대기로 하였다. 이종호는 이용익의 장손으로 보성학교, 보성관 등 교육·출판 사업을 경영하고 그때에 상해의 덕화은행(德化

銀行)에 그 조부가 해놓은 거액의 예금이 있었다. 이상은 다 신민회로서의 계획이었다.

러시아 영토인 연해주와 서·북간도에는 이미 수십만으로 헤아릴 동포가 거주하고 있었거니와 을사·정미 이래로 망명을 겸한, 재산 있고 지식 있는 인사의 이주로 그 수는 급격히 늘어갔다. 이 동포들을 지도·계발하여 문화와 산업을 향상시키는 것으로 독립운동의 한 날개를 삼자는 것이다.

조성환은 북경에서 한편으로 중국 인사와 교제를 맺고, 또 한편 국내로부터 남녀 유학생을 북경에 보내어 학문을 하면서 중국 유학생들과 친우가 되어서 장래에 대비하자는 것이니, 대개 한국 독립문제는 중국의 협력을 얻음으로만 해결될 수 있을뿐더러 아시아 대륙 침략의 일본 제국주의를 막는다는 점에서도 한국과 중국과의 동지적 친교와 협력이 필요하다는 것을 중국 인사에게 인식시키자고 도산도 그의 동지도 생각하였던 것이었다.

도산은 우리의 독립이 오직 우리 민족의 자력에 있음을 확신하고 또 힘써 말하였거니와, 국제관계의 중요성을 결코 간과하지 아니하였다. 도산의 생각 속에 있는 한국의 우방으로는, 첫째로 중국, 둘째로 미국이었다. 이갑·이동휘 등은 러시아를 중요시하였으나 도산은 러시아를 위험시하였다. 그것은 러시아가 예전에 한국에 대하여 군사기지를 강요한 과거도 과거려니와, 러시아의 전통적인 태평양 진출책의 기지로 가장 요긴하고 도저히 잊을 수 없는 목표가 된 것이 한반도라는 것을 알기 때문이었다. 일본의 세력이 꺾이는 날이 있다면 그때에 일본을 대신하여 한반도를 수중에 넣으려 할 자는 중국도 아니요, 미국도 아니요, 러시아라고 도산은 보았다. 러시아가 지중해로 진출하는 길에 마주한 터키, 인도양에 마주한 페르시아(지금의 이란)·아프가니스탄과 아울러 한국은 표트르 대제 이래로 외교와 군사의 목표였었다. 그러므로 당장 일본에 대하여 이해가 일치된다는 목전의 편이로 러시아에 지나치게 접근한다는 것은 한국을 위하여 후환을 남길 걱정이 있다는 것이 도산의 의견이었다. 정치가의 짧은 소견이 매양 일시적인 이해에 현혹되어 뒷날의 큰 환란을 불러들인다는 것을 도산은 항상 경계하고, 일본의 한국에 대한 정책도 이러한 관점으로 보아서 반드시 일본을 위하여 큰 후환의 원인이 될 것을 이토 히로부미에게도 설파하였다.

도산은 오직 중국과 미국만이 한국에 대하여 탐욕 없는 친구가 될 나라라고 보았다. 그러므로 이동휘·이시영·조성환 같은 유력자를 중국에 머물게 하는 것을 주장하고, 도산 자신은 재미동포와 미국에 올 유학생과 미국 국민과의 친교를 위하여 일할 것을 맡고, 이갑은 그의 지론인 친러·친독론도 있고 해서 유럽에 머무를 예정이요, 이종호는 상해나 청도(靑島)에 있어서 재정과 연락을 맡기로 되었던 것이다.

이 모양으로 조각회의가 변하여 망명과 국내·해외 신민회 운동, 즉 독립운동의 부서를 분담하는, 비장하나마 건설적인 회의가 되었던 것이다.

중의(衆議)는 일결하였다. 이에 도산은 거국가(去國歌)라는 슬픈 노래 한 곡조를 남기고 마포에서 작은 배를 타고 장연(長淵)에 이르러 거기서 청인의 소금배를 타고 청도로 향하였고, 다른 동지들도 저마다 변장 밀행으로 국경을 탈출하여 청도에서 상봉하기로 하였다. 이것이 경술년 합병되기 수주일 전이었다.

도산의 거국가는 그 후 여러 해를 두고 전국에 유행되었다. 그 노래는 이러하였다.

간다 간다 나는 간다 / 너를 두고 나는 간다
잠시 뜻을 얻었노라 / 까불대는 이 시운이
나의 등을 내밀어서 / 너를 떠나가게 하니
간다 한들 영 갈쏘냐 / 나의 사랑 한반도야.

간다 간다 나는 간다 / 너를 두고 나는 간다
지금 너와 작별한 후 / 태평양과 대서양을
건널 때도 있을지오 / 시베리아 만주들로
다닐 때도 있을지라 / 나의 몸은 부평같이
어느 곳에 가 있든지 / 너를 생각할 터이니
너도 나를 생각하라 / 나의 사랑 한반도야.

간다 간다 나는 간다 / 너를 두고 나는 간다
지금 이별할 때에는 / 빈주먹만 들고 가나
이후 성공하는 날엔 / 기를 들고 올 것이니
악풍 폭우 심한 이때 / 부대부대 잘 있거라

훗날 다시 만나보자 / 나의 사랑 한반도야.

이 노래는 진실로 작가의 뼈를 깎아 붓을 삼고, 가슴을 찔러 피로 먹을 삼아서 조국의 강산과 동포에게 보내는 하소연이요 부탁이었다.

그는 조국의 일시의 치욕을 단념하였다. 그러나 반드시 그 영광을 회복할 것을 확신하였다. 그는 이 노래 둘째절 그대로 태평양과 대서양을 몇 번이나 건넜고 시베리아·만주로 다녔다. 그리고 이 노래에 약속한 대로 그의 몸은 부평같이 어느 곳에 가 있든지 나라를 생각하고 사랑하고 그것을 위하여서 일하였다.

수없는 청년남녀가 혹은 들에서, 혹은 산에서 일본 경찰의 귀를 피하여 가며 이 노래를 부르고는 울었다. 그뿐 아니라 이 노래를 읊조리면서 압록강과 두만강을 건너 작자의 뒤를 따랐다.

도산이 지은 노래는 수십 편이 있거니와 '동해물과 백두산이'의 애국가와 이 거국가와 또 흥사단가가 가장 잘된 작품이다. 흥사단가는 이러하다.

조상 나라 빛내려고 / 충의 남녀 일어나서
무실역행 깃발 밑에 / 늠름하게 모여드네
부모국아 걱정 마라 / 무실역행 정신으로
굳게 뭉친 흥사단이 / 네 영광을 빛내리라.

도산이 나라를 떠난 뒤 8월 29일에 대한제국이 일본에게 병합된

바 되어서 4,000여 년 국맥이 일시 끊어지고 말았다.

그때에 핼리 혜성의 꼬리가 지구를 감아서 세상이 멸망한다는 뜬소문이 있었고, 또 8월 하순에 들어서는 짙은 안개가 사방에 가득차서 그렇지 아니하여도 인심이 흉흉하던 즈음에, '대한제국 대황제는 그 국토와 인민을 완전 또 영구히 대일본제국 대황제에게 양도' 운운의 최후 조서 등사물이 전국 각 철도 정거장, 사람 많이 모여 있는 지점에 일제히 나붙었다.

학교에서는 한밤, 혹은 새벽에 학생을 비상소집하여 통곡하는 예를 행하고 죽기로써 광복할 것을 맹세하였다. 민족운동의 주요 인물은 혹은 망명의 길을 떠나고 혹은 경찰서와 헌병대에 감금을 당하였다. 그러나 이때에는 벌써 한국의 군대는 해산되고, 경찰과 통신기관은 을사와 정미에 벌써 일본의 손에 들어가고, 민간의 무기라고는 칼을 제하고는 모조리 압수된 뒤라 마치 죽지를 묶이고 발톱을 잘린 수리와 같아서 오직 가슴이 터질 뿐이요, 몸을 눌려서 반항할 길이 없었다. 우리나라는 독립이 마관조약으로 승인된 지 15년, 대한제국이라 칭한 지 13년, 일본이 을사의 한일협정으로 침략을 개시한 지 5년에, 부끄럽게도 맥없이도 소멸되고 말았다.

'힘'이 없었던 것이다.

그러나 합병조약이란, 무력의 협박 밑에서 씌어진 한 조각의 서면이었다. 그것은 우리 민족의 양심의 승인을 받은 것이 아니었다. 따라서 하느님의 인가를 받은 것도 아니었다.

한국을 병합한 것은 일본의 역사에 가장 큰 죄악이었다. 그는 혈통으로는 같은 근원이요, 문화로는 스승이요, 지리적으로는 이웃인 우리나라에 대하여 마치 문명국이 야만 미개한 지역에 대함과 같은 죄악을 범하였다. 천리로 보아 일본은 조만간 이 죄악에 대한 보복을 받을 운명에 있다. 그러나 사욕에 눈이 어두워 천리를 보지 못하는 일본은 더한 죄악으로 이미 저지른 죄악의 소득을 확보하고 소화하려 하였다. 그것이 합병 후 36년간 일본이 한국에 있어 한 모든 어리석은 노력이요 죄악의 관영(貫盈)이 된 것이었다.

일본의 한국 합병은 그의 자살적인 행위였다. 첫째로는 일본이 한민족의 원부(怨府)가 되고, 둘째로는 4억 중국민족의 의구와 증오의 적이 되었다. 러시아와 미국과의 불화를 산 것도 그 근본 원인은 일본의 한국에 대한 그릇된 정책이었다. 만일 일본이 한국에 대한 이 큰 과오, 큰 죄악이 아니었던들 만주사변도 없었을 것이요, 국제연맹 탈퇴로 세계에서 고립되는 불행도 없었을 것이요, 소위 '지나사변(중일전쟁)', '대동아전쟁(태평양전쟁)'으로 오늘의 수치를 당함도 없었을 것이다. 그러나 조화는 일본을 통하여 인과율이 추호도 어긋나지 아니함을 우리에게 보이신 것이다. 그러나 남에게 오는 인과만 보고 우리 자신의 인과에 눈을 가리워서는 안 된다. 우리가 40년간 일본에게 받은 고초가 또한 우리의 죄값임을 잊어서는 안 된다. 도산은 망국의 책임을 국민 각자가 질 것이라는 말로 이 뜻을 표현하였다.

그는 이렇게 말하였다.

"조국을 망하게 한 것은 이완용만이 아니다. 나도 그 책임자다. 내가 곧 그 책임자다."

우리는 망국의 책임을 일본에게 돌리고, 이완용에게 돌리고, 양반계급에게 돌리고, 조상에게 돌리고, 유림에게 돌리고, 민족 운동자에게 돌린다. 그리고 그 책임 아니 질 자는 오직 나 하나뿐인 것같이 장담한다. 그러나 우리 민족 각 사람이 힘 있는 국민이었을진대 일본이 어찌 덤비며 이완용이 어찌 매국조약에 도장을 찍을 수가 있으랴. 그러므로 우리는 이완용을 책하는 죄로 우리 자신을 죄(罪)하여야 한다.

"우리 민족이 저마다 내가 망국의 책임자인 동시에 또한 나라를 다시 찾을 책임자라고 자각할 때가 우리나라에 광복의 새 생맥이 돌 때요."

도산은 이렇게 말하였다. 그러므로 도산은 일찍 무슨 일이 잘못된 데 대하여 남을 원망하는 일이 없었다. 그는 생각하기를, 그가 원망하고 책망할 수 있는 사람이 오직 하나 있으니 그것은 곧 저라고 보았다.

청도에서 망국의 슬픈 소식을 들은 도산은 통곡하였으나 실망하지 아니하였다. 그는,

"광복은 내가 하기에 있다. 내가 하면 된다."

고 믿었기 때문이다.

국내의 최후 회합에서 약속하였던 대로 몇 동지가 청도에 회합하여서 이른바 청도회의를 열었다. 유동열·이갑·신채호·이종호·김지간·조성환·이강·박영로·김희선 등이었다. 그러나 이 회의의 결과는 도산이 바라던 바와 같지는 못하였다. 의론이 합치 아니 되는 점은 급진과 관하여서니 이것은 차후로도 줄곧 양립한 대로 기미 3·1운동에 이르렀다.

급진이라 함은 서·북간도와 러시아령에 있는 동포의 재력과 인력을 규합하여 당장에 일본에 대한 무력적 독립운동을 일으키자는 것으로 이동휘가 이 주장의 대표자요, 점진론이란 것은 실력 없는 거사를 하면 달걀로 돌을 때리는 것이라 성공할 희망이 없을 뿐더러 첫째, 재외동포의 경제력과 인명을 소모하고, 둘째 국내동포에 대한 적의 경계와 압박이 더욱 엄중하여 문화와 경제적 향상이 저지될 것이니, 우선 서·북간도, 러시아령, 미주 등에 재류하는 동포의 산업을 진흥시키고 교육을 보급시켜서 좋은 기회가 돌아오면 큰 힘을 낼 수 있도록 준비공작을 하자는 것이다. 이것은 물을 것도 없이 도산의 주장이었다.

　"나라가 망한 이때에 산업은 다 무엇이고 교육은 다 무엇이냐. 둘이 모이면 둘이 나가 죽고 셋이 모이면 셋이 나가 죽어서 싸울 것이라."

고 이동휘는 자기 말을 굽히지 아니하였다.

　도산은 회담을 길게 끌어서 동지들이 망국의 격분에서 생긴 정신의 흥분이 가라앉기를 기다리려고 혹은 관광 혹은 주연, 이 모양으로 일정을 연장하였으나,

　"지금 이러고 있을 때가 아니다."

하고 모두 청도를 떠나서 각자의 길을 걸으려 하였다.

　그러나 당시의 도산으로서는 그 이상 더 동지들을 설복할 힘이 없었다. 만일 이종호가 도산의 뜻을 좇아 그의 사재를 기울여서 도산의 경륜대로의 시설을 동의하였다면 일의 방향이 약간 변할 듯도 하였으나 이종호도 도산의 실력양성론(實力養成論)보다 즉전즉

결론(卽戰卽決論)에 기울어지고 말았다.

양 주장의 결렬을 조화하려고 애쓴 것은 성격상, 경력상 이갑이었다. 이갑은 서울에 있을 때부터도 언제나 조화의 임무와 능력을 가진 사람이었다. 그러나 그의 노력도 효과를 얻지 못하여 청도회합은 분열의 결과로 끝을 맺고 도산과 이갑은 러시아 수도 페테르부르크를 향하여 떠나고, 다른 이들도 다 각기 목적하는 곳으로 향하였다.

도산은 러시아 수도에서 이갑과 작별하고 백림(베를린)에 잠깐 머물러 영국 수도를 거쳐서 미국으로 갔다.

도산이 백림에 두류하던 독일 사람의 집 가족이 도산을 심히 후대하여 정거장에서 작별할 때는 그 주인 모녀가 꽃다발을 주고 도산을 안고 뺨을 맞추어서 친족과 같은 예로 석별하였다. 그때 독일은 신흥국으로서 카이저 빌헬름 2세 전성기로 그가 제1차 세계대전을 일으키기 4년 전이었다. 도산은 신흥 독일의 백성의 기운과 교육을 주의하여 보았다. 1인1기(一人一技), 만인개업(萬人皆業), 근검(勤儉), 정제(整齊), 애국 등 당시 독일국민의 노력, 생활은 도산에게 깊은 감동을 주었다. 게다가 백림 주인집의 두터운 우정을 받은 도산은 독일국민의 복을 빌면서 국경을 나섰다.

뉴욕에 상륙하여 캘리포니아로 돌아가는 도산은 감개무량하였다. 나라 있어서 떠났던 집에 나라를 잃고 돌아오는 몸이었다. 하나 그뿐인가 나라를 잃고 망명하는 그는 국경을 넘을 때 여행권 사증이 있을 적마다 국적이 문제가 되었다.

한국 신민의 옛날 여행권은 가끔 말썽을 일으켰다. 더군다나 일본과는 동맹국이던 영국에서는 '일본 신민'이라고 선언하기를 요구하였으나 정치망명가라는 것으로 무사히 통과되었다. 이로부터 도산은 미국에서 발행한 '무여행권(Without Passport)'이라는 여행권으로 여행하게 되었다. 그것은 국적 없는 백성이라는 뜻이다.

5장 미주활동시대 – 살아있는 태극기와 애국가

도산은 미국 로스앤젤레스의 집에 5년 만에 돌아왔다. 거기는 부인과 2남 1녀가 있었고 여러 친우와 동지가 있어서 반갑게 맞았다. 그러나 나라를 붙들러 갔다가 잃고 돌아온 도산에겐 기쁨이 없었다.

도산이 본국에 돌아간 뒤에 도산의 부인은 삯빨래로 생활비를 벌어서 자녀를 길렀다. 도산 부인은 집사람과 생업을 돌아보지 않는 남편을 좋아할 수 없었다. 남 모양으로 돈을 벌면서 집에 있어주기를 바랐다.

도산은 곧 토목공사의 인부가 되었다. 그러나 그의 체력으로는 이러한 근육노동을 오래 계속할 수가 없어서 서양인 주택의 소제 인부가 되었다. 이것은 총채로 털고 비로 쓸고 걸레로 훔치면 되는 일이었다. '하우스 웍'이라는 것이다.

도산 내외가 저축한 돈이 1,000불쯤 되었을 때에 도산은 심히 불행한 기별을 들었다. 그것은 러시아 수도에서 시작된 추정 이갑의 엄지손가락의 신경마비가 전신불수로 화하여 미국에 오려다가 뉴욕에서 상륙 거절을 당하고 시베리아로 돌아가 병으로 눕게 되었다는 것이다. 우정의 사람인 도산은 병석에 누운 지우(志友)를 위하여 울었다. 도산은 이갑과 민족운동의 이론에 있어서는 반드시 일치하지는 아니하였다.

이갑은 급진론자요, 목적을 위하여서는 수단을 가리지 아니하는 전략적 행위도 때에 따라서는 사양하지 아니하였다. 이갑은 몸이 작으나 그의 몸은 전부 담(膽)이며 호쾌한 성격이었다. 그는 민영준에게서 받아낸 거액의 재물을 애국운동에 흩어버리고 말았고, 또 그는 미녀를 끼고 화월(花月)에 취하는 풍류도 있었으며 필요하면 살육도 하나의 수단이라고 하였다. 이런 것은 다 도산과는 맞지 아니하였다. 그러므로 이갑이 청년학우회에 관계하고 싶은 의사를 보일 때에 도산은,

"추정은 청년학우회원은 못 돼."

하고 언하(言下)에 거절하였다. 도산은 청년학우회를 도덕적으로 한 점 비난할 수 없는 인격자들이 되게 하고 싶었다. 청년학우회뿐만 아니라 우리 민족이 도덕으로 세계에 으뜸이요, 모본이 되는 국민이 되게 하는 것이 그의 이상이었다. 적더라도 우리 민족이 거짓 없는 국민, 사랑하는 국민, 뭉치는 국민, 부지런한 국민만은 되게 하고 싶었고 또 그리할 수 있다고 믿었다.

도산의 이러한 사상에 대하여 추정은 비록 경의는 표하지만 '도산다운 고달(高達)한 이상'이라고 미소하는 실제 정치가였다. 도산이 그 좋은 두뇌와 수완으로 실제 정치를 하였으면 얼마나 좋으랴

하고 추정은 도산의 고집을 아까워하였다.

  이 모양으로 도산과 추정은, 반드시 성미가 맞는 것은 아니었으나 저를 잊고 나라에 바치는 점을 서로 알고 서로 사랑하여서 이것이 굳은 우정의 변치 아니할 바탕이 된 것이었다.

  도산은 그의 부인과 의논하여 저축한 돈 1,000불을 이갑의 치료비로 보내었다. 여기 동의한 부인도 어지간한 사람이다. 또 도산의 성품으로 보아서 그 부인의 동의 없이 부권을 행사하지는 아니하였을 것이니 내외간의 교섭 곡절을 남이 알 수는 없으나 부인이 승낙한 것만은 사실이다.

  도산이 보낸 돈 1,000불을 받은 추정이 소리를 내고 울었다 함은 추정 자신의 술회거니와 울 만도 한 일이었다.

  그러나 추정은 또 이만한 우정을 받기에 합당한 사람이었다. 그가 한성 정계에서 활동하던 5년간에 그에게는 그의 재산은 동지의 공유재산이라는 관(觀)이 있었다. 어떤 친구가 옷이 없다면 돈을 주고, 여비가 없다면 돈을 주었다. 그는 맛있는 음식을 대하면 벗을 생각하고, 불행한 벗이 있는 곳에는 반드시 그의 도움이 먼저 있었다. 그는 도산보다는 연치로나 사회적 지위로나 선배면서도 언제나 도산을 추존하고 자기는 도산보다 늘 일보 뒤에 섰다. 당시 한성 정계의 중심인물인 실력을 가지면서도 그는 매양 그늘에서 돌았다. '아까운 애국자를 잃었다' 하는 것은 도산만의 한탄이 아니었다. 그는 군대 해산 직전까지 참령으로 육군대신 부관이었다.

  도산은 추정 이갑의 쾌유를 빌면서 얼마동안 노동에 종사하였다.

그러나 미국 재류동포들은 도산을 가만둘 수 없었다. 도산은 국민회 총회장의 임을 맡게 되었다.

국민회에 관해서는 이 책 제2장에 대략 말하였거니와 이 기회에 좀 더 말할 필요가 있으니 그것은 미국에 있는 대한인국민회를 다만 일개 교민단체로 볼 성질의 것이 아니요, 실로 우리 민족운동의 주요한 세력으로 우리 역사에 대서특서될 것이기 때문이다. 경술합병 당시에 미국(하와이를 포함)에 재류하는 동포는 국민회의 이름으로 대회를 모아 합병 부인의 결의를 하고 이것을 일본 황제를 포함한 각국 원수에게 통고하여 영국으로부터는 동정한다는 회답까지 받았으며 그 이래로 36년간 관공사를 물론하고 'Korean'이라고 통하여 왔고 일찍이 일본 신민이라고 칭한 일이 없어서 미국 정부에서도 재류동포에 관한 공문서는 일본 대사관이나 영사관을 통하지 아니하고 대한인국민회를 통하여서 하였고, 이번 미국과 일본과의 전쟁 중에도 재류동포는 국민회를 중심으로 한 재미한족연합회의 주장으로, 재산동결 기타 적국인으로서의 대우를 면하였다. 게다가 제1차 세계대전 후 국민회는 이승만 박사를 워싱턴으로 파견하였으며, 제2차 세계대전 중에는 한족연합회의 발안과 명의와 재력으로 중경(重慶) 임시정부의 경비를 부담하고, 구미위원부를 설치하여 이승만 박사를 위원장으로 하여 그 경비를 부담하였으며 8·15 이후에는 15명의 대표를 본국에 파견하여 건국사업을 돕게 하였다. 한마디로 말하면 미국 국민회가, 끊어진 반만년 종사를 36년간 보존한 셈이다.

미국에 처음으로 입국한 한인이 누구인지는 모르거니와 거기 머물러 산 사람으로 갑신정변의 서재필이 아닌가 한다. 서재필은 김옥균·박영효 등과 같이 망명하여 김·박은 일본에 머무르고, 서재필은 미국으로 가서 입적하였다. 그의 삼족이 멸하매 그는 미국 여자에게 장가들었다. 서재필이 본국에 돌아와 독립협회를 조직하고 『독립신문』을 국문으로 창간하고 영은문(迎恩門)터에 독립문을 짓고 태극기와 '독립문'이라는 국문액을 새기고 모화관(慕華館)을 독립관으로 현판을 고쳐 걸고 연설회장을 만든 것, 모처럼 계획한 서정일신(庶政一新)의 대업이 당시 귀족 수구파의 반동으로 깨뜨려진 것 등은 정유, 무술년 간의 일이거니와, 두 번째 망명 후의 서재필은 의약업에 종사하여 다소 재산을 축적하였다가 기미 3·1운동 시에 이승만과 함께 국민회를 대표하여 활동하는 중에 소비하고 60노인이 다시 의학을 공부하여 의업으로 여생을 보내고 있었다.

 한인이 대량으로 미국에 입국한 것은 1903년 즉 갑진년간(甲辰年間)의 북아메리카 개발회사의 이민이니 이것은 하와이의 농지개혁을 위하여 한인을 노동자로 데려간 것이었다. 그들은 혹은 계약 기간 전 탈주와 혹은 계약만료 후의 고용 해제로, 하와이를 주로 하여 캘리포니아 주와 멀리 멕시코, 쿠바에까지 퍼져서 머물러 살게 되었으니 그 수는 2,000명가량이었다. 이들이야말로 재미 한족사회의 건설 기본원이었다.

 이보다 먼저 북미에 흘러 들어간 소수의 동포가 있으니 그것은 인삼장수들이었다.

 그때에는 하와이를 중국인들이 신금산(新金山)이라 하고 샌프란시스코를 구금산(舊金山)이라 하여 많은 중국인이 벌써 건너가 있었다. 이들은 남양과 호주를 거쳐서 흘러들어온 것이었다. 그런데 중국인이 가는 데는 반드시 소수의 한국인이 따라가니 그것은 인삼장수였다.

중국인, 특히 남방인은 고래로 인삼, 그중에도 홍삼을 귀중히 여기고 애용하였으며 고려인삼이라면 천금을 아끼지 않고 다투어 샀다. 이러한 관계로 강남은 물론이거니와 남양까지도 화교가 가는 곳에는 '고려인'이 따르는 것이니 대개 고려인은 중국인이 우리 민족을 부르는 명칭이다.

그래서 개발회사 이민이 있기 전에 샌프란시스코 일대에는 우리 동포가 수백인 거주하고 있었다. 도산이 샌프란시스코 거리에서 목격한, 상투를 맞잡은 동포는 이네들이었다.

하와이로 실려 갔던 개발회사 이민의 우리 동포들이 하나둘 미국 본토로 들어가게 되어 캘리포니아에 한국인이 날로 늘었다.

1906년, 즉 정미년 보호조약이 늑정(勒定)되매 하와이에서는 목사 김성권 등의 발기로 하와이 통일발기회라는 것이 생겼다. 여기에 통일이라는 말을 쓴 이유가 있다. 당시 하와이에는 동포가 집단적으로 일하는 농장이 36개소가 있었으니 농장마다 그 농장주의 지시로 일종의 단체가 있었다. 통일이라 함은 이 36개 단체를 통일한다는 뜻이었다.

이때 샌프란시스코에는 제2장에서 말한 공립협회 외에 대동보국회(大東報國會)가 있었다. 공립협회는 회장이 정재관(鄭在寬), 『공립신보(共立新報)』 주필은 최정익(崔正益)이요, 대동보국회는 장경(張慶)이 회장이었다.

이 모양으로 하와이와 북미(재미동포는 하와이의 북미라고 부른다. 북미는 미국을 지칭하는 명사로 쓰여진다)에 연락 없이 동포의 단체가 생겨 있었다.

그러던 즈음에 1907년 미국 사람 스티븐슨이 일본에 유리하고 한국에 불리한 말을 하였다는 것을 분개하여 전명운(田明雲)·장인환(張仁煥) 양 동포가 그를 샌프란시스코에서 사살한 사건이 일어나매 하와이의 합성협회(合成協會)에서는 전·장 양 의사 후원을 위한 의연금을 공립협회로 보내었다. 이것이 하와이 북미 양쪽 동포단체의 연락의 개시였다.

1909년에 북미의 공립과 대동이 합하고 또 하와이 합성협회와도 합하여 국민회 총회가 되고 북미·멕시코·하와이·원동(러시아 영토)의 4개 지방회가 되어 도산이 총회장이 되었다.

국민회를 조직하던 사람들의 의도로 보면 외국에 있는 한족 전체를 망라한 국민회를 만들려 한 것이니 만주에도 국민회 지방회를 세우려 함은 물론이었다.

도산은 국민회 총회장으로 선거되었다. 도산의 목표는 회원의 품격을 높여 교거(僑居)하는 나라 백성들에게 존경을 받고 근검저축을 장려하여 회원 각원이 독립하고 풍족한 생계를 가지게 하며, 단체적으로 거류국 관민의 신뢰를 얻어 동포의 권익을 보호할뿐더러 그러함으로 일본으로 하여금 한국인을 간섭하는 구실을 가지지 못하게 하는 것이었다.

재류민 대부분은 본국에서부터 무식한이요 또 단체생활에 훈련이 없어서 국민회의 정책에 협력하느니 보다도 그것을 귀찮게 생각하는 이가 처음에는 적지 아니하였다. 또 그 약점을 타서 국민회에 반대하고 이를 이간시키는 선동자도 없지 아니하였다. 더구나 본국으로부터 새로 건너오는 지식계급인 중에 그러한 사람이 가끔 있었다. 그것은 자기가 권세를 가지려는 야심으로서였다. 그러나 도산의 신망은 점점 더하였다. 도산은 첫째로 회원의 부담을 일정하게 하는 제도를 썼다. 그것은 1년에 5불의 국민 의무금이라는 것만을 회원에게 징수하여 수입 지출을 분명하게 하였다. 종래는 의연금이란 명칭으로 수시로 무제한으로 거두었다. 도산은 이것은 첫째로는 회원에게 불안과 불쾌의 감을 주고, 둘째로는 동포의 부력을 쌓는 것을 저해하는 것이라 하여서 의연금이라는 것을 폐지하였다. 그러므로 회원은 누구나 1년에 5불만 바치면 그만이었다.

이 의무금의 수입으로 도산은 1년의 예산을 세웠다. 수입의 길이 없는 지출은 도산은 절대로 아니하는 정책을 세웠다. '힘자라는 데만큼'이란 것이었다. 시급한 일이라 하여서 민중의 열정을 자격(刺擊)하여 일시적으로 거액의 자금을 내게 하는 것은 민심을 떠나게 하고 민력을 피폐케 하는 것이라고 하였다. 민족사업은 장원한 일이니 민중을 흥분시켜서 일시적 효과를 거두는 것은 민중을 기만하는 것이라고 도산은 생각하였다.

다음에, 국민회는 회원의 권익이 침해되거나 기타의 곤란이 있을 때에는 회의 전력을 그 일점에 기울였다. 가령 회원의 소송사건, 대고용주 쟁의사건, 외국 사람에게 업신여김을 받은 일 같은 데 대하여서는 전력을 기울여서 싸우되 합법적으로 하여서 소기의 결과를 보지 아니하고서는 그만두지 아니하였다. 그러나 잘못과 그릇됨이 우리 편에 있을 때엔 서슴지 않고 충심으로 사과하였다. 이치에 맞지 않는 역성은 민족의 위신을 보전하는 소이가 아니었다.

생활개선에 대하여서는 도산이 처음 미국에 왔을 때 하던 모양으로 거처의 청결을 강조하였다. '이웃 서인(서양인)보다 더 깨끗하게' 할 것을 권면하였다.

예의답게 할 것도 장려하였다. 결코 거짓말을 말고 특별히 서양인과의 교섭과 거래에 '예스'와 '노'를 분명히 하고 한번 언약한 것이면 이해를 불계하고 신용을 지킬 것을 기회 있을 때마다 역설하였다.

"한국인의 상점에서는 안심하고 물건을 살 수 있다."

"한국인의 노동자는 믿고 일을 맡길 수 있다."

"한국인의 언약이라면 믿을 수 있다."

이 세 가지 신용만 얻으면 우리는 돈도 벌 수 있고 남에게 대접도 받을 수 있을뿐더러 우리 민족 전체의 명예를 재류국민에게 인상(印象)시킬 수 있다고 도산은 확신하고 동포에게 충고하였다.

회원들은 이 지도를 잘 받았다. 동포의 거주지는 정결하여지고 몸가짐은 점잖아지고 신용은 높아졌다. 사업주들은 국민회가 공급하는 노동자를 신임하였다. 이렇게 회와 회원의 시용이 증대함에 따라서 관원들도 회를 신임하게 되어서 한국인에게 전달될 국가의 의사는 국민회를 통하여서 하게 되고, 심지어 한국인 간의 범죄 사고까지도 국민회에 일임하거나 경찰에서 심리하더라도 국민회에 고문하여 그 의사를 존중하였다. 여행권이 불비하거나 휴대금이 부족한 한국인도 국민회의 보증이 있으면 미국에 입국할 수 있었다. 이를테면 국민회는 대사관·영사관과 같았고 국민회로 인하여 재미 한국인은 일본 신민 대우에서 벗어나서 한국 국민으로 대우를 계속하여 온 것이었다.

그런데 이러한 힘은 미국 관변에 대한 '운동'에서 온 것이 아니요, 우리 동포 자신이 국민회의 지도 밑에 자수자득한 신용과 명예의 결과였다. 우리 민족이 한번 '존경할 만한 사람들'이라는 신용을 얻으면 세계 어디를 가도 행하지 못할 데가 없다는 도산의 신념이 사실화한 것이었다.

이것은 미국에서뿐이 아니었다. 멕시코에서도 그러하고 시베리아에서도 그러하였다.

도산은 멕시코에 재류하는 동포의 초청으로 멕시코에도 갔다. 이곳 국민회 지방회도 그 나라 관민의 신용과 존경을 받았다.

원동 지회는 이강의 손으로 처음에 본부를 해삼위(블라디보스톡)에 두었으니, 거기는 권업회(勸業會)라는 것이 김립(金立)·윤해(尹海) 등의 손으로 조직되어 국민회에서 분리하고 본부는 자바이칼 주 치타로 이전하였다.

시베리아 각지에 산재한 동포들은 그 지방마다 국민회를 조직하여 1년에 한 번씩 치타에서 대의원회를 열고 또 기관지로 『정교보(正教報)』라는 월간 잡지를 발행하였다.

여기서도 국민회는 러시아 관민의 신임을 얻어서 '한국국민'이라는 여행권을 사용하고 일본 신민의 대우를 면하였으며, 따라서 일본 관헌의 절제를 전연 받음이 없었다. 여기서 국민회의 중심인물로 마지막까지 힘쓴 이는 이강이었다.

그러나 1914년 제1차 세계대전이 일어나자 러시아는 총동원령을 내려 국민회의 활동은 정지되고 말았다.

6장 상해시대(上海時代) - 임시정부에서 대독립당까지

1919년 제1차 세계대전이 휴전에 이르렀다.

샌프란시스코에 있는 국민회 중앙총회는 이승만에게 파리평화회의에 참석할 것을 청하여 대한인국민회 중앙총회장의 신임장을 가지고 우선 워싱턴으로 갔다. 이때에 국민회 내부에는 이승만에 대한 불만이 있었으니, 그것은 이 박사가 하와이 국민회를 중앙총회로부터 분리시켰다는 것이었다. 그러나 중앙총회장인 안창호는 이승만 박사가 적임이란 것을 역설하여 내부의 불만을 눌렀다.

이승만은 워싱턴에 갔으나 유럽에 가는 여행권을 얻지 못하였다. 마침 상해에 있는 신한청년단에서 김규식을 파리에 파견하였기 때문에 그가 우리 민족 대표로 활약하였고 이승만은 구미 위원부장으로 워싱턴에서 외교와 선전의 일을 하기로 되었다.

그리고 안창호 자신은 국민회의 특파로 원동을 향하여서 미국을 떠났다. 이때는 아직도 3월 1일의 독립선언이 있기 전이었으나 국민회로서는 제1차 세계대전 휴전 후의 민족운동에 대처하기 위하여 도산을 원동으로 파송한 것이었다.

도산은 선중에서 3월 1일 국내의 독립선언 보도를 접하였다. 그리고는 홍콩을 거쳐서 상해로 왔다. 도산이 상해에 도착한 것이 4월 상순, 즉 4월 10일 대한민국 임시정부가 조직 발표된 직후였다. 그 정부는 이승만을 국무총리로 원수로 삼고, 안창호·이동휘·이동녕·이시영·김규식·신규식 등을 각 부 총장으로 하였고, 여운형·신익희·운현진·이춘숙 등 소장파를 차장으로 한 것이다.

이 기회에 상해에 있던 신한청년단의 활동에 관하여 일언할 필요가 있다.

합병 직후 신규식·김규식·신채호·조용은(趙鏞殷) 등 지사들이 상해에 망명하여 있었다. 그때에 신규식은 동지회라는 것을 조직하고 있어 상해 한국인계의 주인격이었다.

그 후 한송계·선우혁·김철 등이 상해로 모여서 신한청년단이라는 것을 조직하고 제1차 세계대전이 휴전되어 김철을 국내로 보내어 천도교에서 3만원을 얻어다가 김규식을 파리로 파견하는 동시에 여운형을 러시아령으로, 장덕수·선우혁을 국내로 보내고, 또 서간도·북간도·북경·미주·하와이 등지에도 글을 보내어 이 기회에 내외 일제히 독립운동을 일으킬 계획을 진행하고 있었다.

동경 유학생들이 기미 2월 8일에 동경 청년회관에 모여서 독립을 선언한 것이 상해에 전해지자 신한청년단에서도 프랑스 조계에 사무소를 내고 선전과 연락사무를 시작하였다. 3월 1일 독립선언이 제1보가 상해에 도달한 것이 그로부터 약 1주일 후였으니, 파리

평화회의와 미주 하와이의 국민회 등 재외동포 각 단체와 주요한 지도자들에게 3·1운동의 제1보를 낸 것이 3월 10일이었다. 이 일을 한 것이 신한청년단이었다.

또 신한청년단에서는 상해에 있는 영문·한문 등 각 신문사·통신사에 3·1운동과 계속하여 일어나는 모든 기사를 제공하였고, 동시에 민족운동의 여러 지도자가 상해에 집회하도록 초청하였다. 그러는 즈음에 윤현진·신익희·조완구·이춘숙 등이 본국으로부터 오고 혹은 도쿄로부터 왔다.

신한청년단은 오직 지도자들을 일당에 모아놓는 임무만을 다하고는 자기의 존재를 감추고 말았다. 임시정부와 임시의정원을 조직하는 회장과 사무소를 마련하고 각지에서 모여온 지도자를 여러 번 초청하여서 시국을 수습할 것을 요청하는 인사를 하고는 신한청년단은 자진하여 소멸한 것이다. 이것은 아마 운동사상에 희한한 전례일 것이다.

임시정부가 조직된 뒤에 신한청년단은 그가 3, 4개월간, 특히 최근 1개월에 시설하였던 모든 집기까지 다 임시정부에 바쳤다.

이러한 때에 도산이 상해에 온 것이었다.

도산은 상해에 오는 길로 신병으로 하여 홍십자 병원에 입원하였다.

윤현진·신익희 등 차장 측들은 연일 도산을 방문하여서 내무총장으로 취임하여 국무총리를 대리할 것을 간청하였으나 도산은 듣지 아니하였다. 그때 도산이 간청하는 사람들에게 한 대답은 이러하였다.

파리평화회의와 윌슨의 민족자결의 원칙은 우리 민족에 있어서 독립운동의 호기인 것이다. 그러나 첫째로 우리 민족에게는 일본을 물리칠 실력이 미비하고, 둘째로 일본은 이번 전쟁에 연합국의 일원이기 때문에 조선민족은 민족자결의 원칙의 적용을 받지 못할 것이다. 그러므로 이번 운동은 우리 민족이 일본의 통치를 배척하고 자주독립을 희망한다는 의사를 세계에 표시하는 데 그칠 것이요, 독립의 목적을 이번에 달성할 수는 없을 것이다.

그러므로 도산 자신이 이번에 원동에 온 목적은 독립운동을 하러 온 것이 아니라 요다음 기회에는 정말 독립운동을 할 수 있는 실력을 기르는 운동을 하러 온 것이었다. 그 구체안으로 말하면, 남북 만주와 러시아령에 있는 동포를 조직하여 산업과 교육을 장려하여 부력과 문화력을 늘리는 일이었다. 만일 재외동포의 부력과 문화가 향상되면 그것이 곧 독립의 실력인 동시에 재내동포를 자극하여 부력과 문화력을 증진하게 될 것이니, 진실로 우리 민족에게 부력과 문화력이 있을진대 언제나 기회 있는 대로 독립이 될 수 있는 것이다.

도산의 의견의 중점은 실력이요, 그와 반하여 다수 민족 운동자가 노리는 것은 기회였다. '이번 기회에는' 하고 기회만을 엿보는 것은 실력이 구비한 자가 하는 일이니, 실력 있는 자에게는 언제나 기회가 오는 것이지만 실력 없는 자에게는 아무러한 호기도 기회가 아니 된다 하는 것이 도산의 주장이었다.

그러나 차장 측의 소장파는 도산을 가만두지 아니하였다. 그들이 도산을 설복하려는 논점은 이러하였다.

첫째로 지금 국내에서는 동포가 독립을 위하여 날로 피를 흘리고 투옥되지 않는가. 이것을 손을 묶고 방관할 수 있는가. 둘째로는 동포에게 실력양성을 역설하더라도 임시정부의 이름으로 하는 것이 더욱 힘 있지 아니한가.

이에 대하여 도산은 그 첫 논점에는 깊이 감동되었노라고 후에도 말하였다.

이러하는 동안에 20여 일이나 지났다. 도산은 그래도 처음의 뜻을 굽히지 아니하고 자기는 만주에 들어가 동포들 속에서 교육과 산업운동에 몸을 바칠 것이라고 말하였다.

이때 도산은 한 가지 새로운 책무를 느꼈으니, 그것은 도산이 각지에서 형세를 관망하고 있는 거두 동지들을 상해에 모으는 일이었다. 그들을 한 집에 모아만 놓더라도 도산은 한 짐을 벗어놓는 것으로 생각하였거니와 만일 다행히 그 동지들이 신민회 시대의 정의(情誼)를 회복하여서 대독립당이라는 단일 조직 속에서 협력할 수 있게 된다 하면 그런 경사가 없을 것이다. 도산이 독립을 위한 민족 단일 진영을 주장한 것은 신민회에서도 그러하였다. 그리고 도산 자신은 그 진영의 중심이 되기를 피하여서 신민회에나 청년학우회에나 다른 사람을 중심인물로 추대하고 자기는 무명한 그늘의 사람이 되기로 일관하여온 것도 자기의 존재로 말미암아 통일이 저해될 것을 두려워한 때문이었다.

도산은 우리나라 인심이 당파적으로 갈리는 경향이 많은 것을 잘 알았다. 그러므로 전 민족적인 단결의 중심인물이 되기에 합당하려면 현재의 정세로는 한 시골 사람이어서는 아니 된다고 생각하였다. 밝히 말하면 그 중심인물이 될 사람은, 첫째로 기호인(畿湖人)이요, 둘째로 양반이라야 한다고 생각하였다. 그가 유길준을 민족운동의 중심인물로 추대하려고 애쓴 것이 이 때문이었다.

만일 도산 자신이 기호인이라면 아무 거리낌없이 소신을 수행할 수가 있었을 것이다. 이러한 미묘한 사정은 일을 해본 사람이라야 아는 것이다. 도산의 필생의 신우(信友)요, 애우(愛友)요, 동지인 송종익(宋鍾翊)은 경상도 사람이거니와 그는 일찍 도산을 향하여,

"선생은 왜 기호 양반 가문에 안 태어나고 평안도 놈으로 태어났소?"

하고 농담이 아니라 탄식한 일이 있었다.

위에도 말한 바와 같이 도산이 신민회의 조직에 있어서나 흥사단의 조직에 팔도 사람 각 1명으로 발기인을 삼은 것이나 다 이 미묘한 감정을 고려한 것이었다.

도산은 그의 출마를 수십일을 두고 간청하는 소장 동지들에 대하여 두 가지 조건을 제출하였다. 하나는 각지에 있는 거두들을 상해로 모으는 일이요, 둘은 그들의 모임을 기다려 임시정부의 국무총리 대리를 도산이 사면하고 다른 이에게 원하자는 것이었다.

독립운동이 이처럼 벌어져도 모이지 않는 거두들에게 대하여 굳세게 불만을 가졌던 소장파들은 도산이 제안한 제1조건에 반대하였다. 아직도 임시정부가 있는 상해로 모이지 아니하는 것은 그 거두들에게 성의가 없거나 딴 뜻이 있거나 한 것이니 그들을 억지로 모아놓는다고 하여도 결국 의견의 불일치와 파쟁이 있을 뿐이

니, 도산이 중심이 되어서 소장파 내각으로 일을 진행하자는 것이었다.

그러나 도산은 말하였다. 첫째는 의리에 있어서 평생을 애국지사로 바친 선배를 무시하는 것이 불가하고, 둘째로는 사체의 도리와 체면에 있어서 이 모든 지도자들이 임시정부에 협력함이 아니면 민족의 총의를 망라하였다는 사실도 명분이 서지 아니하므로 적으면 임시정부의 위신이 감소하고, 크면 수다히 임시정부가 각지에 발생하여서 그야말로 민족운동이 분열될 염려가 있으니 각지에 산재한 거두들을 일당에 모이게 하는 것은 독립운동의 절대조건인 동시에 도산 취임의 절대조건인 것을 역설하였다.

이에 소장파도 도산의 의견에 찬성하여 모든 것을 도산의 지도대로 할 것을 굳게 언약하고 이에 비로소 도산은 임시정부에 내무부장으로 취임하게 되었다.

도산은 한번 취임한 이상 일에 전력을 다하였다. 그는 첫째로 미주 국민회로부터 2만 5,000불을 갖다가 프랑스 조계 하비로에 정청(政廳)을 차리고 매일 규칙적으로 정무를 보았다. 거두들은 아직 모이지 아니하였으므로 소장파 차장들이 총장을 대리하였다. 최창식이 비서장, 신익희가 내무차장, 윤현진이 재무차장 김구가 경무국장, 이 모양이었다.

정청은 매일 사무 개시 전에 전원이 조회를 하여 국기를 게양하고,

동해물과 백두산이

마르고 닳도록
하느님이 보우하사
우리나라 만세
무궁화 삼천리
화려 강산
대한 사람 대한으로
길이 보전하세

하는 애국가를 합창하였다. 도산은 그 웅장한 음성으로 힘을 다하여서 애국가를 불렀다. 이 때문에 처음에는 점잔을 빼던 사람들도 아이들과 같은 열심으로 부르게 되었다.
　애국가 끝절에,

이 기상과 이 마음으로
임군을 섬기며

괴로우나 즐거우나
나라 사랑하세

하는 것은,

이 기상과 이 마음으로
충성을 다하여

괴로우나 즐거우나
나라 사랑하세

라고 도산이 수정하였다.

원래 이 노래의 지금 부르는 가사는 도산의 작이거니와, 이 노래가 널리 불려져서 국가를 대신하게 되매 도산은 그것을 자기의 작이라고 하지 아니하였다.

"애국가는 선생님이 지으셨다는데."
하고 물으면, 도산은 대답이 없었다. 그러나 부인도 하지 아니하였다.

정청을 정제하는 외에 큰일은 『독립신문』 발행과 민족운동 거두를 일당에 모으는 일이었다.

『독립신문』은 어렵지 않게 발간되었다. 조동호의 고심으로 국문 자모(子母)도 되고 미주 국민회의 송금으로 자금도 조달되었다. 그러나 문제는 거두들의 회합이었다.

도산은 혹은 사람을 특파하고 혹은 편지를 보내어 꾸준하게 거두들을 초청하였다. 7월까지에 이동휘를 최종으로 하여 이동녕·이시영·신규식·조성환·김동삼 등이 상해에 모였다. 러시아령의 최재형은 오지 아니하였고, 좀더 늦게는 박용만이 하와이로부터 오고, 이승만도 왔다. 그러나 그것은 훨씬 후의 일이었다.

거두들이 모이기를 기다려서 도산이 계획한 것은 첫째는 내각의 개조요, 둘째는 독립운동방략의 결정이었다.

내각의 개조는 왜 문제가 되었느냐 하면, 상해에서 발표된 임시정부 이외에 그 후에 이승만을 대통령으로 한 것, 이동휘를 집정관 총재로 한 것, 이러한 두 정부의 명부가 미국 통신사를 통하여서 세간에 유포된 때문이었다.

이에 도산은 이승만을 대통령으로 하고, 이동휘를 국무총리로 하고 기타 각원을 소위 한성 정부 제도대로 함으로 분열을 방지하고 통일을 도모하자고 발의하였다. 이 안에 의하면, 내무총장이 이동녕, 노동국 총판에 안창호였다.

그러나 도산의 이 안에 대하여 가장 격렬하게 반대한 것은 임시정부의 소장파 차장들이었다. 왜 그런고 하면 이 안은 필경 이승만과 이동휘를 위하여서 임시정부를 희생하는 결과가 된다고 보기 때문이다.

이에 대하여 도산은 약 3주일간 소장파를 각개로 설복하였다. 독립운동 벽두에 전선이 삼분한다 하면 수치가 아니냐, 통일을 위하여서는 모든 것을 불고(不顧)하자는 것이 그의 주장이었다. 그때에 도산은 목이 쉬도록 연일연야 거두와 소장파를 설복하였다. 이 일이 천연(遷延)되기 때문에 거두들은 각기 돌아가겠다고 분개하였다. 본국으로부터 망명하여 온 청년들은,

"여러 선배가 모였다가 독립운동에 관하여 아무 결말도 못 짓고 흩어진다면 우리들은 가만히 있지 아니하겠소. 작정 없이는 한 걸음도 상해를 못 떠나리다."

하고 거두들을 위협한 이도 있었으니, 그 중심인물은 한위건·백남칠 등이었다.

청년들의 이 위협이 도산이 시킨 것이라고 오해한 거두가 있음

은 물론이었으나 도산은 그런 방편을 쓰기에는 너무도 정직한 사람이었다.

도산의 성의는 마침내 노소에 통하여 임시의정원의 결의로 이승만을 대통령으로, 이동휘를 국무총리로 정부를 개조하여 3정부 연립의 불행을 제거하고 독립전선통일에 우선 형식상으로 성공하였다. 이렇게 되매 각 거두들은 뿔뿔이 돌아간다는 고집을 버리고 상해에 머무르게 되어 자주 국무회의를 열게 되었다.

도산의 계획으로 이제 남은 것은 독립운동방략을 제정하는 것이었다. 도산의 이 발의가 국무회의에서 채택되어 각 총장과 차장과 기타 민간 중요인물에게 1개월 한(限)하고 독립운동방략의 사안을 제출하기로 결의한 것이 그해 9월이었다.

도산이 독립운동방략 제정을 주장하는 이유는 이러하였다.

이번 운동으로 독립이 실현된다면 문제될 것도 없거니와, 불행히 그렇지 못하다면 뒤를 잇는 사람들이 계승하고 답습할 주의, 강령과 실천할 계획을 뒤에 남겨서 언제까지든지 독립의 목적을 달하는 날까지 일관한 주의·방침하에 독립운동을 계속하게 하여야 한다는 것이다.

도산은 지나간 10년간의 독립운동이 각 사람의 각 지방에서 뿔뿔이 진행되었으므로 다만 좋은 결과를 거두지 못하였을 뿐 아니라 어떤 일이 있으면 상극·상쇄하는 불상사까지 일어난 것을 깊이 반성하여서 앞으로는 그러한 일이 반복되어 민족이 분열하고 민력을 소모하는 일이 없게 하자는 것이었다.

'준비 없는, 계획 없는 운동 — 즉흥적 운동'이 우리 민족의 과거의 결점이요 습관이라고 도산은 말하였다. 기록을 소중히 여길 줄 모르는 우리는 과거의 경험을 잃어버리는 손해를 받고 있다고 도산은 한탄하였다. 그가 상해에서 '독립운동사료편찬위원회(獨立運動史料編纂委員會)'를 세워서 10여인의 위원으로 하여금 합병 이래의 일본 폭정과 민족운동의 역사 자료를 편찬하게 한 것도 이 취지에서 나온 것이었다.

독립운동방략은 원고지 약 120매였는데, 자세한 해설은 약하고 한 개 조목 한 개 조목으로 기록된 것이었다. 그 대강은 임시정부 유지 방법, 국내로 향한 운동 방법, 재외동포에 대한 운동 방법, 국제선전 방법, 최후의 건국방략, 이 모양으로 되어 있었다.

첫째로 대한민국 임시정부에 관하여서는, 독립운동을 아무리 오래 끌더라도 이것을 독립이 실현되는 날까지 유지하여야 한다. 그리하는 방법은, 첫째로 재외동포를 통일 단결하여서 그들의 정신적 지지와 재정적 지지를 받아야 한다. 이것이 임시정부 유지에 대한 대강이다.

그 실제 방법으로는 북간도 · 서간도 · 러시아령 · 미주 · 하와이의 5개 지역 동포를 조직하는 것이 제1단계, 이 5개 지역의 조직체를 연합 통일하는 것이 제2단계니 알아듣기 쉽게 말하면, 독립운동 기간 중에는 이 5개 지역을 대한민국의 영토로 보고 거기 거주하는 동포를 국민 전체로 보아서 그들의 납세로 재정적 기초를 삼고, 동시에 그들에게 교육과 산업의 발전을 주어 문화력과 경제력을 증진함으로 행정의 목표를 삼자는 것이다. 이리함으로 300만 재외동포는 귀의할 바를 얻어 문화력과 부력을 증진하면서 매년

(每年) 매인(每人) 10, 20원의 납세로 능히 임시정부를 유지할 수 있을 것이니, 이렇게 하면 독립운동이 얼마를 끌더라도 임시정부 유지가 어렵지 아니할뿐더러 5개 지역 동포의 문화와 부가 향상하면 할수록 정부의 활동능력이 증대될 것이다.

그런데 사실상 5개 지역 재류동포는 벌써부터 각각 조직이 있었고 그 지도자가 곧 임시정부의 각 인원들이니, 현재 상해에 모여 있는 민족운동의 수령들만 일심하여서 분공합작(分工合作)하면 이것은 충분히 될 수 있는 일이었다.

둘째로, 이상의 목적을 달성하기 위하여 앞서 말한 5개 지역에서는 수도라고 할 만한 중심 지구를 택하여 그것을 정신·정치·교육·산업의 중심을 삼고, 될 수 있으면 이 5개 지역 재류동포 전체의 수도라 할 만한 곳을 중국의 적당한 지역에 설치하여 문화뿐 아니라 농·공·상과 금융의 중심지를 삼자는 것이다.

이것은 독립의 실현이 지연되는 경우에는 재외동포가 유리민이 될 우려가 있는 것을 예방하는 동시에, 각국에 흩어져 있어 조국의 보호가 없는 동포로 하여금 정치적·경제적·정신적 원호를 받을 수 있게 하기 위함이다.

재외 한족의 교육에 관하여서 도산은 서·북간도의 어떤 지방과 같이 전연 교육기관이 없는 데는 우리 자녀를 위한 학교를 세울 수밖에 없지만, 미주나 하와이나 중국에도 개화지나 재류국의 교육기관이 있는 데서는 그 교육기관을 이용할 것이지 공연히 동포의 부담을 과중하게 하여서 우리 자신의 학교를 세울 필요가 없고, 다만 우리의 국어와 국사를 가르치는 기숙사를 설비하고 또는 본국에서 나오는 청년을 위하여 재류국 대학에 입학할 준비교육기관을 세우면 그만이라고 하였다.

다음에 산업정책에 대하여는 거주국의 정책에 순응 협력하면서 우리 민족의 부력을 증진하자는 것이다. 예를 들면, 만주에 있어서는 중국의 요구가 농산물의 증산에 있고 또 우리 민족의 장기가 농작에 있으니 재류동포의 경지 획득을 용이케 하고 낮은 변리로 농사자금을 얻는 편이를 강구하고 농사개량을 지도하며 농산물 판매를 유리하게 하고 또는 농산·축산물의 가공 공업을 진흥시켜서 농민의 생활을 안전하고 윤택하게 하되, 중국 정부와 교섭하여 될 수 있는 대로 집단부락을 형성하여 도덕·지식·생활, 기타의 문화를 향상하면 재류국 당국과 국민의 호감을 살 수 있을 것이다. 왜 그런고 하면, 우리 민족이 이렇게 발전함으로 농산물이 증가하고 납세액이 증가하고 농촌과 도시가 문화적으로 되어서 재류국 원주민에게도 좋은 영향을 주겠기 때문이다.

이 모양으로 10년 생취(十年生聚), 10년 교훈(十年敎訓)을 함으로 재외 한족은 격세의 감이 있도록 발전될 것이 아닌가. 이것은 우리 독립당이 300만이 된다는 뜻인 동시에 제 외국에 대하여서는 우리 민족이 문화국민·독립국민이 될 자격과 능력을 실제로 보이는 것이 아닌가.

이것은 이번에 새삼스럽게 나온 의견이 아니라, 도산이 국내에서도 신민회를 통하여 주장하던 바요, 또 10년 전 망명할 때에도 청도회의에서 주장한 바였다. 그러나 경술년 합병으로부터 기미년 3·1운동에 이르는 10년간 '나가자, 죽자' 식으로 민력 배양이 등한

시되었을 뿐 아니라, 무관학교를 세운다(하와이의 '산너머'와 만주의 '백미산(白米山)'), 독립군을 수없이 조직한다 하여 민력은 더욱 소모되었다. 도산은 지나간 10년간의 복철을 밟지 말고 이번 독립운동 개시를 기회로 '나가자, 죽자' 대신에 '나갈 준비를 하고 죽을 수 있는 준비를 하자'는 것을, 상해에 모인 영수일치(領袖一致)의 의사로 동포에게 표시하자는 것이 도산의 열망이었다.

도산은 자기의 신념을 개인의 명의로 발표하기를 원치 아니하였다. 세월이 오래 걸리더라도 그것을 여러 동지될 만한 사람들에게 말하여서 그들의 찬동을 구하여 그 동지 전체의 이름으로 발표되기를 기다렸다. 그것은 오직 도산의 겸손만이 이유가 아니요, 발표된 남의 의견에 찬동하기를 싫어하는 우리네의 심리를 고려함이었다. 이것은 애국가의 작자가 자기임을 표시 아니하는 것과 같은 심리에서였다.

이번 독립운동방략도 실상은 자기가 작자이면서 이것을 스스로도 말한 일이 없었다.

이상에 말한 것의 그 실은 독립운동방략의 요점이요, 근본이었다.

다음에 약술한 국내연통제(聯通制)와 국제선전방략은 가장 직절(直截)한 듯하면서도 그 실은 2차적이었다.

연통제라는 것은 국내 각 도 각 군에 임시정부의 연락원을 두는 것이니, 이것은 임시정부의 의사와 행사를 국민에게 널리 알리는 제도였다. 그 요령은 각 군에 군감 1인을 비밀히 택하여 그로 하여금 군 내 각 면 각 리의 주요인물에게 의사를 소통케 한다는 것이었다. 국내동포가 일본의 보도제한하에 다만 임시정부의 동향만 모르는 것이 아니라 세계정세를 모르니 이 연통제를 통하여 국민에게 바른 인식을 주는 동시에 항시 서로 연락함으로 일단 일이 있을 때에는 일령지하(一令之下)에 전 국민이 동원할 수 있는 준비를 하자는 것이다.

이렇게 임시정부와 국내의 전 국민과 연결하는 조직을 2차적이라고 하는 뜻은 다름이 아니다. 첫째로 일본의 경찰하에 이 조직이 방방곡곡에 보급되기가 어렵고, 둘째로 설사 일시 보급이 되더라도 오래 계속하기가 어려울 것이며 다수의 희생자를 낼 가능성이 있기 때문이다. 만일 불원한 장래에 제2차 3·1운동과 같은 전 국민적인 운동이 일어난다면 몰라도 그렇지 아니하면 이것은 다만 일시적인 훈련에 불과하기가 십중팔구일 것이다.

그러나 그렇다고 이 연통제를 아니 실시할 수는 없는 것이다. 왜 그런고 하면, 강화회의의 결과로 국제연맹이란 것이 새로 생기고 민족자결의 원칙에 의하여 체코슬로바키아·폴란드 등 신흥국가가 연달아 일어나게 되매 이러한 세계정세도 여실하게 국민에게 알리고 싶었고, 또 독립운동의 방략도 주지케 하고 싶었으며, 또 혹시나 근간에 무슨 기회가 있어도 하는 희망적 관측도 없지 아니하기 때문이었다.

나중에 할 말이거니와, 이 연통제만은 수령들의 흥미를 끌어서 많이 진전되었으니, 이종욱(李鍾郁) 선생 같은 이는 국내에 잠입하여 경기 이남에 연통제를 실시하다가 중형을 받은 공로자였다.『독립신문』도 이 연통제망을 통하여 국내 넓은 지역에 배부되었다.

그러나 연통제망을 조직하는 데만도 많은 인물이 필요하였다. 첫째로 그는 그 지역에서 신임 받는 인물이라야 하겠고, 둘째로는 중형을 각오해야 하겠고, 셋째로는 적의 경찰망을 숨어다닐 만한 기민이 있어야 하겠고, 넷째로는 적의 경찰에 붙들리더라도 입을 봉할 용기가 있어야 하겠다.

연통제 관계자의 희생을 방지하기 위하여는 어느 군의 군감은 옆 군의 군감이 누구인 줄을 모르고, 이 모양으로 서로 직계 상급 간부 밖에는 모르게 되어 있었으며, 만일 군감, 기타 인원의 사망 검거, 기타의 고장이 생길 때에는 자동적으로 그 승계자가 있도록 되어 있었다.

만일 신뢰할 만한 인재가 많았던들 연통제는 더 큰 효과를 거두었을 것이지만 불행히도 이러한 혁명가적인 인재를 구하기가 어려웠고, 또 임시정부 내에서까지 연통제는 비밀로 되어 있었기 때문에 내놓고 널리 인재를 구할 수도 없었다.

다음에 국내에 대한 정책으로는 동지를 될 수 있는 대로 많이 적의 행정·경찰기관에 들어가게 하는 것과, 이 모양으로 일본에 협력을 가장하는 동지를 택할 것도 있었고, 매년 1, 2차 폭탄이나 소규모의 시위운동 같은 것으로 국내동포의 독립의식을 일깨울 것 등이 있었다. 이 일을 위하여서는 상해에 폭탄제조기술을 전습하는 처소도 있었고 결사적인 동지의 결속도 있었으니, 이 일은 주로 김구가 중심이 되어 있었다.

국제선전에 대하여서는 국제연맹 소재지이니 제네바에 대사를 주재시켜서 끊임없이 한민족의 독립의사와 일본의 폭정과 야심을 폭로할 것을 주로 삼고, 미국과 중국과 소련에 대하여서도 임시정부의 신임장을 가진 대사를 주재시켜서 적절한 선전과 외교 행동을 할 것이라고 하였다.

이 문제에 관하여서는 제1착으로 제네바에 사절을 보내기로 하여 인선까지도 되었었으나 경비로 인하여 천연되다가 독립운동 제2년인 경신년 가을에 혼춘(琿春)에서 일어난 일본군의 한족 학살사건에 대한 대일선전론으로 하여 독립운동방략 전체가 휴지가 되고 말았다. 이것은 다음에 말하려 한다.

대강 이상의 내용을 가진 독립운동방략이 민국 2년 1월의 국무회의에서 축소 심의한 결과 만장일치로 가결되었다.

그 결과로 임시정부는 준거할 정책과 일과할 사무가 많아져 활기를 띠게 되었다. 국내 연통제의 실시, 재외5지역의 단결, 사료편찬 등 사무가 날로 진행되었다. 이종욱 선생 등은 연통제 실시를 위하여 국내로 잠입하고 안동현 봉천 등지에는 교통부의 연락부가 생기고, 국내에도 요처요처 연락부가 생겼다.

북간도를 위하여는 안태국이, 서간도를 위하여는 백영엽(白永燁)이 각각 조직과 연락의 사명을 띠고 출발하기로 되었는데, 안태국을 특히 북간도로 파견하게 된 것은 이유가 있다. 북간도는 가장 재류동포가 많은 지역일 뿐만 아니라 가장 당파싸움이 많은 곳이었다. 따라서 통일을 위하여 가장 난처한 곳은 하와이를 제하고는 북간도였던 것이다. 이 군웅할거(群雄割據)하는 북간도에 가서 군웅을 조화할 인물은 오직 동오 안태국뿐이라고 여러 영수의 의견이 일치하였던 것이다.

조화력이 있는 인물, 이것은 다수인이 하는 사업에서는 중요한 존재이다. 인물 중에는 투쟁가가 있고 모략가가 있고 조화가가 있다. 투쟁가와 모략가만 있으면 세상은 살풍경이 되고 신경쇠약이 되고 만다. 조화하는 인물이 있고서야 비로소 협화가 생기는 것이다. 조화가는 표면에 이름이 나지 아니하나 그 중요성은 벽돌집의 양회(洋灰)와 같다. 그런데 이 조화를 능히 하는 인물은 구하기가 어렵다. 그는 누구에게나 신임을 받고 친애를 받으면서도 싸우는 쌍방의 심경을 통찰하는 명철이 있어야 하니, 단적으로 말하면 쌍방 이상의 덕과 지를 겸비하여야 한다. 그러므로 이러한 인물을 가진 나라는 천행이라 할 것이다. 그런데 안태국은 당시에는 이러한 인물이었다.

'동오'라 하면 누구의 마음이나 따뜻하여지고 윤택하여졌다. 그는 신민회 사건으로 악형을 당하고 또 6년 옥고에 안면이 찌그러지고 초췌하였으나, 그가 가는 좌석에는 화기가 돌았다. 그는 침묵하여 말이 적은 사람으로 전연 허식과 모략이 없었고 오직 겸허와 충성이 있었다. 어려운 중에서도 어려운 북간도 통일 문제를 해결한 뒤에는 러시아령이나 하와이에도 갔을 것이요, 그가 가기만 하면 반드시 화합이 있었을 것이다. 그런데 불행히도 동오는 북간도로 향하여 출발할 기일 직전에 병들어 도산의 헌신적인 간호가 있었으나 2년 5개월 만에 마침내 별세하고 말았다. 그의 유해가 정안사로(靜安寺路)의 외국인 공동묘지에 묻히던 날, 상해에 있던 모든 영수들은 물론이거니와, 거의 거류민 전부가 회장(會葬)하여 느껴 울면서 영결하였다. 아마 이렇게 많이 울어 보낸 영결은 드물 것이다.

　동오의 죽음은 도저히 회복할 수 없는 큰 손실이라고 도산은 통곡하였다. 도산은 성내거나 슬퍼하지 아니하는 사람이건만 동오를 위하여서는 아낌없이 울었다.

　도산은 우리 운동에 이러한 인물의 필요를 누구보다도 깊이 느꼈기 때문이었다.

　지방감정이란 것은 우리나라 사람이 가는 곳마다 있었다. 상해에서도 기호파라, 서북파라, 교남파라 하는 감정의 암류가 없지 아니하였다. 그러나 동오만은 평양 태생이건만 기호인은 기호인과 같이 보고, 교남인은 교남인과 다름없이 통정하였다. 그는 전연 '내'라는 것과 사사로운 것이 없는 때문이었다.

　도산은 서도파의 두목이란 말을 간 곳마다 들었다. 그러나 사실상 상해에서 가장 개인적으로 도산을 애모한 사람 중에는 경상도 사람인 윤현진과 전라도 사람인 나용균이 있었고, 도산을 배척한 사람 중에는 다수의 평안도 사람이 있었다.

　도산은 사람을 처음 대할 때에 그의 고향을 묻는 일이 없었건만 그를 서도(西道)지방 열이 있는 자라고 참무(讒誣)하는 이가 있는 것은 불행한 일이었다. 미주에서도 국민회와 흥사단에서 가장 도산의 심복이 된 이는 송종익이거니와, 그는 대구 사람이요, 또 평생에 도산을 사랑하여 『신한민보』의 주필이 된 홍언(洪焉)은 경기도 사람이었다.

　동오의 죽음으로 통일대업에 큰 지장이 생긴 것은 대치할 길이 없는 일이거니와 독립운동방략은 착착 실천의 궤도에 올랐다.

이동휘도 국무총리로 시무하였고, 다른 두령들도 유쾌하게 협력하여 가는 모양을 보였다.

도산은 이제는 국무총리 대리도 아니요, 내무총장도 아니었다. 노동국 총판이 된 그는 책상 하나를 차지할 필요도 없어서 야인이 되고 말았다. 도산은 자기의 이 자유로운 처지를 기뻐하는 모양이었다. 그는 임시정부로서는 한낱 말석 각료로 절반은 정부 밖에 있는 자격으로 여러 동지 영수들의 사이에 서서 알선할 수도 있었고 또 연통제라든지 상해 주재 외국 영사와의 교제(이것은 안정을 보장하기 위해서 정기적으로 아니할 수 없었다)라든지, 이러한 잡무를 맡아할 수가 있었다.

1921년에 도산은 미국 의원단과 회견하라는 임시정부 대표의 사명을 띠고 백영엽과 황진남을 통역으로 대동하고 북경에 왔다. 백영엽은 남경에서 신학을 배워 목사의 자격이 있고 중국어에 능하며 애국심과 정의감이 강하여 평소에 도산의 신임을 받는 한 사람이요, 흥사단의 단우였다. 후에 백영엽은 서간도 방면 동포를 지도할 임무를 도산에게서 받아가지고 만주에 들어갔다가 일본 관헌에게 체포를 당하여 복역하고 출옥하자마자 곧 또 봉천으로 가서 교회 일을 보았으니, 그의 사명을 잊지 아니할 것이었다. 황진남은 도산의 친우의 아들로서 어려서 북미에 가서 미국에서 교육을 받아 영어에 능하여 캘리포니아 대학 재학 중임에도 불구하고, 도산이 기미년에 상해에 올 때에 수원(隨員)으로 대동한 사람으로 도산이 상해에 있는 동안 통역을 맡아 하여서 도산의 사랑을 받았다.

도산은 북경 육국반점(六國飯店)에서 미국 의원단과 회견할 기

회를 얻었다. 백영엽의 추억에 의하면, 그들 사이에는 이러한 담화가 있었다. 도산이 의원 대표단에게,

"중국을 보신 감상이 어떠하시오?" 하고 물으니, 미 의원단 대표는,

"나라는 큰데 거지가 많소." 하고 대답하였다. 도산은,

"그 원인이 어디 있다고 보시오?" 하고 한층 깊이 팠다.

미 의원들은 의외의 질문에 접하였다는 듯이 자기네끼리 서로 돌아보다가,

"정치가 나쁜 것이 원인이라고 생각하오." 하였다. 도산은 고개를 끄덕하며,

"과연 그러하오. 정치가 좋지 못하기 때문이오. 그러나 현재의 중국의 정치가 좋지 못한 것이 무엇 때문이라고 보시오?" 하고 더욱 깊이 물었다.

"글쎄요, 우리는 단기 여행자니까. 당신은 중국 혁명 후의 정치가 좋지 못한 이유가 어데 있다고 보시오?" 하고 미 의원은 도산에게 반문하였다.

도산은 대답하였다.

"혁명 후의 중국정부와 지사들은 좋은 정치를 하려고 애를 쓰나 밖에서 그것을 방해하는 자가 있고, 중국이 힘 있는 나라가 되기를 원치 아니하는 나라가 있기 때문이오."

도산의 이 말에 미 의원단은 수긍하였다.

도산은 다시 입을 열어,

"아직 독립국가인 중국도 이러하거든, 아주 제 정치력을 잃어

버린 우리 한국이야 어떠하겠소?" 하니 미 의원단은 책상을 치며, "알았소, 알았소. 아시아를 구할 길이 무엇인지를 알았소. 고맙소." 하고 도산과 악수하였다. 백영엽은 이 날의 광경이 지금도 눈에 암암하고 쟁쟁하다고 한다.

바로 이즈음의 일이었다. 모씨가 북경에서 도산을 만났을 때에 하루는 도산이 서산 구경을 가자고 하였다. 도산은 친구가 자기를 찾아오면, 극진한 정성으로 그를 대우하되 돈과 시간을 아낌이 없었다.

두 사람은 인력거를 타고 서직문(西直門)을 나서서 만수산으로 향하였다. 북경 시내 가로상에서 도산을 힐끗 보고는 옆골목으로 피하는 몇 사람을 보았다. 도산은 일일이 그들을 향하여서 손을 들었다. 저편이야 받거나 말거나 이편에서는 인사를 한다는 도산의 예의였다.

도산은 나중에 모씨에게 일일이 그들의 이름을 말하였다. 그리고 탄식하였다. 만리타향에서 고국 동포를 만나면 서로 피하는 것이 우리 동포라 하고 도산은 길게 탄식하였다. 그들은 대개 도산에게 한두 번 신세를 진 사람이건만 지금은 도산의 반대파로 자처하는 것이었다.

만수산을 볼 욕심은 없다는 모씨의 말에 도산은 바로 와불사(臥佛寺)로 가서 유명한 백송(白松)과 천지(泉池)와 대리석 와불(臥佛)을 보여주고 옥천산(玉泉山)도 그냥 지나서 서산에서 이탁(李鐸)을 찾았다. 이탁은 신민회 적부터의 동지요, 만주에서의 독립운동에 일생을 바친 지사다. 그는 또 상해에 왔을 때 흥사단에 입단도 하였다.

서산 밑 작은 주막거리의 더 작을 수 없는 중국 가옥에 이탁은 중국복을 입고 있었다. 그 부인과 딸도 중국인으로 차리고 있었다. 지사의 빈궁한 망명생활이었다.

이탁은 도산과 모씨를 맞아들여서 호국수와 배갈(백주)로 점심을 차렸다. 그는 키가 크고 뚱뚱하고 눈이 가늘고 도산의 평에 의하면, 그는 일신이 도시 의(義)요, 담(膽)이었다. 그는 동지를 지극히 경애하고 무슨 일에나 저를 내세우는 일이 없었다. 그가 유자(儒者)의 가정에서 생장한 것은 그의 독실하고 예절답고 근엄한 태도로도 알 수 있었다. 도산은 매양, 돌아간 동오(東吾) 안태국과 아울러 동우(東愚) 이탁을 찬양하였다. 장차 흥사단의 감독으로 청년 수양의 전형이 될 인물이라고까지 격상하였다. 그러나 불행히 그는 만주에서 병사하였다. 동우의 부보(訃報)를 들은 도산은 동오 때와 같이 애통하였다.

"왜 이렇게 좋은 동지들이 가버리나?" 하고 도산은 탄식하였다.

서산에는 웅희령(熊希齡)의 향산(香山) 모범촌이 있다고 하나 날도 저물고 또 동우를 만난 것으로 만족하여서 저녁녘에 돌아올 길을 잡았다. 해전(海甸)에서는 죽림 김승만(竹林 金承萬)의 은거를 찾았다. 죽림은 예수교의 장로로, 역시 신민회의 동지요 도산의 지우였다.

도산은 그 후에 오래 북경에 머물렀다. 영환공우(瀛環公寓)라는 셋방 빌리는 집에 하루 숙박 25전을 내고 있었다.

도산이 어디 있으냐 그렇지만 북경에 있을 때에 많은 사람이 찾아왔다. 늙은이도 있고 젊은이도 있었으나 젊은이가 더욱 많았다. 도산은 누가 찾아오거나 만나보고, 만나면 온화하고 공손하게 또 친절하게 접대하였다. 찾아온 사람이 무슨 문제로 가르침을 청하기 전에는 도산은 결코 훈계하거나 충고하는 말을 하지 아니하였다. 또 아무리 어리석은 말이라도 끝까지 다 들었고, 남이 말하는 중에 꺾는 일이 없었다. 도산은 모든 사람의 개성을 존중하였다. 누구나의 처지에 대하여 동정하였다. 결코 누구에게 핀잔을 주는 일이 없었다. 비록 어린 사람이라도 하고자 하는 말을 다할 기회를 주었다. 남이 하는 말에 대하여서 그는 경청하는 태도를 취하였다. 그러다가 남이 하는 말을 다 들은 뒤에 도산 자신의 의견을 말하였다. 그때에는 성의를 다하여 진실한 의견을 말하였고 조금도 저편의 뜻을 받아들여 비위를 맞추는 일은 없었다. 안 될 일은 안 된다고 하고, 아니 믿는 말은 아니 믿노라고 바로 말하였다. '글쎄' 같은 어름어름하는 태도를 나타내는 말을 도산은 쓰는 일이 없었다. 그의 말은 언제나 분명하게 긍정이거나 부정이었다. '그렇소'거나 '아니요'였다. '글쎄'는 없었다.

    도산을 찾아왔던 사람은 반드시 무엇을 얻어가지고 갔다. 충고도 훈계도 없었건만 회화 중에 언제인 줄 모르게 듣는 자에게 무슨 소득을 주어서, 한번 도산을 만나고 나면 뒤에 잊히지 아니하는 무엇이 남았다. 그것은 그의 모든 말이 정확한 지식과 움직이지 않는 신념과 또 한마디 한마디가 애국애인(愛國愛人)의 진정에서 나오는 까닭이었다.

천진(天津) 남개대학(南開大學)에서 그 총장 장백령(張伯苓) 박사와 회견한 일이 있었거니와, 장 박사는 그 후 조선 사람을 대하면 그대의 나라에 '안 모'라는 좋은 지도자가 있으니 부럽다고, 도산의 인격과 식견을 찬양하였다.

도산은 결코 누구를 이용하는 일을 아니하였다. 도산이 북경에 있을 때에 모씨가 도산을 위하여 거액의 금전을 구하여 주마고 말하였다. 그 모씨는 대단히 도산을 숭배하는 사람이요, 도산에게 자금만 있으면 나라 일이 잘될 것이라고 믿는 사람이었다. 또 실상 그는 수단이 놀라워서 몇 만, 몇 십만의 돈은 수월하게 만들기도 하는 위인이었다. 그러나 도산은 그가 정당한 일을 하는 인물이 아니요, 일종의 협잡꾼인 줄을 알기 때문에 그것을 거절하였다.

도산은 또 이런 말을 하였다.

"나라 일은 신성한 일이오. 신성한 일을 신성치 못한 재물이나 수단으로 하는 것이 옳지 아니하오."

그러하기 때문에 도산은 어떤 재물의 출처를 적실히 알기 전에는 그 재물을 받지 아니하였다. 도산이 레닌 정부의 돈을 받기를 반대한 것도 이 때문이요, 또 독립운동 당시에 도산이 부자를 협박하거나 꾀어서 돈을 내게 하는 일을 종시 반대한 것도 이 때문이었다.

도산의 신념에 의하면, 민족운동을 하는 자가 도덕적으로 시비를 들여서는 아니 된다. 동포가 백만 대금을 의심 없이 맡길 만하고 과년한 처녀를 안심하고 의탁시킬 인물이라야 비로소 동포의 신임을 받고 또 모범이 될 것이다. 새로운 나라를 건설할 때에 티끌만큼이라도 부정하거나 불순한 동기나 수단이나 재물이 섞여서는 아니 된다는 것이었다.

　도산은 중국말과 문필에 능한 유기석(柳基石)을 데리고 길림으로 갔다. 그가 길림으로 간 목적은 대독립당 강화였다. 도산의 의향으로는, 길림에 만주 지역 내의 중요한 독립운동자와, 될 수 있으면 국내에서도 몇 사람 오게 하여 한자리에 같이 모여서 독립운동의 금후 방침을 토의하자는 것이었다. 그러나 병인년 1월 27일 길림 최명식(崔明植)의 집에서 김동삼(金東三)·오동진(吳東振)·최명식 등 만주의 거두 200여 명이 회합하여 회의를 진행하는 도중에 중국 경관과 일본 경관이 돌연히 회장을 포위하고 도산 이하 회의 중인 모든 지사를 포박하여 길림 경찰청에 구금하였다. 일본 영사관에서는 이것을 공산당의 집회라고 중국 관헌에게 무고한 것이었다. 중국 명사 중에 도산의 신분을 증명하는 사람이 있어 곧 일본 관헌에게 넘겨지지는 아니하고 약 20일간 유치되었다가 중앙정부에서 명령도 있어서 일동이 석방되었다. 도산이 길림에서 독립운동의 거두를 모은다는 첩보가 일본 관헌의 귀에 들어가서 조선총독부에서는 경시(警視) 이하 많은 경관을 길림으로 파송하여 도산 이하를 일망타진하려던 것이었다.

　도산은 그 후에도 수개월 길림에 머물렀었다. 도산이 길림에 모인 동지들에게 권고하여 말한 것은, 첫째로 통의부(統義府)·정의부(正義府)·의군부(義軍府) 등 여러 기관을 통일할 것, 둘째로 운동의 방향을 작은 무력저항(武力抵抗)에서 대규모 독립전쟁의 준비로 전환할 것, 그러하기 위하여 아직은 우리의 실력을 감추고 재류 수백만 동포의 부력과 문화력을 증진할 것 등이었다. 그러나 이미 파벌이 생긴 지 오래고 당쟁이 성습하여서 일조일석에 통일이 되기는 어려웠으나 이것이 미구에 조선혁명당으로 전 만주가 통일될 기운을 조성하였다.

도산은 그해 봄, 땅이 풀리기를 기다려서 경박호(鏡泊湖) 부근을 답사하였다. 그는 경박호의 풍경을 탄상(歎賞)하고 그 부근의 땅맛과 물맛이 다 살기좋은 곳이라고 보아서 흙의 간색과 암석의 표본을 몇 가지 채취하여 가지고 길림으로 돌아왔다.

도산은 길림에서 북경 남경을 거쳐서 상해로 돌아왔다.

북미의 국민회의 흥사단은 도산이 오랫동안 떠나 있는 것과 3·1독립운동에 낙망한 것으로 사기가 저상하여 여러 가지 문제가 생겨서 도산을 기다리고, 또 도산의 편으로 보더라도 대독립당의 견지에서나 해외 이상촌 건설의 계획으로 보거나 북미의 여러 동지와 직접 만나볼 필요도 있어서 도산은 마닐라를 거쳐서 미국으로 갔다.

후에 도산은 필리핀을 본 감상을 이렇게 말하였다.

"배가 마닐라 항구에 들어가니 경관이나 해관 관리나 모두 필리핀 사람이요, 미국 사람은 승객뿐이었다. 재판소에서도 판사나 검사가 다 필리핀 사람들이었다. 미국 사람이 있는 곳은 오직 총독부뿐인 것같이 보였다. 필리핀은 국기를 썼다."

이 모양으로 도산은 미국이 필리핀을 통치하는 모양을 말하고 필리핀 민족에 관하여는 향락적이요, 사치하고 나태하여서 독자적으로 분투하는 기상이 적은 듯한데, 이것은 기후풍토의 영향에도 관계 되겠지만 결국은 국민의 자각이 부족함이 주된 이유였을 것이라고 유감의 뜻을 보였다.

　미국으로 가서 약 1년간 국민회와 흥사단을 위하여서 쉴 새 없이 도산은 노력하였다. 첫째로 도산이 재류동포에게 역설한 것은, 독립운동은 장원한 것이니 이번의 실패로 낙심하지 말라는 것과, 더욱더 분투노력하여 각각 부력을 증진하고 인격을 수양하며 미국인에게 호감을 주도록 하는 것이 당면의 독립운동이라는 것, 국민회의 빛난 역사를 지켜서 결코 분열하지 말라는 것이었다.

　이때에는 벌써 미국에도 공산주의 사상도 생기고 또 언제나 우리 민족이 가는 곳에는 불행하게도 반드시 따라가는 파벌 당쟁의 폐단이 하나둘만 아니라 셋, 넷, 여럿이 일어나기 시작하였다. 혹은 지금까지 미국에 있던 자가, 또는 새로 본국으로부터 나온 자가 저마다 두목이 되려고 하여서 소군소당(小群小黨)을 만들어서 국민의 통일을 교란하였다. 무엇을 위한 파쟁인지 알 수 없는 파쟁이었다.

　그러나 도산이 미국에 돌아오매 북미 동포는 도산을 믿고 도산의 말을 들었다.

　"선생님, 다시 북미를 떠나지 마시오. 선생님이 떠나시면 또 우리 동포들의 마음이 떨어지고 헷갈리오."

　이것은 동포의 눈물겨운 진정이었다. 흥사단에는 더욱 어려운 문제가 일어났다. 그것은 '이 마당에 수양은 다 무엇이냐. 있는 힘을 다해서 곧 독립운동을 시작하자' 하는 일파가 일어난 것이었다.

　3·1운동이 일어나도 흥사단은 단으로서는 나서지 아니하였다. 단우들이 개인으로 나섰다. 도산을 비롯하여 미국에서나 상해에서

나 다수의 흥사단우가 요인으로서 독립운동에 힘을 썼다. 그러나 흥사단으로서는 그 비정치성을 끝까지 지킨 것이었다. 그래서 흥사단의 기본적립금과 준비적립금에는 손을 대지 아니한 것이었다.

흥사단의 참 주지를 깨닫지 못한 단우의 일부는 이것을 불만히 여겼다. 그들은 정치운동으로 방향을 전환할 것이라고 주장하여서 자칭 신파라 하고 흥사단의 전통을 고수하려는 다수를 완고한 수구파라 하였다. 그들의 생각에 수양이란 유치한 청소년이나 몽매한 무식쟁이들이 할 일이요, 자기네 모양으로 대학을 나온 고급 지식층에는 관계없는 일이라 하였다. 그들은 인격수양의 필요를 감득치 못한 것이었다.

도산은 그들에게 대하여 일찍 상해에서 서한을 보낸 일이 있었다. 그 서한의 내용은 우리 민족의 유일한 목적은 안전한 독립국가를 건설하여 이것을 빛나게 유지·발전함이니, 이밖에 다른 목적이 있을 수 없다 하고, 그러하기 위하여 우리는 건전한 인격을 수양하고 신성한 단결을 조성하는 것이니, 이것이 없고는 저것이 있을 수 없다는 인과관계를 역설하고, 그러므로 우리 흥사단의 인격·단결 수양운동이 곧 유일무이한 독립운동이요, 또 모든 정치운동의 모체라고 하였다.

'수양 즉 독립'이라는 도산의 근본사상은 이 서한에서 가장 분명하게 역설되었다. 이 서한은 1936년 동우회 사건 검거 중에 발견되어서 동우회 유죄의 가장 큰 증거물이 되었다.

도산은 독립국가의 건설을 즐겨 가옥건축에 비겼다. 이 비유에는 두 가지 뜻이 있었다. 하나는 기초공사와 상부건축의 비유로서,

기초를 잘 다지지 아니한 건축은 오래 못 간다는 것으로, 여기서 기초라는 것은 수양된 국민, 즉 국민의 자격을 구비한 국민을 이름이요, 상부건축이라는 것은 모든 정치적 시설과 행위였다. 구한국이란 제국이 무너진 것은 기초가 부패하고 약한 때문이니 새나라를 무너진 기초 위에 그대로 건설할 수 없다는 것이다. 흥사단 약법의 목적에 '우리 민족 전도대업(前途大業)의 기초를 준비함으로 목적함'의 이 '기초'란 그것을 이름이다. 우리 민족이 도덕적으로는 거짓과 속임이 없어서 안으로는 동족끼리, 밖으로는 열강과 딴 민족에게 신임을 받을 만하고, 지식적으로 국가의 정치 · 경제 · 산업 · 교육 · 학술 각 부문을 담당할 만한 능력을 갖추도록 많은 개인이 수양되고, 또 그것만으로는 아니 되니, 이러한 유력한 개인들이 신성하게 뭉쳐서 민족의 중심이 될 단결을 이룬 뒤에라야 완전한 독립이 될 수 있고 또 그 독립이 풍우에 흔들리지 아니하는 반석 위에 영원히 설 수 있다는 것이다.

건국에 대한 도산의 비유의 둘째 뜻은 건축과 재목에 관하여서였다. 집을 지으려면 설계와 장색(匠色)이 필요하거니와, 그보다 더욱 요긴한 것이 있으니, 그것은 곧 재목이다. 재목이 없이 아무리 설계를 잘하고 장색이 팔을 부르걷고 덤비더라도 쓸데없는 것이다. 우선 재목을 구하여야 한다. 있는 재목을 구할 것이 없으면 씨를 심어 조림을 하여야 한다.

'당장 급한데 그것을 언제?' 라고? 재목은 없더라도 우선 짓자고? 이것은 안 될 말이다. 오직 공론에 불과하다. 만일 100년을 자란 뒤에야 비로소 재목이 된다 하면 오늘 심은 나무는 100년 후에는 재목이 될 것이다.

"그것을 언제?" 하고 오늘도 아니 심으면 100년 후에도 재목은 없을 것이다. 영 아니 심으면 1000년 후도 없을 것이다. 그러므로 집은 못 지을 것이다.

우리 흥사단은 조림이다. 국가를 건설하고 운용하기에 필요한 재목을 준비하는 데가 곧 흥사단이다. 여기는 어떤 유력자가 하나 있어서, 즉 대선생이나 대세력가가 하나 있어서 인재를 양성하는 데가 아니라, 수양의 필요를 깨달은 동지들이 모여서 한 약법을 작정하고 거기 비추어서 서로 수양하고 서로 연마하는 기관이다. 여기는 중니도 없고 중심인물도 없다. 단우 저마다 주인이요, 중심인물이다. 그중에 유덕한 사람을 중망(衆望)에 의하여 중심인물로 할 수도 있겠지만 그것은 오직 모범으로 세우는 것이지 그에게 권력을 주는 것이 아니다. 흥사단을 다스리는 것은 오직 흥사단의 약법과 그것에 의하여 선거된 임원이 있을 뿐이다.

도산은 흥사단의 주지를 재미 동지에게 다시 설명하고 강조하였다. 언제 도산이 떠나더라도 그 때문에 단의 동요가 있지 않도록 동지가 서로 다스리는 정신을 역설하였다.

이리하여 국민회와 흥사단이 다 안돈(安頓)된 양으로 도산은 다시 미국을 떠나서 상해로 왔다. 도산이 그때 그 부인과 자녀와 한 작별은 마침내 영결이 되고 말았다. 그리고 이번 미국에 왔던 기회에 막내 3남을 얻었으나 평생에 부자 대면이 없고 말았다.

송종익은 도산이 마지막 미국에 가 있는 동안의 가정생활에 대하여서 이런 말을 한 일이 있었다. 도산 내외는 결코 금슬이 좋은 사이는 아니었다. 도산 부인은 도산이 가사를 돌보지 아니하는 것을 원망하였다. 세상이 보기에 도산은 높은 지도자였으나 부인이 보기에 결코 좋은 남편은 아니었다.

마지막 미국에 체재하는 동안 도산은 그 부인을 위하기에 많이 애를 썼다. 부인의 옷도 사주고 또 동부인하여서 다니기도 하였다.

도산은 그 부인을 가엾이 생각하였다. 빈한한 살림에 자녀를 혼자 맡아 길렀고, 가정의 낙은 볼 기회가 극히 적었다. 지사의 아내란 다 그러한 것이지만 아내가 그 남편의 사업을 알아보지 못할 때에는 그것은 불평이요, 비극일 수밖엔 없었다. 그러나 도산 부인은 남편을 떠난 가난한 살림살이에 5, 6남매를 훌륭히 길러내었으니 그는 현부(賢婦)임에 틀림없는 일이었다.

도산은 대독립당과 이상촌 그리고 흥사단 원동 지부의 발전계획과 수만금의 동지의 출자를 안고 상해로 돌아왔다. 그러나 도산의 뜻을 펼 기회는 막혀버렸다. 이른바 만주사변이 일어나서 비단 만주뿐 아니라 관내에까지도 일본의 세력이 뻗고, 곧 이어서 일본은 상해에까지도 출병하게 되니 도산의 계획은 베풀 곳이 없었다.

7장 피수순국시대(被囚殉國時代) - 민족정신의 수호자

    1932년 4월 29일, 의사 윤봉길(尹奉吉)이 상해 홍구공원(虹口公園)에서 일본군 최고지휘관 시라카와 요시노리 대장 등을 폭살하는 사건이 생기매 일본 관헌은 조계 관헌에 교섭하여 한국인 대수색을 행할 새 도산은 불행히 체포되어 경성으로 압송되었다.
    이날은 마침 도산이 아는 사람의 아들인 어떤 소년의 생일이었다. 도산은 폭탄사건 발생을 미리 알지 못하고 그 소년에게 생일이 되면 선물을 준다고 약속한 일이 있었기 때문에 선물을 가지고 그 아는 이의 집을 찾았다가 거기서 잡힌 것이었다.
    도산은 상해에 있는 일본 영사관 경찰서에 약 3주일간 유치되었다가 5월 하순에 배로 인천에 상륙하였다. 당일 인천부두에는 신문기자·사진반·친지 등이 많이 출영하였으나 수명의 사법경관의 옹위를 받은 도산은 거무스름한 스프링코트를 입고 자갈색 중절모를 쓰고, 포승만은 없이 경계 엄중한 속으로 묵묵히 걸어 자동차에 올라 곧 경성으로 향하였다. 신문사 사진반의 건판은 전부 압수를 당하였다. 도산은 경기도 경찰부 유치장에 유치되어 취조를 받았다. 치안유지법 위반이 그 죄명이었다.

도산이 일본 경찰에 체포된 기사가 상해의 신문에 나매 '정치범을 잡혀 보내느냐'고 중국인사들이 항의하였으나 쓸데없었다.

경기도 경찰부 유치장에 든 도산은 1개월여의 취조를 받고 송국되어서 서대문 감옥으로 넘어갔다. 도산이 감옥으로 가는 날 새벽에 재판소 뜰에는 남녀동지와 친지 등 100명 가까운 사람이 모였다. 이때에는 이러한 자리에 오는 것도 위험한 일이었다. 이 일 하나만으로도 경찰의 요시찰인 명부에 오를 만하기 때문이었다.

도산은 일심에서 4년의 형을 받았으나 상소권을 포기하고 복역하였다.

도산의 재판 중의 모든 비용은 김성수(金性洙) 등 친우가 몰래 대었고, 서대문 감옥 재감 중인 그의 옛친구요, 동지인 이강(李剛) 부처가 일부러 감옥 옆에 집을 잡고 살면서 조석을 들였다. 도산은 약 1년 후에 대전감옥으로 이수되었다.

도산이 형기 4개월을 남기고 가출옥이 된 것은 1935년 봄이었다. 대전감옥 복역 중에 도산은 소화불량증이 심해졌다. 그는 그 물을 뜨고 대그릇을 씻었다. 날마다 자기의 감방을 깨끗이 소재하기로 유명하였다.

무인년 출생인 도산이 상해에서 잡힌 것이 54세, 대전감옥에서 나온 것이 58세, 서대문감옥에 들어갔다가 병으로 경성대학병원으로 나온 것이 60세, 다음해 4월 그 병원에서 별세한 것이 무인년 환갑인 61세, 향년이 만 59세 5개월이었다. 최후로 본국의 산천을 비교적 자유로 바라보기 2개년이었다.

도산이 대전감옥에서 나온 때는 추웠다. 상해에서부터 도산의 사랑과 신임을 받던 유상규 의사(劉相奎 醫師)는 자기가 강사로 시무하고 있는 경성의학전문병원에 병실을 잡고 도산을 그리로 영접하려 하였으나 웬일인지 도산은 그 호의를 받지 아니하고 삼각정(三角町) 김병찬(金炳贊)의 여관에 투숙하였다. 출옥 당시에 그의 용모는 못 알아보리만큼 부었고 또 그 때문인지 전연 무표정하였다.

도산이 들어있는 여관은 도산을 찾는 사람으로 현관에 신발이 그득하였고 또 시골서 도산을 만나러 오는 사람으로 객실은 만원이었다. 『동아일보』, 『조선일보』 등 민간지가 있었으나 당시 경찰법규상 가까스로 도산의 동정을 조그맣게 보도할 뿐이었지만 도산 출옥의 보도는 전국에 전하였다. 신민회 시절 이래의 도산의 친지와 동지는 물론이거니와 평소에 만나본 일이 없는 사람도 경찰의 주목을 꺼리면서 여관으로 도산을 찾았다. 하루에도 5, 60명, 어떤 날은 100여 명의 내객이 있었으나 도산은 일일이 접대하였다.

일본 관헌은 도산이 많은 사람을 접하는 것을 싫어하여 불근신(不謹愼)이라고 자주 경고하였다. 그들은 도산의 친근자에 대하여 도산이 먼저 경무국장을 만나고 총독과 정무총감을 만나야 할 것이라고 하였다. 그러나 도산은,

"나는 일없는 사람이니, 당국자와 면회할 필요가 없다."는 말로 늘 거절하였다. 이것이 첫째로 일본 관헌의 감정을 상하게 한 일이었다.

도산은 서울을 떠나 사백(舍伯) 치호(致鎬)의 집을 방문하고 잠시 용강온천(龍岡溫泉)에서 정양하였으나 그리로 매일 다수의 방문객이 찾아오자 경찰은 그곳 여관에 투숙하는 객을 검문하여, 도산을 찾아온 사람이라면 무슨 트집이든 잡아서 주재소로 호출하여 밤 깊도록 힐난하였다.

용강온천에서 한 30리 되는 곳에 있는 김씨의 집에서 도산을 하루 저녁 초대한 일이 있었다. 도산과 여러 명의 친지는 세 대의 자동차에 나누어 타고 김씨가 사는 동리를 찾았다. 때는 석양녘, 어떻게 알았는지 길가에는 십수 명씩 또는 수십 명씩 도산의 통과를 기다리는 무리가 많아서, 도산 일행이 탄 차는 십수 차례 정거하였다. 군중 중에는 노인도 부녀자들도 있어서 도산이 차에서 내리면 그 앞에 와서 절하고 눈물을 떨어뜨리는 이도 있었다. 도산이 다시 차에 올라서 멀리 지나갈 때까지 그들은 꼼짝도 아니하고 도산의 차를 바라보고 있었다.

차가 김씨의 집에 닿을 때에는 수백 명의 촌민이 모여서 환영하려 하였으나, 주재소 경관에게 해산을 당하여 집집에 쫓겨들어가 숨어서 담 너머로 도산의 얼굴을 한번 얻어 보려하였다. 어떤 담 너머로는 수십 명의 머리가 조롱조롱 넘겨다보고 있어서 일본 경관의 질책을 받았다.

그날 밤과 그 이튿날 김씨 집을 떠날 때까지 도산은 김씨 집 가족 이외에 어느 부락인과도 말 건네기를 금한다고, 이것은 평안남도 경찰국의 엄령(嚴令)이라고 일본인 순사부장이 도산을 찾아와서 전하였다. 도산은 아무 말이 없었다.

도산은 전라도와 경상도를 시찰하고 다음에 평안북도를 돌았다. 간 데마다 동포는 정성으로 이 민족적 위인을 환영하였으나, 일본관헌은 도산이 민중에게 환영받는 것이 싫었다. 조선의 민심이 조선인에게로 돌아가는 것을 막는 것이 합병 이후의 전통 정책이었던 것이다. 한국민족으로 하여금 한국의 역사를 잊게 하고 조상을 잊게 하고 그 대신에 일본의 역사를 제 역사로, 일본의 조상을 제 조상으로 하는 조선인이 되기를 바란 것이었다. 실로 과부(跨父)의 망상이었다.

도산이 국내순회 중에 일본관헌은 여러 가지 제한을 더하였다. 첫째로는 도산의 말을 듣는 회합을 금하였다. 다음에는 도산을 포함한 20인 이상의 회식을 금하였다. 정주에서는 약 50명이 회식할 준비를 한 때에 20명 이상 금지령이 내리기 때문에 식사를 두 곳에 나누어서 하는 희극이 있었다. 선천에서는 20인의 제한을 지키는 회식에까지도 경찰관이 입회가 아니라 좌회(座會)하였다. 신의주에서만은 도지사의 특별 허가로 100여 인의 환영만찬과 일석의 강연을 허락하였다. 개성 인사들은 지혜로워서 각 가정에서 4, 5인씩 회식하기를 매일 삼차 수차로 1주일이나 계속하였다.

도산은 강서 대보산(大寶山) 송태(松笞)에 집 한 채를 짓고 거기 숨어버렸다. 그 집은 도산이 농가 건축의 1개의 모범시안(模範試案)으로 심혈을 경주하여 설계하였고, 친히 공사를 감독하였으나 목수 이장들이 잘 알아듣지도 못하고 또 말을 듣지 아니하여서 퍽 고심하였다.

도산이 송태에 숨어 있을 때에도 일본 관헌은 늘 도산을 괴롭게 하였다. 거의 매일 경관이 올뿐더러 도산을 찾아오는 사람들을 일일이 검문하였다. 그래서 도산의 얼굴을 한번 보려고 평양 등에서 오는 청년들은 일요일이나 휴일을 타서 대보산 등산을 핑계로 큰길을 피하여서 송태를 찾았다. 그 청년들은 더러는 도산을 찾아서 말을 붙이기도 하고, 더러는 안목을 꺼려서 도산이 땅을 파거나 돌을 줍는 것을 묵묵히 바라보거나 또는 묵묵히 거들고 가버렸다. 부인네들도 10인, 20인 작반하여 음식을 차려가지고 송태를 찾아와서 도산을 위로하였다. 이리하여서 평양 강서간의 버스에는 어느 편이고 송태에 오는 손이 아니 내리는 때가 없을 지경이었다. 이렇게 송태를 찾은 사람은 도산에게서 반드시 무엇을 얻어가지고 갔다.

일본 관헌이 이것을 모를 까닭이 없었다. 그래서 신사참배(神社參拜) 문제로 평양서 교회와 숭실학교의 존폐 문제가 발생되었을 적에 도지사 가미우치 시코사쿠는 사람을 보내어서 도산이 조선을 떠나서 미국으로 가기를 권하고 적어도 평안남도를 떠나기를 권하였던 것이다.

그러나 도산은,

"나는 본국을 떠날 생각도 없고 또 대보산을 떠날 생각도 없다."

하여 이 권고를 거절하였다.

이른바 '지나사변'이 나던 1937년 5월 초에 모씨는 동우회의 금후의 태도에 관한 도산의 지시를 들으려고 송태로 갔다. 그때는 미나미 지로가 총독으로 와서 국체명징(國體明徵)이란 것을 내걸고 이른바 내선일체(內鮮一體)를 강조하여 이 정책에 응하지 아니하는 조선인에 대하여는 단호히 탄압을 가한다는 것을, 혹은 유고 (諭告)로, 혹은 지사·경찰부장·사법관 회의에서 누누이 성언하고, 예수교에 대하여서는 신사참배, 선교사 배척을 강요하고, 기타 사이토 문화정책(文化政策)으로 허용되었던 약간의 언론자유, 집회·결사의 자유에 대하여서도 근본적으로 정책을 고쳐서 일체의 민족주의적·자유주의적 경향을 말살하는 강압공작에 착수하였다. 이때에 동우회가 문제되는 것은 피할 수 없는 것인가 싶었다.

애초에 수양동우회는 정치적이 아닌 인격수양 단체로 사이토 총독 시대에 일본 관헌의 양해를 얻었던 것이다. 그 후 동우회는 일절 정치적 행동에 참가하지 아니하였다. 신간회(新幹會) 결성 당시에도 동우회의 태도에 대하여 많은 논의가 있었으나 인격수양이야말로 우리 민족에 있어서는 만사의 기초라 하는 견지에서 신간회 가입을 거절하고 그 대신 동우회원 개인으로서 정치단체 참가는 관계없다하여 조병옥(趙炳玉) 등이 개인의 자격으로 신간회에 참가하였던 것이다.

동우회가 민족주의자의 단결이라 하는 데 대하여서는 일본 관헌도 묵인하고 있었다. 또 회우의 거의 전부가 배일적이요, 독립을 희망하고 또 독립운동에 참가하였다는 사실도 알고 있었다. 그러면 어찌하여서 일본 관헌이 동우회를 허가하였던가. 그 이유는 이러하였다.

첫째로, 미나미 지로가 총독으로 오기 전까지는 일본은 조선인을 한 민족단위로 생각하는 것을 허락하고 있었다. 예를 들면, 『동아일보』가 '조선 민족의 표현기관'이라 하는 사시를 공공연히 언명하는 것을 허락하였고, 또 신간회의 조직을 허락한 것 등이다. 미나미 지로가 오기까지는 조선민족이 조선어를 배우는 것을 학교제도에서도 허락하였고, 따라서 조선민족이 조선 고유의 문화를 유지하는 것도 인정하였다. 일본은 조선민족을 일본민족으로 화하려는 어리석은 일을 아직 시작하지 아니한 것이었다. 그러므로 동우회가 민족정신을 보유하는 것을 해괴하게 생각할 것이 없었다.

둘째로, 당시 일본의 조선에 대한 정책의 중축을 삼은 것은 조선 내의 치안유지였다. 3·1운동 직후의 조선 민심을 일본은 휴화산으로 보았다. 때때로 일어나는 폭탄사건은 일본 관헌의 신경을 과민하게 하였다. 그러므로 일본의 조선에 대한 주권을 행위로써 반항하지 아니하는 한에는 비록 민족주의자요, 또 독립운동을 몸소 하던 자라도 잠자코 있기만 하면 다행으로 여겼다. 그리고 서서히 조선이 일본에서 분리될 수 없도록 각종의 정치·경제 공작을 하려 하는 것이었다.

이리하여서 『동아일보』, 기타의 민족주의적 일간신문이 묵인되는 모양으로 동우회도 두고 하는 양을 보았던 것이었다.

그러나 '국체명징(國體明徵)'이라는 간판을 걸고 등장한 미나미 지로는 위에 말한 것과 같이 종래의 정책을 근본적으로 둘러엎고 한국 민족의 일본화를 단적으로 강제하려 하였다.

미나미 지로는 이 목적을 실현하기 위하여 신사참배, 국어상용(國語常用)이라는 것을 여행(蠣行)시켰다. 예수교 신자나, 불교 신자나, 천주교 신자나 다 신사를 참배하는 것으로 존재의 제1자격으로 삼았다. 이것을 거절하는 자는 단호히 용대하지 않았다. 평양의 목사 주기철(朱基鐵)은 신사참배 불응으로 마침내 옥사하여 순교자가 되었다.

'국어상용'이라는 것은 관공서에서는 말할 것도 없고 한국 사람끼리의 공식회합에도 한국어 쓰기를 금하고 일본말을 쓰게 하는 것이다. 일본말을 알 만한 한국 사람끼리 한국말을 썼다 하여 관리나 교원이 면직을 당하였고, 초등학교 아동이 한국말을 쓰는 것은 큰 죄이어서 이 때문에 타살당한 자조차 있었다. 정학제명은 항다반사였다.

인쇄물에는 한국의 역사는 물론이요 민족적 위인에 대해 언급한 것은 삭제를 당하였다. 그 말기에 있어서는 퇴계(退溪)와 율곡(栗谷) 같은 학자의 사진까지도 학교에서 철거를 명하였다. 그들은 한국의 반만년 역사를 아주 말살하고 경술합병 시에 비로소 생긴 민족과 같이 취급하려 하였다. 초등·중등학교에서는 조선어가 전폐되었다.

동우회가 총검거를 당한 것이 소위 '지나사변'이 발생하던 1937년 7월 7일보다 1개월 앞선 6월 7일이거니와 그해 3, 4월부터 벌써 경찰이 동우회를 건드리는 징조가 보였으니 첫째, 모씨에게 문학회장이 되기를 청한 것, 둘째, 김윤경(金允經)에게 심전개발경연을 청한 것 등이었다. 이 두 가지는 물론 다 거절되었다. 이 거절이 동우회의 비협력 태도를 표시한 것으로 해석되었다.

이러한 위기일발의 때에 모씨가 대보산의 도산을 찾았던 것이었다.

도산은 소화불량으로 안색이 매우 초췌하였으나 미완성의 정원을 혼자 고르고 있었다.

때마침 녹음에 꾀꼬리, 기타 새들이 울었다. '이조성중오일장(異鳥聲中午日長)'의 경(景)이었다.

도산은 모씨의 미나미 지로 정책, 동우회 사정, 기타 시사에 대한 보고를 듣고 아무 대답이 없이 다만 모씨를 하루 더 하루 더 하고 만류할 뿐이었다. 이는 도산이 생각하는 표다.

1주일간 모씨가 송태에 묵는 동안에 평양, 기타에서 6, 7명 동지가 도산을 찾아 시국담을 하고 사업의 장래를 논의하였으나, 도산은 많이 말하지 아니하고 듣고만 있는 때가 많았다. 깊은 생각을 하는 것이었다.

어떤 날 저녁에 도산은 몇 사람의 찾아온 동지와 함께 송태 앞 고개턱 잔디 위에 앉아서 밤 경치를 보고 있었다. 이 날의 하늘은 실로 장관이었다. 금성과 상현달과 목성이 간격을 맞추어 한 줄에 비끼고 스콜피온의 가운데 별이 불덩어리와 같이 빛났다. 화성도 붉은 빛을 발하면서 뒤를 따랐다. 누가 먼저 말을 꺼내었는지 모르거니와, 세상에 큰일이 생길 것 같다는 화제가 나왔다. 미나미 지로의 강압정책에 조선 민심이 동요된다는 말도 났다. 밤이 이슥하도록 말들을 하였으나 도산은 침묵하고 있었다.

이튿날 도산은 모씨에게 자기가 5월 20일경에 상경할 터이니 이사회를 원만히 모이도록 준비하라는 것이었다.

이사회 소집에 관하여 난관이 생겼다. 그것은 집회허가에 관하여 종로서에서 첫째, 소집통지서를 일본문으로 쓸 것, 둘째, 집회의 용어를 일본말로 할 것을 조건으로 했기 때문이었다. 당시 동우

회 이사장은 일본말에 능통치 못한 이사가 있는 것을 이유로 한국어 사용을 허락하기를 요구하였으나,

"너희 회 이사들이면 영어까지도 능통한 사람들이 아니냐." 하고 성을 내었다. 이에 이사회 소집을 단념하였다.

5월 20일에 상경하마던 도산은 6월 초가 되어도 오지 아니하였다. 뒤에 들은즉 설사로 위석(委席)하였다가 6월 중순에 잡혀왔다고 한다.

동우회 관계자는 종로서 유치장과 경기도 경찰부 유치장에 나뉘어 있었다.

경성지방법원 검사가 종로 경찰서로 출장하여 도산을 문초하였다. 먼저,

"지금까지 잘못하였느냐?" 하는 말과,

"세상에 나가면 무엇을 하겠느냐?" 하는 두 가지를 물었다.

이에 대하여 도산은,

"지금까지 동우회에 관하여서나 기타에 관하여서는 잘못한 일이 없다. 또 세상에 나가서 무엇을 하겠다는 점에 대하여서는 아무 말도 하기를 원치 아니한다." 하고 대답하였고,

"너는 독립운동을 계속할 생각이냐?" 하고 다시 묻는데 대하여서는 도산은,

"그렇다. 나는 밥을 먹는 것도 대한의 독립을 위하여, 잠을 자는 것도 대한의 독립을 위하여서 해왔다. 이것은 나의 몸이 없어질 때까지 변함이 없을 것이다."

라고 대답하였다.

"너는 조선의 독립이 가능하다고 생각하느냐?" 하고 묻는데 대하여서도 도산은,

"대한의 독립은 반드시 된다고 믿는다."

"무엇으로 그것을 믿느냐?"

"대한민족 전체가 대한의 독립을 믿으니 대한이 독립할 것이요, 세계의 공의가 대한의 독립을 원하니 대한이 독립이 될 것이요, 하늘이 대한의 독립을 명하니 대한은 반드시 독립할 것이다."
하였다.

"너는 일본의 실력을 모르느냐?" 하는 심문에 대하여 도산은,

"나는 일본의 실력을 잘 안다. 지금 아시아에서 가장 강한 무력을 가진 나라다. 나는 일본이 무력만한 도덕력을 겸하여 가지기를 동양인의 명예를 위하여서 원한다. 나는 진정으로 일본이 망하기를 원치 않고 좋은 나라가 되기를 원한다. 이웃인 대한 나라를 유린(蹂躪)하는 것은 결코 일본의 이익이 아니 될 것이다. 원한 품은 2천만을 억지로 국민 중에 포함하는 것보다 우정 있는 2천만을 이웃 국민으로 두는 것이 일본의 복일 것이다. 그러므로 대한의 독립을 주장하는 것은 동양의 평화와 일본의 복리까지도 위하는 것이다." 라고 말하였다.

도산 등 44명은 1937년 7월과 9월에 수차에 나누어 송국 수감하였고, 그 나머지 80여 명의 회우는 기소유예로 석방하였으나,

"동우회는 흥사단과 동일한 것으로서 조선의 독립을 목표로 한 단체였다."

하는 답변을 강요하여서 기소된 피고들의 방증을 삼았고, 조선총

독부에서는 상해에까지 손을 뻗쳐서 상해에 있는 흥사단 원동지부로 하여금 흥사단이 독립운동 단체임을 자인하고 자진 해산한다는 성명서를 발하게 하였다.

이 사건은 검거·공판·판결에 이르기까지 일절 신문보도를 금지하였다. 민족운동의 최후사건으로 도산과 많은 지명의 인사를 포함하니만큼 인심에 줄 영향을 꺼렸던 것이다.

이 사건 관계자 중에는 악형을 받은 사람도 많아서, 최윤호(崔允鎬)가 보석 중 사망하였고, 김성업(金性業)은 종신지질(終身之疾)을 얻었다. 그러나 도산은 악형을 가하기에는 너무도 쇠약하였다.

도산은 서대문형무소에서 병이 중하여져서 그해 12월 말에 경성대학병원으로 보석이 되어 익년 3월에 별세하였다. 도산은 대전감옥 이래의 숙환인 소화불량으로 몸이 쇠약한데다가 폐환이 급성으로 진행된 것이었다.

도산이 경성대학병원에 입원하여 있는 중에 방문하는 이도 많을 수 없었다. 도산의 병실을 방문하는 것은 감옥에 들어갈 각오를 요하는 것이었다. 그뿐 아니라 도산의 동지와 친지의 다수는 감옥에 있었다.

도산의 입원소식을 듣고 미국 동지들이 치료비를 송금하여 왔다. 엄중한 경계를 무릅쓰고 병실의 도산을 위문하고, 혹은 식료품을, 혹은 금전을 두고 가는 독지(篤志)도 있었다.

도산의 병상에 임종까지 붙어 있던 이는 그의 생질 김순원(金順元)과 또 청년 박정호(朴定鎬) 두 사람이었다. 그러나 경찰의 미움을 받아가면서 도산의 병실에 매일 출입하여 비밀히 외계와 연락하는 일을 한 것은 오 모(吳某)였다. 오씨는 이번 동우회사건에 기소유예로 석방된 이로서 도산을 아직도 찾아다닌다 하여 경찰에서 여러 번 다시 잡아넣는다는 위협을 받았다. 조각가 이국전(李國銓)이 도산의 데드마스크를 떴으나 그것은 빼앗기고, 이국전과 그의 선생 김복진(金復鎭)은 경찰의 추포(追捕)를 당하였으나 하룻밤의 유치와 후욕(詬辱)만으로 면하였다.

나중에 들은 말을 종합하면, 도산은 최후의 날인 3월 9일에도 어디 조용한 집을 하나 얻어 가지고 거기서 정양하기를 원하여서, 오는 사람에게 집 얘기를 하였다.

그 후 얼마 아니하여 도산은 무의식 상태에 빠졌다.

"목인아, 목인아, 네가 큰 죄를 지었구나!"

하고 웅장한 음성으로 복도에까지 울리도록 몇 번 외쳤다. 그러고는 아무 유언도 없이 자정이 넘어서 운명하였다. 머리맡에는 생질 김순원이 있었다. 김순원은 이듬해에 보전(普專) 학생으로서 사상사건으로 검거되어 이태 만에 옥사하였다.

유해는 시체실로 옮겼다. 도산의 친형 치호와 친매 김성탁(金聖鐸) 목사 부인과 질녀 맥결(麥結) 등이 오고, 평양서는 도산의 평생의 친우요 동지인 오윤선(吳胤善)·조만식(曺晩植)·김지간(金志侃) 등이 왔다. 장례에 관하여서는 경찰의 간섭이 심하고 또 주장할 사람이 없어서 2, 3일 장지를 결정치 못하다가 마침내 동대문 밖 망우리 묘지로 정하고 20인 이내에 한하여 장지까지 가기를 허락한다는 경찰의 명령으로 극히 적막하게 장송하였다. 묘지 들어가는 데는 그 뒤 수주일이나 양주 경찰서원이 파수하여 묘지에 들어가는 사람을 수하(誰何)하였고, 그 후에도 1년간이나 묘직(墓直)에게 도산의 분묘를 묻는 사람이면 주소 씨명을 적게 하여서 도산의 산소를 찾는 이는 경찰이 모르게 정로로 가지 아니하고 길 아닌 데로 산을 올라야 하였다.

　도산이 돌아가매, 미국 그 유족에게는 전보로 부고를 보내고 아무도 오지 말라고 당부하였다.

　이것이 도산의 61세 되는 봄이었다. 그해 음력 10월이면 환갑이었다.

　도산은 애국자로 청년의 지도자로 60평생을 마치었다. 그가 집안 사람을 위하여 생업을 한 것은 전후 1년 반 가량이었으니, 반 년간에 토목 인부로 노동하였고 약 1년은 로스앤젤레스 어떤 미국인 여관에서 가옥 소제 인부로 있었다. 도산이 국민회 회장으로 추대되어 이 여관 소제인의 직을 떠날 때에 그 주인은,

　"그대가 1년간 내 집 일을 참 잘 보아주었으니 무슨 소원 하나를 말하면 그대로 하여주마."

고 할 때에 도산은,

　"나 있던 일자리에 한국인을 두어주는 것이 소원이오."

하여 그 여관에서는 그로부터 지금까지 그 자리에 한국인을 둔다고 한다.

　도산은 오직 대한 나라를 사랑하다 죽었다. 그는 대한 나라의 기초로 가장 정력을 다하던 흥사단 사건으로 옥사하였다. 고래로 이처럼 한 가지 일에 전 생애를 완전히 바친 사람이 있을까.

얼른 보면 도산의 일생은 실패의 일생이었다. 그러나 그의 안중에는 성공도 실패도 노(勞)도 공(功)도 없었다. 오직 애국애족의 일념으로 생활한 일생의 노고였다.

그러나 그의 일생은 과연 실패의 일생이었던가. 그는 과연 노이무공(勞而無功)하였던가. 그는 우리 민족에게 참된 애국심을 심어주고 민족의 진로를 밝히 보여주었다. 그리고 몸으로써 애국자의 생활의 본을 보여주었다. 그의 생활은 과연 실패의 일생일까. 그는 과연 노이무공일까. 일세기를 두고 보면 다 알 것이다.

국민훈련편(國民訓練篇)

8장 자아혁신(自我革新)

건국의 오늘에 있어서 '도산이 지금 살아 있었으면' 하는 말을 자주 듣는다. 일은 큰데 일을 맡을 사람이 적다는 한탄이려니와, 이 때에 도산이 살아 있었으면 하는 것은 도산을 참으로 잘 아는 이면 누구나 진정으로 하는 생각일 것이다. 그러나 참으로 도산을 아는 사람이 몇이나 되는가. 애국지사로서의 도산, 웅변가로서의 도산, 신민회(新民會) · 청년학우회(靑年學友會) · 흥사단(興士團) · 상해의 대한임시정부 중심인물로서의 도산, 일본 관헌의 손에 잡혀 귀국한 이후 4년 징역을 치르고 출옥 후, 2년여에 다시 동우회 사건으로 잡혀서 옥사한 도산에 관하여서는 아마 성년된 우리 동포로서는 모르는 이가 드물 것이다.

물론 이상 열거한 사적(事跡)만으로도 도산 안창호가 민족적 위인으로 숭배받기에 부족함이 없을 것이다. 60평생에 전연 집안일과 생업을 돌아보지 아니하고 지사로서의 절을 완취한 그요, 공생활에서나 사생활에서나 한 점도 비난할 것이 없는 그다. 살아있는 자나 이미 죽은 자를 물론하고 도산을 원망하거나 비훼(誹毀)할 자는 없을 것이다. 그는 평생에 누구를 속인 일이 없었고, 누구에게도 야속하거나 부정하게 한 일이 없었다. 그와 접한 일이 있는 이는 다 그의 사랑과 도우려는 우정을 받았다. 이것만 하여도 그는 현인이요 군자다.

그러나 도산 안창호가 인생을 어떻게 생각하였으며, 민족을 어떻게 생각하였으며, 그의 건국의 이상은 무엇이며, 인류평화의 방책은 무엇이며, 그의 문화관·정치경제관·연애관·가정관이 무엇인지를 아는 이는 그리 많지 아니할 것이다. 그에게는 언론의 자유가 없었으므로 그의 의견이 동포에게 널리 전하여질 기회가 없었다. 그의 연설과 친지와의 담화 중에 겨우 그의 사상의 편린이 드러났을 뿐이었다. 게다가 그 연설도 다만 청주의 마음에 박혔을 뿐이요, 기록된 것이 적으며 개인, 친지와의 담화는 더욱 그러하였다. 원래 기록이란 것을 소중히 여길 줄 모르는 사회인 데다가 도산의 서간이나 설화의 필기를 집에 두는 것은 극히 위험한 일이었던 것이다. 도산과 만난 일이 있다는 것으로 요시찰인명부(要視察人名簿)의 대상이 되는 것이었다.

한번 도산 안창호와 말을 건네본 이는 반드시 깊은 인상을 받아서 후세에 전하고 싶다는 한두 가지 일, 또는 한두 마디 말을 기록하여 두어서 잊으려도 잊을 수 없는 것이 있을 것이다. 배외사상(排外思想)에 젖은 사람들은 외국사람의 말을 존중하고 제 나라 사람의 일이나 말은 몇 퍼센트 떨어뜨려서 평가하는 누습이 있다. 이러한 누습이 없었던들 도산은 동포간에 현재보다 수 배의 존경을 받기에 합당하였을 것이다. 만일 도산이 그 포부를 다른 사회에 피력하였다면 도리어 훨씬 높은 평가를 받았을 것이다.

세상에서는 흔히 도산을 무식한 사람이라고 하고 도산 자신도 자기를 무식한 자라고 자처하였다. 사서오경(四書五經)과 제자백가(諸子百家)를 무불능통(無不能通)하는 것이 유식이라면 도산은 과연 무식한 사람이요, 중학 · 대학을 차례로 졸업하고 학사 · 박사의 학위를 가지지 못한 것이 무식이라면 도산은 문제없이 무식한 사람이다. 그러나 우주와 인생의 대도에 철(撤)하고 국가와 사회의 이론과 실제에 대하여 무애(無碍)의 경지에 투입하는 것으로 유식이라 할진대 도산은 지극히 유식한 사람이다. 그의 공부는 독서나 구이(口耳)의 전수에서 온 것이 아니요, 천지라는 원본, 국가 · 사회라는 원본에서 터득한 것이었다. 그러므로 그의 지식은 한번 남의 두뇌와 언어를 통하여서 전하여온 세컨드 핸드의 것이 아니요 직접 자기의 관찰과 추리로 도달한 독창이었다. 이것을 사진에 비기면, 도산의 것은 남이 찍은 사진을 복제한 것이 아니요, 도산 자신의 카메라로 도산이 몸소 보고 손수 박은 원판이었다.

이 모양으로 도산은 매일 동포의 지도에 분주하면서 그야말로 "행유여력(行有餘力)이거든 학문에 힘써"서 독서를 하였으나, 독서는 그에게 있어서는 자기의 독창적인 지식과 타인의 그것과의 대조에 불과하였다.

이렇게 한 공부, 이 공부로 얻은 지식이므로 도산의 지식에는 도산의 생명의 피가 통하고 있어서 그 지식은 감정과 의지의 동력을 구비한 활지식(活知識)이었다. 알기만하고 가만히 있을 수 있는 그러한 죽은 지식이 아니라, 하나를 얻으면 하나를 행하지 아니하고는 견디지 못하는 산지식이었다. 그의 말, 그의 의견에 힘이 있고 그가 지행합일(知行合一)의 일생을 보낸 것이 이 이유에서 온 것이었다.

예를 들면 그가 극장과 국가와의 관계를 설명하는 것을 들으면 결국은 우리가 학교에서 배운 것과 같은 이론이지만 마치 금시초문인 듯한 청신발랄(淸新潑剌)한 인상을 주어 참으로 극장이란 그처럼 필요한 것이요, 따라서 극장이란 이러이러하여야겠다는 굳은 신념과 결심을 듣는 자의 마음에 일으켜주는 것이다. 책에 있는 지식이 물고기의 그림이라면 그의 지식은 물고기 그것이었다.

이 모양으로 지성으로 터득한 지식을 지성으로 설복하는 곳에 그의 웅변이 있고 감화력이 있다. 그의 말은 듣는 사람의 마음속에 낙인같이 파고들어 그 마음에 변질작용을 일으키고야 만다.

신민회 · 청년학우회 · 국민회 · 흥사단 등의 동지가 40년, 30년 그 의(誼)를 변치 아니하는 이유가 여기 있으니, 연치로 보아서는 도산과 비슷한 이까지도 자신이 늙을 때까지 도산을 선생으로 여기어 경애의 염을 변치 아니하는 것이다.

도산을 인격자라 하거니와 그의 인격의 본질을 이룬 것이 무엇이냐 하면 그것은 쉬지 않는 노력이요 수양이다. 그의 평생을 철두철미, 근엄 두 글자로 평할 수 있으리만큼 그는 방심하거나 사지(肆志)하는 일이 없었다. 아마 그의 지인치고 그가 성낸 기색을 보이거나 크게 웃거나 근심에 잠긴 양을 본 기억은 없을 것이다. 그의 일동일정에는 언제나 예려(豫慮)와 자제가 있었다. 이른바 '무심코'라는 예가 없었다. 그는 신병이나 피로로 심신이 여상치 못함을 자각할 때에는 사람 대하기를 피하였고 부득이 접견하더라도 한훤(寒喧) 한담뿐이지 책임 있는 말을 아니하였다. 그는 연설을 하거나 회의에 임석하거나 의견을 토로할 필요가 있을 때에는 자기 의견에 스스로 반대도 하여 보고 찬성도 하여 보고 또 보첨도 절충도 하여 보아서 그야말로 천사만려(千思萬慮), 좌사우탁(左思右度)으로 그 이상 더할 수 없다는 신념에 도달하기 전에는 발언치 아니하였다. 그러므로 한번 발언된 그의 의견은 아무리 여러 사람이 여러 각도로 반대하더라도 그에게는 언제나 예비한 답변이 있어서 도저히 그 의견을 깨뜨릴 수가 없었으니 이것이 그로 하여금 논적의 미움을 받게 한 가장 큰 이유였다.

그의 도덕적 검속(道德的檢束)에 있어서도 그는 독창적이었다. 그는 성경을 읽었고 유교 경전도 읽어 어디서나 그의 양식을 구하였지만 어느 한곳에 기울어지지 아니하였다. 그는 무슨 도덕률이든지 자기의 양심과 이성의 비판을 거쳐서 자기의 도덕률에 편입하는 것이었다.

그는 의복·식사·거처에 모두 자율적인 규구(規矩)가 있었다. 그러나 그것은 고집하는 이른바 도덕가의 교주고슬(膠柱鼓瑟)이 아니었다. 그는 도덕이 인생을 위하여 있는 것이요, 인생이 도덕을 위하여 있지 아니하다는 것과, 도덕이란 결코 별다른 일이 아니라 개인으로서의 인성, 즉 생리적·심리적 자연에 합하고 사회 공동체의 일원으로서는 그 공동체의 약속과 복리에 위반됨이 없다는 것이라고 믿었다.

동시에 그는 도덕이 예의가 아니면 발할 수 없고, 예의는 각 개인의 반복실행에 의하는 습관 형성력이 아니면 자리 잡힐 수 없는 줄을 알았다. 그는 사람이 도덕으로 행동을 검속함은 사람이 기예를 습득함과 마찬가지여서 학습하는 동안의 괴로움이 있으나 습득된 뒤엔 평안함이 있음을 알았다. 그러므로 그는 그의 일상생활로 하여금 예의 형성의 수련을 쌓았다. 예를 들면 그는 행주좌와(行住坐臥)에 몸을 단정히 하는 습관이 있었다. 그는 앉을 때에 허리를 굽히지 아니하고 설 때에 몸을 기대거나 기울이지 아니하고 걸음을 걸을 때에도 팔다리를 일률 맞춰 놀리고 고개를 기울이지 아니하였다. 이것은 생리학적으로 좋을뿐더러 심리학적으로도 섭심정심(攝心正心)의 공효가 있다고 그는 말하였다. 단좌를 공부하여 본 이는 경험이 있으려니와 단좌와 정보(正步)가 힘 안 드는 습관이 되기에는 상당한 고행과 세월을 요하는 것이다.

도산의 일거일동은 모두 이러하나 고행수련의 결과였다. 그의 어음(語音)이 분명한 것, 말하는 속도와 음량의 조절 등 모두 그러하고, 그가 한 잔의 차를 들이마시는 데도 다 고행수련의 자취가 있는 것이다.

이렇게 반성과 수련을 쉬지 아니하므로 도산은 날마다 새롭고 날마다 무엇이 더하였다.

그런데 도산의 이 끊임없는 수련의 동기는 무엇이며 목표는 무엇이었던가. 그것은 '우리 민족을 위하여서'라는 것이었다. 도산은 민족의 운명은 '힘'으로 결정되는 것이라고 하였고, 그 '힘'이라는 것은 도산에 의하면 민족 각 개인의 덕력과 지력과 체력의 총화였다. 정치력이나 병력 같은 것은 필경 이 개인의 힘의 조직이요 결과였다.

도산은 항상 말하기를 자연계의 모든 현상이 힘의 인과니, 우리나라가 망한 것은 우리 국민에게 즉 민족 각 개인에게 힘이 부족하였던 까닭이요 따라서 우리나라의 독립을 광복하여 이를 빛나게 유지하는 것도 우리의 힘, 즉 민족 각 개인의 힘을 양성하여 이것을 조직하는 길밖에는 도리가 없다고 하였다. 자연계에 결코 우연이 없는 모양으로 인류의 역사에도 결코 우연이 없으니 우리가 우연이라고 보는 것은 결국 우리의 무지라고 그는 말하였다. 기회로 말하면 힘 있는 자에게는 언제나 오는 것이거니와 힘없는 자에게는 기회가 소용이 없다는 것이 도산이 늘 역설하는 바였다

그는 "청일전쟁의 결과로 한국에 독립이 오지 아니하였는가. 그런데 우리는 그것을 지키지 못하지 아니하였는가. 유럽 대전이 또한 좋은 기회가 아님이 아니나, 우리는 이 기회를 우리 것으로 만들 힘이 없구나" 하고 3·1운동 당시에 한탄하였고, 그러므로 '우리는 이것을 원통히 여겨서 이제부터 우리 각자가 저를 교육하고 수련하여 다음에 오는 기회를 놓치지 말도록 예비하여야 한다' 하고 청년동지를 격려하였다. 이것이 일부에서 도산을 비전론자요 점진론자라고 비난한 이유였다.

도산은 이런 말을 여러 번 하였다.

"경술국치(庚戌國恥) 이래로 우리는 언제나 싸우자 싸우자 하였소. 그러나 싸울 힘을 기르는 일을 아니하였소. 그러하기 때문에 언제까지나 싸우자는 소리뿐이요, 싸우는 일이 있을 수 없었소."

도산은 이 모양으로 독립은 오직 각 개인의 힘과 그 힘의 조직에서만 올 것을 믿기 때문에 우리의 독립운동은 각자의 자아혁신에 있다고 단정하고, 그러므로 우리 민족 각원의 첫째가는 의무는 덕·체·지 3육을 끊임없이 행하여 자기가 먼저 일개 독립국민의 자격과 역량을 구비하는 데 있다고 보았다. 도산의 끊임없는 자기 수련은, 그러므로 자기를 위한 것이 아니요 민족과 국가를 위한 것이었다. 민족과 국가가 도산 안창호의 생활의 동기요 목표였던 것이다. 그에게는 민족을 떠나서 개인을 상상할 수 없었고 민족을 위하는 일을 떠나서 개인의 의무나 사업이나 행복을 찾을 수가 없었다. 그의 관점에서 보면 공자는 한족을 위하여, 예수는 유태족을 위하여, 소크라테스는 아테네 시민을 위하여 수련하고 설교하고 생활하고 또 죽은 것이었다.

"개인은 제 민족을 위하여 일함으로 인류와 하늘에 대한 의무를 수행한다." 하는 것이 그의 인생관이었다. 한인으로서, 할 일은 한인을 위하는 일이었다. 한인의 말을 들을 자도 한인이요, 한인의 도움을 구할 자도 한인이다. 다른 나라 사람들은 한인의 말이나 한인의 도움을 구하지 아니한다. 그러므로 제 민족을 두고 세계주의를 운운하는 것은 제 국토를 잃어버린 유랑민족이나 할 일이다. 내 소리가 들리는 범위를 위하여 말하고, 내 손이 닿는 범위를 위하여 사랑하고 돕고 일하라. 이것이 인생의 바른 길이다. 이렇게 도산은 말하였다. 이에 도산은 자아혁신을 시작하였고 역행(力行)하였던 것이다.

그가 자아혁신의 기초를 도덕적 개조에 둔 것은 물론이다. 그는 어떤 모양으로 자아혁신의 대업을 성취할까 함에 대하여 민족성 분석 즉, 자아반성이라는 방법을 취하였다. 역사적으로 보아서 우리 민족이 쇠퇴하여 옛 문화와 영광을 잃고 반만년 계승한 국맥(國脈)까지 끊게 한 원인을 우리 민족성의 타락에서 찾아내려 하였다.

이리하여 그가 첫째로 발견한 것이 우리 민족이 허위의 폐습에 젖었다는 것이었다.

'거짓말'

'거짓행실'

이 두 가지가 우리 민족을 쇠퇴케 하고 우리로 망국국민의 수치를 받게 한 근본원인이라고 그는 황연히 깨달았다.

우리 가정에서는 자녀에게 어릴 때부터 거짓말을 가르치고 있고 임기응변으로 거짓말을 잘하는 사람을 가르쳐 똑똑한 사람, 잘난 사람이라고 하였다. 그러므로 우리 사회에는 거짓말이 성풍이 되어서 서로서로 말을 믿지 아니하였다. "말로는 그러더라만" 한다든가, "사람의 말을 믿을 수가 있나" 한다던가 하여 남의 말은 우선 믿지 아니하는 것이 영리한 일로 되어 있었다. 그러므로 서로 의심하고 서로 억측하여 단결이 되지 못한다. 어떤 민족이 단결이 못 될 지경이라면 그 민족은 벌써 국민될 자격을 상실하는 것이다.

그는 가끔 말하였다. 김옥균(金玉均)·박영효(朴泳孝) 등의 갑신정변 이래로 만민공동회·독립협회 등 여러 결사운동이 있었으나 어느 것이고 3년의 명맥을 지탱한 것이 없는 것은 다른 이유도 없지 아니하였으나 그 주요한 것은 '거짓말'이라고, 서로 믿지 못하였음이라고.

중국 국민도 근대에 타락하여 허위가 많지만 그들은 그래도 상업에만은 신용을 지킨다. 그래서 그들은 저 남양제도와 북아메리카에서까지도 상권을 장악하고 있지만, 우리 민족은 상계의 신용까지도 잃어버리고 말았다. 다른 민족에게 대한 신용이 없이 어찌 우리의 상공업이 발달되며, 상공업의 발달 없이 어찌 우리가 빈약을 면하고 부강을 획득할 수 있으랴. 그런데 민족 자체 내의 상호신용이 없이 어찌 국제적으로 신용을 넓힐 수 있으며 민족의 자존인들 보장할 수 있으랴.

"아아 거짓이여, 너는 내 나라를 죽인 원수로구나. 군부(君父)의 수(讎)는 불공대천이라 하였으니 내 평생에 죽어도 다시는 거짓말을 하지 아니하리라."

이렇게 도산은 맹세하였다. 그리고 그는 자기의 마음속에 있는 거짓을 박멸함으로써 독립운동을 삼고 조국에 대한 가장 신성한 의무를 삼았다.

우리 민족은 일상생활에 거짓과 친하기 때문에 다른 민족도 다 이러하려니, 사람이란 본래 이러한 것이려니, 이렇게 생각하는 이가 많다. 도산은 다른 사람이 이런 말을 할 때마다, "그럴 리가 있소? 영국 사람이 우리 모양으로 거짓이 많을진대 영국도 우리나라 모양으로 망하였을 것이오. 거짓 많은 국민으로 아니 망하는 국민이 어디 있으며 거짓 많은 채 부흥한 국민이 어디 있소?" 이렇게 단언하고, 그러므로 우리 민족이 거짓에서 벗어나는 날이 곧 쇠망의 비운에서 벗어나는 날이요, "한인의 말은 믿을 수가 있다" 하고 외국인에게 신뢰받게 되는 날이 우리 민족이 사는 날이라고 확언하였다.

도산이 우리 민족성의 타락에서 찾아낸 둘째 병통은 '입'이었다. 공담공론(空談公論)이었다. 남의 비평이었다. 빈말로만 떠들고 실천실행이 없는 것이었다. 저는 아무것도 하지 아니하면서 무엇을 하고 있는 남을 비판하기만 일삼는 것이었다.

도산은 극언하였다. 조선 500년의 역사는 공담공론의 역사였다고, 그러하기 때문에 조선 500년에 경제적으로나 문화적으로나 위대한 유산이 적고 오직 갑론을박과 그로 인하여서 온 참무, 탄핵, 비방, 살육의 빈축(嚬蹙), 산비(酸鼻)할 기록이 있을 뿐이라고. 심지어 이렇다 할 건축물 하나 토목공사 하나 크게 자랑할 것이 없지 아니하냐고, 공담공론에서 나올 필연한 산물이 쟁론과 모해밖에 없을 것이 아니냐고.

공론가의 또 한 특징이 있으니 그것은 남에게 책임을 미루는 것이다. 제 잘못은 가리고 남에게는 잘하라고 요구하는 것이다. 저는 아무것도 한 것이 없으니까 책임이 없다. 또 제게는 잘못이 있더라도 꾸며버린다. 남은 애써 했더라도 왜 더 잘 못하였느냐고, 그렇게 해서 쓰겠느냐고 초책(稍責)한다. 그러므로 모든 죄과는 다 무슨 일을 한다는 남들에게 있다고 보고 저는 권외에 서서 흠담이나 하는 사람으로 한다.

도산은 경술국치에 대하여서도 이렇게 말한다. "우리나라를 망하게 한 것이 일본도 아니요, 이완용도 아니요. 그러면 우리나라를 망하게 한 책임자가 누구요? 그것은 나 자신이요, 내가 왜 일본으로 하여금 내 조국에 조아(爪牙)를 박게 하였으며 내가 왜 이완용으로 하여금 조국을 팔기를 허용하였소? 그러므로 망국의 책임자는 곧 나 자신이오."

우리 민족 각자가 우리나라는 내 것이요, 우리나라를 망하게 하거나 흥하게 하는 것이 내게 달렸다고 자각하는 때에 비로소 민족 부흥의 여명이 오는 것이라는 뜻이다.

"자손은 조상을 원망하고, 후진은 선배를 원망하고, 우리 민족의 불행의 책임을 자기 이외에 돌리려고 하니 대관절 당신은 왜 못하고 남만 책망하시오. 우리나라가 독립이 못 되는 것이 '아아 나 때문이로구나' 하고 가슴을 두드리고 아프게 뉘우칠 생각은 왜 못하고, 어찌하여 그놈이 죽일 놈이요, 저놈이 죽일 놈이라고만 하고 가만히 앉아 계시오? 내가 죽일 놈이라고 왜들 깨닫지 못하시오?"

도산은 상해에서 기미 당시에 이렇게 열렬하게 부르짖어서 동포가 서로 투쟁하는 것을 경계하였다.

이 책임 전가는 분명히 비굴한 자의 일이요, 또 민족의 분열을 초래하는 원인이라고 도산은 보았다.

이렇게 거짓과 공론을 우리 민족성의 가장 큰 결함이라고 간파한 그는 자기와 동포의 마음에서 이 악습을 제거하기를 결심한 것이었다.

'무실역행(務實力行)'

이것이 그 대책이었다. '참'을 힘쓰자. '행(行)'을 힘쓰자는 것이다.

이 모양으로 일상에 반복 실천하는 동안에 습(習)이 성(性)이 되어서 개인적으로 성실하고 거짓 없는 도덕인의 만족을 얻어 더할

데 없는 법열을 느끼게 되고 밖으로는 접하는 사람의 신임과 존경을 받아서 능히 그들의 의지할 바가 될 수 있으니, 이 지경이 깊이 들어가면 이른바 지성이 되는 것이라, 지성의 인격은 곧 성인의 지경이다. 지성이 감천이라 하거니와 신과 사람을 감동하는 힘은 결코 언변이나 물질이 아니라 진실로 지성이다. 지성의 사람은 무언 중에도 능히 사람을 움직이는 힘을 가질 것이다.

그러므로 나 개인이 성(誠)의 사람이 되는 것만으로 벌써 민족의 힘이 되는 것이다. 그러하다면 진정한 애국자일진대 먼저 저를 수련하여 지성(至誠)의 사람이 되도록 할 것이다. 제가 지성의 사람이 되지 아니하고 다만 구설과 교지(狡智)를 농하는 것은 결코 국가 민족을 위하는 소이가 되지 못한다. 그것은 마치 제가 의술을 학습하지 아니하고 중생의 병을 고치려는 것과 같다. 세상에는 이러한 애국자가 적지 아니하다. 이에 도산은 애국의 정열이 있는 성급한 내방자(來訪者)에게 외친다.

"그대는 나라를 사랑하는가. 그러하거든 먼저 그대가 건전한 인격이 되라. 중생의 질고를 어여삐 여기거든 그대가 먼저 의사가 되라. 의사까지는 못 되더라도 그대의 병부터 고쳐서 건전한 사람이 되라."

이것이 도산의 건전인격 제일의 주장이다. 이 건전인격이 없고는 개인으로나 민족으로나 '힘' 있는 자가 되지 못하고, 이 '힘'이 없이는 결코 목적하는 바 소원을 성취할 수 없다는 것이다. 잃었던 국권을 회복하여 쇠퇴하였던 민족의 운세를 왕성케 한다는 소원은 모든 소원 중에도 큰 소원이기 때문에 이것을 달성하기 위해 모든

'힘' 중에 가장 큰 '힘'을 발하는 길은 오직 하나, 딴길 없는 오직 한 길, 즉 민족 각 개인의 인격을 건전케 하는 길이다. 만일 민족 전체가 다 건전한 인격자가 되었다면 그야말로 나아가는 데 당할 자가 없을 것이요, 일치고는 못할 일이 없을 것이나 이것은 오직 오랫동안의 세월의 쉬지 않는 노력으로만 달할 것이어서 성급한 우리 생각으로 백년하청을 기다리는 감이 없지 아니하다. '이래 가지고 언제 독립을 하랴' 하는 한탄을 발할 이도 있을 것이다. 그러나 민족 전체가 모조리, 온통 다 건전 인격이 되는 완성의 날까지에는 수없는 계단이 있다. 민족의 1,000분의 1이, 혹은 100분의 1이 이 모양으로 건전 인격자의 수와 전 인구수와의 비례관계가 증진함에 따라서 민족의 역량이 증진하고, 민족 내에 건전 인격자 수가 증가하고, 따라서 민족의 역량이 증신함에 건전인격 증가율이 가속도적으로 촉진될 것이요, 만일 각 건전 인격주의자가 끊임없이 하나가 한 사람씩을 동지로 끌어넣는다면 이 인격수양동지의 수는 기하급수적으로 약진할 것이다.

이러한 추리로 도산 안창호는 우리 민족을 이상적으로 완전한 민족으로 향상시킬 수 있음을 확신하였다. 그가 40년 전 국내에서 청년학우회, 40여년 전 미국에서 흥사단을 조직한 것은 실로 이 최고 민족완성운동의 출발이었다. 이 운동은 지금까지 계속하여 왔고 도산의 평생을 마친 것이 곧 '동우회 즉 흥사단 사건'으로 옥중에서였다. 이 의미에서 도산 안창호는 대한독립운동의 순국자인 동시에 대한 민족 완성 운동의 최초의 순교자였다.

도산이 1935년 봄에 4년 징역을 한 3개월쯤 미리 대전감옥에서 가출옥이 되어서, 수개월 정양 후에 영남·호남·관서 등의 땅을 순회한 데는 두 가지 목적이 있었으니 하나는 20여년 떠났던 조국의 강산과 민정을 살피는 것이요, 둘은 동지를 구하는 것이었다. 그는 자아혁신, 민족혁신이라는 두 표어를 내걸고 동포 유지의 뜻을 물었다. 자아혁신, 민족혁신 이것은 일본 관헌의 눈을 피하는 가장의 어구가 아니었다. 이 두 마디 속에 도산의 민족운동 이념의 전체가 포괄되었음은 상술한 바에 의해서 자명할 것이다. 왜 그런고 하면 민족 개인의 자아가 허위에서 성실로, 이기에서 애국애족으로, 서로 미워하는 것과 서로 배제하는 데서 서로 돕는 것과 서로 사랑하고 서로 공경하는 데로, 고식에서 원려로 개인에서 단결로 혁신되지 아니하고는 민족이 무신용에서 신용으로, 상극에서 화합으로, 무력에서 유력으로 혁신될 수 없고, 이렇게 민족이 혁신되지 아니하고는 도저히 국가의 독립과 민족의 번영이 있을 수 없기 때문이다. 예나 이제나 우리는 우리나라에 인물이 부족함을 한탄하는 소리를 듣는다. 다들 '인물이 없어서' 하고 한탄한다.

"왜 우리 중에 인물이 없나?"

도산은 이에 대하여서 이렇게 대답한다.

"우리 중에 인물이 없는 것은 인물되려고 마음먹고 힘쓰는 사람이 없는 까닭이다. 인물이 없다고 한탄하는 그 사람 자신이 왜 인물될 공부를 아니하는가."

집을 지으려도 재목이 없다. 재목은 외국에서 사들일 수도 있다. 나라를 세우려는 데 사람이 없다. 사람은 외국에서 사들일 도리가 없으니 세월이 걸리고 힘이 들더라도 국내서 양성할 도리밖에 없다. 학교가 국가를 위한 인재를 양성하기 위한 묘포(苗圃)지만 그것은 오직 묘포다. 정말 인물이 되고 안 되는 것은 제게 달렸다. 그러므로 우리나라에 인물이 많이 나는 길은 오직 하나이다. 그것은 저마다 인물이 될 결심을 하고 공부를 하는 것이다. 저마다 성인을 목적으로 인격을 수양하는 것이다. 최저한도로 저마다 한 국민 구실할 만한 자격을 갖추기 위하여 덕·체·지를 수양하는 것이다. 이밖에는 길이 없다. 더구나 모든 것에 있어서 열강에 뒤떨어지고 세계적 빈천자인 우리 민족으로서는 남이 하나를 하면 나는 열을 한다는 기개로 속성급취(速成急就)하는 모든 방법을 강구하지 아니하면 안 된다. 그리하여 민족 신용의 한란계(寒暖界)의 영하에 떨어진 수은면(水銀面)을 우리의 성(誠)의 열(熱)로 비등점에 끌어올리지 아니하고는 도저히 국제적으로 존경받는 평등하고 유력한 일원이 될 수는 없는 것이다.

도산은 부득이한 경우를 제하고는 몸소 표면에 나서서 지도자의 칭호를 가지기를 원치 아니하였다. 그는 아메리카에서 국민회를 세웠으되 최초의 회장이 되지 아니하였고 합병 전에 본국에 돌아와 신민회와 청년학우회를 조직하였으되 자기는 이면에 머물렀고 대성학교를 세웠으되 교장이 되지 아니하였다. 상해에서도 그는 모든 것에 이 박사를 추존하고 옹호하였다.

1937년 그가 동우회(同友會) 사건으로 잡혀서 검사정(檢事廷)에 섰을 때에 검사가,

"너는 민족운동을 그만둘 생각이 없는가?" 하는 질문에 대하여 도산은,

"그만둘 수 없다. 나는 평생을 밥을 먹는 것도 민족을 위하여서요, 잠을 자는 것도 민족을 위하여서다. 내가 숨을 쉬는 동안 나는 민족운동을 하는 사람이다."
라고 답변하였다.

도산의 이 답변은 결코 꾸민 것도 아니요 뽐낸 것도 아니다. 도산은 적의 앞에서라도 침묵은 할지언정 거짓말은 말라는 주의자요, 과장도 거짓이라는 주의자다. 도산은 이른바 임기응변의 권모술수를 미워하고 능히 행치 못하는 사람이다.

도산이 '밥먹기도 민족 위해, 잠자기도 민족 위해'라는 심경은 60평생의 애국자 공부, 애국자 실천생활에 습성이 되어버린 것이다. 그가 병약한 몸으로 의약의 치료를 받은 것은 그 육체의 생명을 연장하여 조금이라도 더 힘 있게, 조금이라도 더 오래 민족을 위하여서 일하자는 뜻이요, 생명에의 동물적 애착은 아니다. 그가 말 한마디면 면할 수 있던 옥고를 짐짓 받으면서도 자기의 소신을 솔직히 표명한 것을 보아도 그가 일신의 고락생사를 염두에 두는 사람이 아님을 알 것이다. 도산의 40년간 쉬지 않는 수련 — 애국자 공부 — 을 생각하면 이러한 심경이 성성(成性)이 된 것임을 이해할 수 있을 것이다.

도산 안창호는 이미 갔다. 1938년 3월 10일에 도산은 그렇게도 사랑하던 '대한나라'를 버리고 가서 동대문 밖 망우리 묘지에 하나의 분토가 되었다. 장사 후 수개월 간은 도산 묘소를 찾아가는 한국인을 취체하기 위하여 양주 경찰서원이 묘지 입구에서 파수를 보며 묘지에 들어가는 자를 일일이 신문하였다. 일본제국이 죽은 후에까지 무서워하던 존재였다. 그들은 이 점에서는 실로 바로 본 것이었다. 그러나 그것은 일개 안창호의 마음을 본 것이 아니라 안창호의 마음을 통하여 대한민족의 마음을 본 것이었다.

이제는 도산도 자유로 동포에게 말할 수 있고 동포도 자유로 도산을 애모하고 따를 수 있는 때다. 그런데 이때에 꼭 있어야 할 도산이 없구나!

이에 우리가 도산에게서 본 바와 들은 바를 이하에 기록하여 위인 도산의 편린을 동포에게 전하려 하는 바이다.

이때에 꼭 있어야 할 도산이 없는 것이 말할 수 없이 유감이거니와 그러나 우리는 믿는다 ― 도산이 대한의 국토와 민족 위에 뿌린 그의 피와 성(誠)의 씨는 반드시 울연히 생장하리라고, 반드시 앞으로 우리나라에는 많은 수없는 도산이 생기리라고, 저를 버리고 거짓을 버린 오직 참되고 오직 나라를 위하는 국사가 저 청소년 남녀 중에서 헤일 수 없이 나타나서 도산의 평생 소원이던 최고 민족 완성의 날이 나날이 가까워지리라고.

9장 송태산장(松苔山莊)

도산 안창호가 출생한 곳은 대동강 하류에 있는 여러 섬 중의 하나인 도롱섬이다. 안씨의 세거지는 평양서 동촌이라고 일컫는 곳인데 대동강 동안 이른바 낙랑 옛터의 고분들이 있는 데서 좀더 남쪽으로 내려가서다. 거기는 안씨만이 십수 호 사는 부락이 있어서 부락 후면 남향으로 된 언덕에는 안씨 역대의 분묘가 있고 도산의 부조(父祖)의 산소도 있었다.

도산이 대전감옥 출옥 후 이 고향을 찾았을 때에는 망건 쓰고 관 쓴 노인들이 도산을 맞았다. 젊은 사람들은 도산이 고국을 떠난 뒤에 났기 때문에 그의 안면을 몰랐다. 노인들은 도산보다는 위 항렬이어서 대개 앉은 대로 도산의 절을 받았다. 도산은 양복을 입고 있었지만 족상(族上)의 앞에서는 일일이 옛날 법대로 절을 하였다. 40년 만에 고향에 돌아온 60을 바라보는 중노인 안창호는 이날은 한낱 '창호'였다. 조카나 족손(族孫)이나 혹은 아저씨였다.

그 노인들이 또는 청년들이 어떤 정도까지나 도산의 가치를 이해하는지는 의문이었다. 40년 전 도산이 30세 내외의 청년 지사로, 애국자로, 웅변가로, 교육가로 명성이 높을 때에도 그들은 도산을 '한 잘난 사람'이라고나 보았을까 의문이다. 만일 도산이 한문으로 시문을 잘하거나 또 대과급제하여 수령 방백(守令方伯)이라도 다녔다면 비로소 도산의 명성을 앙모하지나 아니하였을까.

그런데 노대하여 돌아온 도산은 그들의 눈에는 금의환향이 아니었다. 도산은 죄수였다. 여전히 빈궁한 일개의 포의(布衣)였다. 그들이 도산에게 보이는 정은 아마 혈족의 의리인가 싶었다.

도산은 물론 산소에 먼저 절하였다. 차례차례 10여개 무덤에 절하였다. 그의 무실역행벽(務實力行癖)은 여기도 나타났다. 안하면 몰라도 하면 지성으로 하는 것이다. 그는 묘앞에 평복하여 떼 위에 계상(稽顙)하였고 그의 눈에는 사모하는 빛이 있었다. 그는 사사여사생(事死如事生)의 심경에 있음이 분명하였다.

선산 밑에는 문성안유(文成安裕)의 영당(影堂)이 있었다. 안씨의 시조로 높이는 것이다. 오래간만에 돌아온 고향땅에는 일개의 지음도 찾을 수 없었기 때문이다. 도산은 말없이 귀로를 걸었다. 그의 친우, 동지 수인이 이날 그와 동행하였다.

귀로에 도산은 대동강변의 한 낡은 절을 찾았다. 이 낡은 절은 강변의 한 언덕이라고 할 만한 구릉의 송림 속에 터만 남아 있었다. 도산은 이 절에서 묵은 일이 있던 어릴 때를 희구하였고 그 아침저녁의 종소리를 그리워하였다.

절은 바로 물가에 있어서 배를 타고 대동강을 내려온다면 바로 절 앞뜰에 배를 대었을 것이다. 때마침 석양이라 소리 없는 강물에는 저녁 햇살이 비치고 물새가 소리하며 날았다.

"여기다가 집을 짓고 동지들이 수양하는 처소를 삼고 싶소."

도산은 차마 떠나기 어려운 듯이 일행을 향하여서 말하였다. 그 후에도 도산은 또 이 땅에 동지 수양처를 건설할 말을 하였다.

바로 여기서 비스듬히 대안(對岸)되는 곳에 만경대라는 유명한 곳이 있다. 이곳은 봉만(峯巒)이 기묘하고 강에 임하여 절벽이 있으니 중턱에는 역시 옛 절의 남은 터와 샘이 있고 그 앞은 물이 깊어서 40년 전에는 화륜선이 정박하는 항구였었다. 이곳도 도산이 사랑하는 곳이어서 동지 수양처의 건설지로 한다 하여 어떤 친지가 도산의 아들의 명의로 샀다.

도산이 풍경을 사랑하는 것은 기벽(奇癖)이라 할 만하였다. 그는 경치 좋은 곳에 이르면, "참으로 대한 강산은 편편금(片片金)이다." 하고 탄상하였다. 그의 풍경에 대한 사랑은 곧 국토에 대한 사랑이었다. 이 경치가 내 조국 강산의 경치로구나 하는 열정이었다.

우리 국토의 아름다움을 우리가 발견하고 우리가 보첨(補添)하고 우리가 노래하여 그것을 십분 발휘하는 때에 우리 민족의 영광이 십분 환발(煥發)되는 것이라고 도산은 생각하였다.

우리 선인들이 경치 좋은 곳에서 사원을 짓고 정자를 짓고 누각을 지은 총명을 도산은 이해하고 찬양하였다. 평양으로 말하면 아름다운 우리 국토 중에서도 가장 아름다운 것이거니와 만일 평양에서 부벽루(浮碧樓)와 을밀대(乙密臺)와 연광정(練光亭)을 떼어 버린다면 어떻게 될까. 사람의 정신과 예술이 조화의 공을 발양하고 완성한다고 도산은 생각하였다.

그리고 도산은 풍경이 사람의 정신에 미치는 영향을 중요시하여 사람이 웅장한 풍경 속에 있으면 웅장한 기상이 생장하고 우미한 속에 있으면 우미한 취미가 배양된다고 하였다. 그와 반대로 험악이라든가 추잡한 환경은 사람의 정신에 그러한 영향을 준다고 하였다. 그러므로 그는 학교의 위치, 기숙사의 위치와 건축과 정원과 장식이 교육에 미치는 효과를 중요시하였다. 그가 아름다운 풍경을 접할 때마다 동지의 수양처를 삼고 싶어 하는 것이 이 때문이었다.

도산은 모란봉(牡丹峯)을 사랑하였다. 그의 노래에,

금수강산에 뭉친 영기(靈氣)
반공중에 우뚝 솟아
모란봉이 되었구나
활발한 기상이 생기는 듯

하는 일절이 있다. 그는 모란봉의 천성의 미를 사랑하는 동시에 인공으로 더럽힌 것을 슬퍼하였다. 그는 모란봉 꼭대기에 지은 최승대(最勝臺)가 가장 큰 파경(破景)이라고 하였고 몸이 작은 모란봉에 키 큰 나무를 심어 봉의 기묘한 윤곽을 감추는 것은 무식한 일이라고 하였다.

최승대는 옛날에 봉의 중복에 있어서 봉을 장식하였다. 그런데 근년에 모 일본인 부윤이 지은 신(新) 최승대는 봉 꼭대기에 지어 봉을 압살하고 만 것이다.

도산은 평양의 성중과 중성(中城)·외성(外城)은 순전히 일련의 주택지구로 미화할 것이라고 늘 말하였고 공업지구는 보통강벌에, 상업지구는 선교리에, 그리고 모란봉 이북, 대성산 이남, 옛날 고구려 왕궁, 흥복사(興福寺) 기지 등 경승처(景勝處)는 학교지구로 할 것이라고 말하였다.

도산의 평양시가 구획에 대한 이 의견은 결코 지나가는 말이 아니요 그의 도시정책, 교육정책, 환경교육론적 깊은 사색에서 나온 결론이었다.

도산은 평양을 사랑하였다. 평양에 대한 도산의 사랑은 단순한 것이 아니었다. 평양이 자기의 고향이어서 어렸을 때부터 정들고 추억 많은 지역이라는 것도 인정 많은 도산으로서는 사랑의 대상이 되기에 넉넉하였다. 이점으로 보면 도산은 어디서나 자기가 몸 담아 사는 곳을 사랑하였다. 그는 샌프란시스코를 사랑하고 로스앤젤레스를 사랑하고 상해와 남경을 사랑하였다. 그는 잠시 셋집이나 셋방살이를 하더라도 그 집 그 방을 곱게 단장하였다. 깨끗이 쓸고 닦고 문장을 치고 그림을 걸고 화분을 놓고 뜰에 화초를 심고 이 모양으로 자기가 있는 곳을 아름답게 하였다. 그래서 상해나 남경에서도 도산의 거처를 찾으려면 그 동네만 알면 그만이었다. 그중에 가장 정하고 아름답게 꾸민 집이 도산의 거처임에 틀림없었다.

도산은 '의관정제(衣冠整齊), 중심필칙(中心必飭)'을 그대로 믿었다. 거처 즉 환경은 거기 사는 자의 정신에 영향하는 동시에 그의 정신의 표현이라고 보았다. 다시 말하면 누추하고 난잡한 환경은 그 속에 사는 사람에게 그러한 영향을 미치는 동시에 그러한 환경은 또한 그 속에 사는 사람의 정신의 표현이 된다고 도산은 보았다. 그러므로 도산은 거처에 대하여(의복, 음식에도 그러하였지만) 무심할 수 없고, 세밀한 주의를 하였다. 정결하게 정돈되게 질소(質素)한 미감을 주도록 마음을 썼다.

도산의 마음에는 평양은 단군왕검이 계시던 곳이요, 고구려 전성시대의 큰 서울이었다. 단군은 함박(태백)에 올라 대동강을 굽어보시면서 우리 민족 만세의 기업을 구상하였다. 우리 민족 중에 가장 웅장한 역사를 짓고 문화를 이룬 고구려의 선인들도 이 강산에서 수양하고 이 강산에서 기상을 배웠다.

고증학자(考證學者)는 무엇이라고 하든지 평양은 우리 조국의 발상지요 최대 문화의 개화지였다. 고신도(古神道)의 건전한 국민정신이 여기서 발하여 여기서 꽃피었다. 유교와 불교가 여기 처음으로 들어왔고 일본의 스승이 된 혜자(惠慈)와 담징(曇徵)이 대동강물을 마시고 생장하였다. 수·당의 대군을 격파한 영웅들이 호기를 기른 곳이 이곳이 아니냐. 신라와 당나라의 연합국의 최후의 공격에 대제국이 옥쇄(玉碎)한 것도 평양이었다.

이런 의미에서 평양은 우리 민족국가·민족정신·민족문화의 발생지, 즉 우리 민족의 고향이라고 도산은 이것을 사랑하고 소중하게 여긴 것이었다. 그가 신민회의 교육사업의 제1보를 평양에서 발족한 것이 실로 이 신념에서였다. 신민회의 양대 사업이 교육과 산업이었다. 교육이나 산업기관을 전국에 널리 두는 시초로 평양에 대성학교와 마산동 자기회사, 평양·경성·대구에 태극서관을 설치하였던 것이다.

도산은 평양에 총준자제(聰俊子弟)를 모아서 단군과 고구려의 민족정신을 함양하자는 것이었다. 반만년 전 민족 창업의 대기개를 조상들의 피와 살로 된 이 강산에서 감득·체득케 하자는 것이었다. 그리하여서 신대한의 영웅을 양성하자는 것이었다.

1,200년 전 고구려 왕성시 평양 호수 23만, 인구 100만 이상에 도로는 포장되었고 대동강에 다리가 놓여 있었고 당·서역의 상선이 정박하여 있었다. 이불란사(伊弗蘭寺)·흥복사는 경내까지 운하가 개착(開鑿)되어 있었고 만수대(萬壽臺)·구제궁(九梯宮)은 둥근 주초의 직경이 3척이나 되었다. 석재 건축은 그리스를 방불하였고, 칼과 활·화살의 공예는 한토(漢土)의 부러워하는 바 되었다. 회화는 아직도 고분에 색채가 선명하게 남아있지 아니한가. 승호리의 시멘트를 당시 시가의 포장과 인조석으로 씌웠던 것은 득월루(得月樓)의 주초와 평양역 근방의 옛 거리를 발굴한 데서 나온 유적으로 보아도 분명하였다. 마산동의 도토(陶土)와 대동강 하류 일대의 무연탄은 무순(撫順)의 그것과 함께 고려자기의 원료를 만들었던 것이다.

국력으로 보건대 옛날 한족을 구축하여 소위 한사군을 회복한 것은 말고라도 고구려는 당의 유일한 숙적이어서 태종이 안시에서 대패하였고, 고종도 신라와 합세하여 사력을 다하였으나 용이치 않던 것을 고구려 간신의 내통으로 700년 사직이 무너지고 만 것이다. 지금 만주라고 통칭되는 지역이 모두 고구려의 옛 강토인 것은 이제는 누구나 아는 사실이다.

도산은 태백에 서서 대동강을 볼 때에 반만년의 역사가 눈앞에 나타나는 것이었다. 그리고 옛날의 영광을 미래에 회복하고 못함이 오직 교육과 민족의 자기 수양 여하에 달렸다고 믿었던 것이었다. 그는 결코 지난날을 회상하고 비분강개하는 사람이 아니요 미래를 위하여 발분 노력하는 사람이었다.

현대의 우리 민족은 조국의 사명을 잊은 민족이었다. 선민(先民)이 가졌던 대기상을 잃어버리고 고식적인 개인 내지 편당의 이해 고락에만 골몰하는 민족이었다. 민기소잔(民氣鎖殘)이란 이것을 가르친 것이었다.

이 증거는 평양 하나를 보아도 알 것이었다. 평양의 지역은, 적어도 고구려 사람의 도성이었던 평양의 범위는 북으로는 대성산 동녘 기슭과 남녘 기슭으로부터 남으로는 평양역 이남 대동·보통 두 강물이 합하는 곳의 구릉에까지 이르는 연연(延延) 30리에 뻗은 일대였다. 금수산이 모란봉·을밀대·만경대·서기산(瑞氣山) 등등의 나지막하나 묘한 형태의 봉만으로 대동·보통 두 강이 합하는 데까지 연속하여 한 구슬꿰미를 이루었으니 우리 선민들은 이 지세를 혹은 성곽 기타의 토목공사로, 혹은 궁전·사원·신당·묘사(廟祠)·누각(樓閣) 등 건축으로 방위적으로 보장하고 예술적으로는 미화하여 조화와 인공의 조화를 얻은 일대 도시미를 이루었던 것이니 평양시 전체가 하나의 통일된 미술품이었던 것이다.

그것이 당병의 유린, 묘청의 변 등의 병화로 파괴되어버리고 근대에 이르러서는 유자(儒子)의 전횡·악정으로 나라의 혼과 백성의 기운이 소잔하여서, 선민의 평양에 대한 의도조차 잃어버리고 오늘날의 초라한 평양을 이루었다고 도산은 한탄하였다. 오늘날의 평양의 지세를 고려할 만한 정신조차 쓰러져서 자연의 미관은 파괴되고 있으며, 더욱이 일본인들은 천연의 지세를 무시하고 단견적인 도시 정책을 써서 최후로 민족의 고도 평양의 풍모를 파괴하였다고 도산은 분개하였다. 도산은 우리 민족이 적어도 1,200년 전 고구려 선민의 정신, 기백에 복귀하고자 쇠퇴의 구태를 걷어차고 부흥의 신운에 비약할 수 있다고 하였다.

우리 민족이 가지고 오던 여러 서울 가운데 국혼을 잃지 아니하고 이족(異族)에게 대하여 칭신(稱臣)의 치욕을 무릅쓰지 아니한 서울이 둘이 있으니, 곧 하나는 평양이요, 또 하나는 부여다. 그러나 다른 민족과 다투면서 국위를 선양하는 적극적 영광을 가진 서울은 오직 평양경 하나뿐이니 슬프기도 하거니와 우리에게 평양하나 있음이 대견한 일이 아니냐. 도산이 평양을 교육의 중심을 삼으려던 동기가 여기 있는 것이었다.

도산이 얽힌 몸으로 고국에 끌려와 4년 징역의 형을 마치고 나온 때에는 도산에게는 겨우 여행하는 자유가 있었을 뿐이었다. 그러나 도산이 하룻밤을 묵은 집, 한끼 밥을 먹은 집은 경찰의 시끄러움을 받기 때문에 도산은 동지나 친구를 찾거나 그 집에 기류하기를 꺼렸다.

그래서 도산은 자기가 몸 담아 둘 곳을 하나 가지고 싶었다. 이리하여서 된 것이 평양에서 50리 되는 강서군 대보면 대보산 송태산장(松苔山莊)이었다.

도산이 어찌하여 송태에 집을 지었는가.

전에도 말한 바와 같이 도산의 본 고향은 본래 평양 동촌이었으나 그 부친이 농토를 찾아 대동강 하류의 도롱섬에 옮겨 살아 도산이 거기서 탄생하였고, 그후 도산의 백씨 치호(致鎬)는 강서군 동진면 고일리로 옮겨가서 도산의 적이 강서에 있게 되었다는 것도 송태에 집을 마련한 한 이유이겠지만, 위에 말한 바와 같이 도산은 환경에 깊이 관심하는 성격이므로 이것이 도산으로 하여금 송태를 택하게 한 중요한 원인일 것이다. 그러나 그보다 더 중요한 도산의 동기가 있었다. 그것은 도산이 송태에 있을 곳을 정할 때에는 자신보다 후일에 '동지의 수양처'라는 것이 그의 안목이었다.

송태는 대보산이라는 평양 부근에서는 유수한 명산이요 겸하여 역사적으로도 인연 있는 산이다.

고구려 시대에는 대보산 남녘 기슭에 큰 불찰이 있고 산중 형승지에 암자가 있어 지금에는 이 산 최고봉에 감천암(甘泉庵)이라는 암자가 영장(靈場)으로 남아 있고 도산이 자리 잡은 송태는 송태사의 옛터로 4, 50년 전까지도 전우(殿宇)와 고탑(古塔)이 있었으나 전우는 화재로 타버리고 1,000년 묵은 석탑은 무심한 초동들의 장난으로 파괴되고, 그 명장의 솜씨로 다듬은 석판은 동구에 있는 사삿집에 혹은 우물물로, 혹은 구들장으로 사용되고 있다. 강서읍 근방에 평원왕(平原王) 시대의 이궁(離宮)터라는 설이 있느니만큼 대보산은 용문산과 아울러 고구려 불교의 중요한 영장이었다.

그러나 그보다도 더욱 송태가 도산의 흥미와 애착을 끈 것은, 송태는 불찰이 되기 전에 송태선인(仙人)의 은거지였다는 것이다. 을밀대가 을밀선인(乙密仙人)의 은거지라는 것과 같은 것이다.

신라에서 국선(國仙)이라던 것과 같이 고구려에는 조의선인(皂衣先人)이라는 것이 있었으니 을밀선인이나 송태선인이 다 조의선인이었던 것은 말할 것도 없다. 조의선인은 고구려인의 선생이니 오늘날 박사·교수·목사 같은 직임을 함께 맡은 사람들이었다.

그들은 산에 숨어 고신도(古神道)로 심신을 수련하고 천문·지리·정치·문학·의술·복점 등의 학문을 문하에 모여드는 제자들에게 경천·승조·충군·효친의 인륜과 정치·용병·무예 등을 전수할뿐더러 그중에도 고명한 선인은 왕자나 대신의 자문에 응하여 정치·군사에 대한 계책을 주었다. 모든 점으로 신라의 국선과 다름이 없으며 아마 그 도통(道統)도 김인문(金仁問)의 이른바 '비상신사(備詳神史)' 라는 것과 같은 근원일 것이다.

신라의 김유신(金庾信)이 몰래 대동강을 건너 송태선인에게 도를 물었다는 기록도 있다. 을지문덕(乙支文德)이나 연개소문(淵蓋蘇文)이나 다 조의선인에게 수학 수도한 것이다.

여담이거니와 을밀선인이나 송태선인은 아마 한사람뿐이 아니요 의발을 전한 후계자가 다 같은 명호였을 것이니 을밀에 처소를 둔 일파, 송태에 근원을 둔 일파, 이 모양으로 구별된 모양이었다. 고구려의 조의선인이나 신라의 풍류국선이 한토(漢土)의 도교의 선(仙)이 아님은 물론이다.

송태선인은 대보산의 지세로 보더라도 유력한 조의선인이었던 모양이다.

도산에 있어서는 이 조의선인의 수도장이 있었다는 것이 송태를 택한 가장 주요한 이유였다.

송태사의 옛터는 상당히 묘하게 생긴 집터였다. 유감 되는 것은 우물에 수량은 풍부하나 청렬(淸洌)이 부족한 것이었다.

도산은 이 기지의 일단이 되는 곳에 7, 8칸 되는 소옥을 지었다. 본 기지에는 힘이 돌아가는 대로 동지의 수양처로 수십 인이 거처할 수 있는 본 건축을 할 계획이었다.

도산 자신이 거처할(도산은 최후로 체포될 때까지 거기 유하였다) 집은 도산의 평생사업계획 중에 중요한 한가지인 모범 농촌의 농민주택의 모형이어서 이것은 도산 자신의 연구로 된 설계였다. 그 설계의 안목은 한국 가옥의 특징과 기분을 보존하여 살릴 것, 부엌과 변소와 거실과의 비 안 맞는 연락, 주부의 노고를 덜도록 된 부엌과 지하실의 구조, 냄새와 바람과 파리 없는 변소, 통풍, 채광, 그리고 우리 민간 보통 건축 재료와 보통 목수, 이장으로 할 수 있는 것 등이었다.

지어진 집을 보면 퍽 아늑하고 편리하였다. 그중에도 부엌과 뒷간은 독특한 구조여서 누가 보아도 마음에 들었다. 물론 건축비도 보통 한국 가옥 건축비와 다름이 없었다. 설계만 아니라 공사 감독도 도산이 몸소 하였다. 후원 마당의 설계와 정리도 몸소 하였다. 조그마한 일도 소홀히 아니하는 지성인의 풍모는 그가 심고 가꾸는 일초일목(日草一木)에도, 벌여놓은 한 덩어리 돌멩이에도 드러났다.

옆에서 보면 도산은 송태의 역사를 위하여 이 세상에 나오고 사명만 완수하면 다시 할 일이 없는 것 같았다. 그렇게 도산은 이 역사에 지성이요 열중이었다. 목수나 기타 장색, 인부가 초호만큼도 설계에 어그러지기를 용허치 아니하였다. 너무 다심하고 너무 잘고 너무 각박하다고 하리만큼 고집하였다.

"얼렁얼렁이 우리나라를 망하게 하였고. 우리가 최선을 다한다 하더라도 최선이 되기 어렵거든 하물며 얼렁뚱땅으로 1,000년 대업을 이룰 수가 있겠소?"

하고 역설하였다.

"대소간 역사에 관용한 것은 관용이 아니요 무책임이니, 관용하는 자가 잘못하는 일꾼보다 더욱 죄라."

하는 것이 도산의 의견이었다.

도산은 이 집 역사를 건국의 역사와 같이 생각하고 이 정원 다스리기를 삼천리 강산을 정화·미화하는 것과 같이 생각하였다. 그 정성을 들이는 품만 그러한 것이 아니라 송태 한구석을 정화·미화하는 것이라고 확신하였다. 삼천만 동포가 저마다 제가 사는 집과 동리를 정화하면 삼천리 강산은 정화되는 것이라 하는 것이 그의 생각이었다.

송태 기지에 십수 정보의 송림이 부족되어 있었으니 이것은 기지와 아울러 도산을 위하여 어떤 친구가 서서 증여한 것이나, 물론 도산이 자기의 명의로 소유권을 가진 것은 아니었다.

도산은 자기 소유의 재산은 하나도 없었고 있으려고 하지도 아니하였다. 그는 오직 조국을 위하여서 전 생애를 바치려는 조의선인이었다. 미국에 있는 도산의 가족은 자녀가 어렸을 때에 도산은 '하우스 워크'라는 노동을 하고 그 부인 이씨는 삯빨래를 하여서 호구하였고 자녀가 장성한 뒤에는 자녀들이 벌어서 생계를 유지하였고 지금도 그러하다.

　도산은 대전에서 출옥하여 다시 잡혀 갇히기까지 동지, 친우의 도움으로 의식하였거니와 그것을 퍽 고통으로 생각해서 자력으로 생활의 밑천을 벌려고 여러 가지로 궁리하였다. 그중에 한 가지는 양록(養鹿)이었다. 도산은 송태서 얼마 아니 가는 대보산 남녘 기슭, 옛날 절터도 있는 평지에 양록장과 양어지를 만들어서 생도(生途)를 삼을 계획도 하고, 또 같은 목적으로 어떤 무인도를 고르기도 하였다. 자금을 댈 사람에게 이익을 주면서 자기의 생활비를 얻자는 것이었다.

　"결코 생활을 남에게 의뢰하지 말고 자작자활하라." 하는 것이 도산의 지론이었다. 예수의 사도 바울이 장막업으로 자활한 것이나, 철학자 스피노자가 렌즈갈이로 생업을 삼은 것이나 다 같은 심화였다. '일인일능, 각인일업(一人一能 各人一業)' 이것이 도산이 동포 전체에게 요망하는 것이어서 이 정신을 흥사단 약법(約法)에 '1종 이상의 학술 혹은 기예를 학습'하는 것이 단우의 의무가 된다는 것으로 표현되어 있다.

　도산은 양록으로 여생의 생업을 삼으려고 함북 주을의 백로인 양코프스키의 양록장을 일부러 시찰까지 하였다. 만일 도산의 수중에 돈이 있었다면 이 사업을 하였을는지 모르지만 끝내 실현되지 못하고 말았다.

　도산이 대전서 출옥한 후 처음 얼마동안 일본 관헌은 가만히 도산의 행동을 감시하는 정도로 별로 간섭을 아니하여서 친우들이 마음대로 도산을 초대·방문할 수도 있고, 혹 금전으로 원조할 수도 있었으나, 도산이 가는 곳마다 민중의 환영이 성대한 것을 보고는 '흥, 마치 개선장군이로군' 하여 경찰은 간섭, 압박하기를 시작하였다. 그래서 도산을 돈으로 도우려는 사람들도 꽁무니를 빼게 되었다(도산의 사업계획을 말할 때에 좀더 자세히 이 문제를 언급할 것이다).

그러나 도산은 아무러한 부자유 밑에서도 일이 없어 한가하게 노는 법은 없었다. 그는 어디서나 일을 찾았고 그 일은 모두 다 민족을 위한 것이었다. 송태의 역사도 그중에 한가지다. 도산은 송태에 오는 동지와 일반 동포가 개량된 가옥과, 힘만 들이면 누구나 할 수 있는 정결하고 유쾌한 정원을 실지로 보고 가서 그 모양으로 흉내를 낸다 하면 그것도 민족사업이라고 생각하였다.

기처의 개량을 100번 말하는 것보다도 한번 보이는 것이 더욱 효과적이었다. 천하 국가사(國家事)나 고담준론(高談峻論)하는 것이 국사(國士) · 영웅의 본색으로 아는 우리에게는 도산의 다심(多心) · 세심(細心) · 열중(熱中) · 지성(至誠)한 송태 역사는 실로 의외의 감을 주었다. 그러나 우리는 마침내 작은 일에 충성된 자 큰 일에도 충성된다는 것과 나를 닦는 것이 곧 남을 다스리는 것이라는 귀중한 진리를 절실하게 체득하지 아니할 수 없는 것이다. 작은 절차에 구애하지 않는다는 것도 큰 인생 교훈이지만 이것은 남을 용서하는 데 쓰는 말이지 자신을 검속하는 데 썼다가는 큰일이 나는 말이다. 일상에 맞닥뜨리는 모든 일이 목숨을 걸고 거들어야 할 것 아님이 없고, 난 날부터 죽는 날까지의 찰나 찰나가 집과 몸을 버리는 치명의 기회가 아님이 없다고 보는 것이 정당한 인생관일 것이다.

도산은 여흥의 우스개도 지성으로 하였다. 그는 중국인의 연설 흉내를 내는 재주가 있었거니와, 자기가 지명을 당하면 결코 머뭇거림 없고 전심전력을 다하여 흉내 내었다. 이것은 일거일동에 지성을 떠나지 말자는 그의 심법이었다.

하물며 송태선인의 도장에 애국심에 불타는 청년 수행자들이 모여서 저를 잊고 집을 잊고, 오직 나라를 생각하는 송태선인이 되기를 기한다면 그 얼마나 큰일일까. 도산은 일찍, 자기가 선생이니 사람들은 나를 배우라고 입으로 말한 일은 없었고, 아마 그의 마음속으로 그렇게 생각한 일도 없을 것이다. 그러나 그가 애국자의 사표(師表)될 것을 스스로 기약하고 60평생에 나날이 새로운 점진공부를 계속한 것은 사실이요 또 아무리 도산이 스스로는 자기를 부족하게 생각하였다 하더라도 그가 도달한 경지로도 우리가 앙모하고 따라가기에 넉넉한 높이와 깊이가 있었다.

'점진공부(漸進工夫)'는 도산의 수학 태도였다. 그가 50년 전에 그의 향리 강서군 고일리에 세운 학교는 아마 우리나라 민간 사립학교의 남상(濫觴)이려니와 그 이름이 점진학교였다.

점진 점진 점진 기쁜 마음과
점진 점진 점진 기쁜 노래로
학과를 전무하되 낙심 말고
하겠다 하세 우리 직무를 다

하는 것이 그가 지은 점진학교의 노래인 동시에 그 자신의 점진공부의 노래였다.

지금 이 송태집에 도산의 영백(伶伯) 치호 일가가 아우님의 손때 묻은 집을 황폐하게 하기 미안하다 하여 지키고 있다. 영백은 금년 75세라고 기억된다. 노농(老農)이요 기독교회의 장로다. 고집이 세다는 별명을 듣도록 의지가 강하고 근검하고 동리를 사랑하여, 가난한 농민이면서도 학교와 교회의 건축에 솔선하여 많은 돈을 기부하고 동리 사람에게는 부형과 같은 신뢰와 존경을 받고 있으며 연전 경찰에서 송태집을 팔거나 헐거나 하라고, 그것을 두면 민심이 악화한다고 누차 강압하였고, 한번은 주재소 일인 순사에게 70노인의 몸으로 폭행까지 당하고도,

"내 집을 누가 팔거나 헐라 한단 말이야!"
하고 버틴 노인이다.

도산이 송태에 거처하는 동안 많은 친지와 동지가 찾아온 것은 물론이거니와, 도산을 직접 알지 못하는 남녀들도 혹은 단독으로, 혹은 떼를 지어 송태를 찾았다. 촌부인네들도 송태 안(安) 아무를 '구경'하러 오고, 혹은 그 집과 마당을 구경하러 왔다. 평양서는 학생들이 일요일이나 휴일의 대보산 하이킹을 빙자하고 송태를 찾았다. 도산은 그러한 경우에도 마당의 돌을 으르거나 화초를 옮겨 심거나 경내의 청소를 하거나 하여 묵묵히 여전히 할 일을 하고 있었다. 오는 청년들을 붙들고 특별히 훈계를 한다든가, 담화를 하는 일은 없었다. 그러나 간혹 무엇을 묻는 청년이 있으면 평범한 태도로 대답하여 주었다. 어떤 청년은 말없이 도산이 하고 있는 일을

몇 시간 같이하다가 인사를 하고 돌아갔다.

송태가 소문이 나서 사람이 많이 오는 것을 일본 관헌이 가만둘 리가 없었다. 송태 입구에 버스가 닿고 사람들이 내려서 송태를 향하는 모양이 보이면(송태로 향할 만한 인물은 얼른 보아도 표가 났었다) 주재소원은 그를 붙들고,

"안창호와 무슨 관계가 있느냐?"

"너는 누구며, 무슨 일로 안창호를 찾느냐?"

하여 힐문하되 안창호를 찾는 것이 무슨 죄나 되는 것같이 위협하는 어조였다.

그래서 사람들은 다른 길로 돌아서 송태를 찾기 시작했다.

평양에서 신사참배 문제로 말썽이 되었을 때에 당시 평남지사(가마우치 시코사쿠)는 한 경부를 송태로 보내어 도산에게 평남을 떠나기를 권고하였다. 그 이유로 말하는 바는 도산이 송태에 있기 때문에 평남의 사상이 악화되고 치안이 문란해진다는 것이었다. 이에 대하여 도산이 산중에 숨어 있어서 아무것도 책동이나 음모함이 없거늘 무슨 연유냐 한즉 그 경부는 말하기를,

"당신이 여기 있으므로 교회와 학교 대표자들이 모여서 신사참배를 의논하다가도 안 도산은 어떻게 생각할까 하고서는 반대의 태도를 취하오. 당신은 음모를 하거나 선동을 하거나 하지 아니할 줄 믿지만 당신이 여기 있다는 사실이 선동이 되는 것이오. 지사의 말이, 그러니까 당신이 평남을 떠나주기를 바라고 될 수 있으면 미국으로 가기를 바란다 하오. 당신만 미국으로 갈 의향이 있다면 여행권은 곧 지사가 주선해드린다 하오."

이렇게 말하였다.

도산은 물끄러미 그 경부를 바라보다가 미소하며,

"이렇게 지사께 전하시오. 만일 안창호의 존재가 민심을 악화한다 하면 평남에 있거나 미국에 갔거나 마찬가지라고. 아마 감옥에 잡아넣거나 죽이더라도 마찬가지라고. 2천만 한국인이 다 안창호와 같은 사람인데 일개 안창호를 송태에서 내쫓았다는 것이 불명예나 될 뿐이지 무슨 효과가 있는가. 그리고 미국 가는 여행권 주선에 대한 후의에 대하여서는 감사하오. 그러나 아직 송태를 떠날 생각은 없소."

하여 그 경부를 돌려보내었다.

10장 흥사단(興士團)

흥사단은 도산 안창호의 필생의 사업이요, 그의 민족운동의 근본 이론이요 실천이다. 안창호가 이때 이 땅에 태어난 사명은 이 민족에게 흥사단 운동을 주고자 함이었다. 이 민족을 부흥하고 완성하여 영원한 번영을 누리게 하고 아울러 인류 전체에게 영구평화의 공헌을 하는 대사명을 달성하게 하는 길은 하나요, 오직 하나이니, 그것은 곧 흥사단이라는 것이 그의 철석같은 신념이거니와 그 신념은 객관 타당성을 가진 신념이다.

흥사단 운동의 운명은 곧 한민족의 운명인 줄을 한족(韓族)된 자는 미구에 다 깨달을 것이다. 진리와 실행과 충의와 용감의 4대 정신으로 민족성을 다시 지어보는 것이 우리 민족부흥의 유일한 길이라는 것은 도산이 병오년(丙午年) 고국에 돌아오던 때부터 이미 마음에 품은 신념이었다. 그가 신민회를 조직함에나 대성학교를 창립함에나 언제나 일관한 근본이념은 이것이었다. 더구나 청년학우회는 순전히 이 근본이념에 의하여 조직된 것이다. 일찍 대성학교 생도 하나가 그의 결석 이유서에 다른 사람의 도장을 찍고 손가락으로 비벼서 글자의 획을 불분명하게 하여서 제 도장인 것같이 속인 사건에 대하여 교직원 전체의 반대도 물리치고,

"대성학교는 속이는 학생을 용납할 수 없소. 원컨대 우리나라가 속이는 한국민을 용납하지 아니할 날이 오게 하고 싶소."

하여 단연히 출학처분을 한 것이 이 진리주의의 표현이었다.

도산의 신념에 의하면, 민족의 각원이 서로 믿게 되는 날이 우리 독립의 완성되는 때요, 세계 만국이 우리 민족의 일언일동(一言一動)을 참이라고 믿게 되는 날이 우리가 세계 개조에 공헌하는 때요, 세계 각국과 각 민족이 서로 속이지 아니하고 서로 믿게 되는 날이 세계에 참되고 오래갈 화평이 오는 때였다. 이 길밖에는 우리의 독립도, 창성도, 세계의 평화도 없다는 것이 도산의 굳고 굳은 믿음이었다.

도산은 경술년(庚戌年)에 망명하여 미국에 돌아가 우선 북미에 있는 동포의 낙심 실망한 상태를 희망과 노력의 심경으로 전환시키니 곧 국민회의 통일·확장·강화였다. 이리하기에 3년의 시일을 써서 회의업무가 본궤도에 오름을 보고 흥사단의 조직에 착수하였다.

1912년 도산은 어느 날 리버사이드로부터 로스앤젤레스에 와서 송종익(宋鐘翊)을 찾아 흥사단 약법(約法)을 보였다. 송종익은 이리하여서 흥사단의 첫 동지가 되었고, 이것이 우리 민족 중에 '무실'운동 개시의 제1보가 되었다.

송종익은 대구 사람으로서 경성에 도산을 찾아 미국으로 건너

갈 것을 물어본 것이 피차의 첫 인연이었고, 합병되던 해 도산이 망명하여 다시 미국으로 가서부터는 사삿일에나 공무에나 가장 신임하고 친분 있는 동지로, 국민회와 흥사단의 일뿐 아니라 도산의 가정생활까지도 맡아 도운 이였다.

송종익이라는 첫 동지를 얻은 도산은 다시 인물을 물색하기 시작하여 정원도(鄭源道)·하상옥(河相玉)·강영소(姜永韶)의 세 사람을 얻어 이 세 사람으로 발기인을 삼았고, 다시 한 사람씩 동지를 구하여 약 1년 만에 8도에서 각 1명씩 창립위원 8인을 얻으니, 그 성명과 원적은 이러하였다.

    홍언(洪焉) 경기도(위원장)
    조병옥(趙炳玉) 충청도
    송종익(宋鐘翊) 경상도
    염만석(廉萬石) 강원도
    정원도(鄭源道) 전라도
    강영소(姜永韶) 평안도
    김종림(金鍾林) 함경도
    김항작(金恒作) 황해도

이 여덟 사람이 1913년 5월 13일 샌프란시스코 강영소 댁에서 창립 결성을 하였으니, 이것이 흥사단의 기원이었다.

기미년에 국내로부터는 많은 청년이 상해로 모여들었다. 여자도 있었다. 그들 중에는 어떤 이는 독립운동을 눈으로 보러왔고 어떤 이는 구미 유학의 길을 얻으러 온 것이었다. 이때 국내의 만세운동은 거의 침식하고 옥중에 잡혀 갇힌 청년들이 혹은 만세를 부르고 혹은 단식하였다. 33인 독립선언서 서명자를 포함한 48인의 3·1운동 중심인물들이 혹은 내란죄가 된다, 혹은 보안법 위반이 된다 하여 그 공판이 주목되었고, 옥에 가지 아니하였거나 갔더라도 놓여나온 지식층 청년들은 많이 국내를 탈출하여 만주로, 상해로 왔다.

도산은 이러한 청년들을 아무쪼록 많이 만나서 바른 인생관과 민족관을 계발하기를 힘썼다.

도산은 영국 조계 모이명로에 집 한 채를 세를 내어서 흥사단 원동위원부(遠東委員部)의 단소를 삼았다.

도산은 이 집을 깨끗이 꾸미기에 많이 힘을 썼다. 미국서 단우가 된 지 오랜 박선제(朴璇齊) 목사가 사무를 보기로 하고 사무실·식당·담화실·집회실·오락실·침실 이 모양으로 극히 정결하게 정돈하게 차려놓았다. 이 정결과 정돈이 민족 개조의 과목이요 제1과목이었다.

당시 상해에 우거하는 우리 동포의 주택이나 셋방은 정결, 정돈과는 아주 거리가 멀었다. 방도 아무렇게나 차려놓고 소제도 정돈도 아니하는 이가 많았다. 우리는 이런 것을 불구소절(不拘小節)이라는 허울 좋은 덕목으로 스스로 변호한다. 그러나 아무리 변호하더라도 이것은 국민성의 타락이 아니고 무엇이랴. 도산은 우선 몸가짐과 거처로부터 개조일신하지 아니하고는 문명한 독립국민이 되지 못한다고 굳게 생각하였다. 그래서 우선 회관에서부터 흥사단식 정결·정돈의 생활을 하여야 한다 하여서 모이명로의 단소를 꾸민 것이었다.

그는 문짝 한끝, 화분 하나도 몸소 여러 상점을 돌아서 골라잡았고, 그것을 걸 곳에 걸고 놓을 곳에 놓는 것도 다 깊이 생각하여서 그 중 좋은 길을 취하였다. '아무렇게나', '되는대로', '어물쩍 어물쩍' 하는 것을 도산은 '거짓'과 아울러 조국을 망하게 한 원수라고 보았다.

이렇게 모이명로의 단소가 이뤄졌다.

흥사단을 설명하기 위하여서는 그 입단문답의 일례를 드는 것이 가장 직절간명(直截簡明)할 것이라고 믿는다.

1920년 가을 어느 날 밤, 상해 모이명로의 단소에 수십 명이 모 씨의 입단문답을 보기 위하여 모였다.

문답위원은 도산 자신이었다. 아시아에서는 처음으로 하는 흥사단 입단인 만큼 흥사단 역사에는 중요한 시기일뿐더러 이날 문답을 받는 지원자는 상해에서도 중요한 인물 중의 한 사람이어서 매우 흥미가 깊었다.

문답위원과 문답 받는 자가 조그마한 테이블을 사이에 두고 마주앉았다. 위원은 단의 격식에 의하여 어깨에 누른빛과 붉은빛 두 쪽을 합하여서 된 단대를 메었다. 누른빛은 무실이니 참됨을, 붉은빛은 역행이니 힘을 상징하는 색으로서 충의의 백(白)과 용감의 청(靑)과 아울러서 4색이었다. 가르면 4색이요, 더욱 중요한 것을 들면 황·홍 2색이었다. 무실과 역행 — 참과 힘이다. 위원은 입을 열었다.

"이제 우리는 우리나라를 구하기 위하여 나라를 구할 이론과 방법을 토론하게 되었으니 묻는 자나 대답하는 자나 다 터럭끝만 한 거짓도 없는 참으로 하여야 할 것이요, 이제 우리는 저마다 가진 신앙을 따라서 기도하시오."

이것은 종파를 초월한 단결임을 보임이요 동시에 양심에도 없는 거짓 예(禮)를 행하기를 꺼림이었다. 예수교이면 주기도문, 불교인이면 심경(心經)을 무엇이나 제 믿음에 따라서 제가 참된 심경으로 묻고 대답할 힘을 달라고 빌 것이었다.

기도가 끝나매 위원인 도산은 문답을 시작하였다.

문 : O군 그대는 흥사단에 입단하기를 원하시오?
답 : 예, 나는 흥사단에 입단하기를 원합니다.
문 : 왜?
답 : 우리의 독립을 회복하고 민족 영원의 창성을 구하려면 흥사단주의로 갈 수밖에 없다고 믿습니다.
문 : 왜?
답 : 우리는 힘이 없어서 나라가 망하였으니 나라를 흥하게 하려면 힘을 길러야 하겠습니다.
문 : 힘이란 무엇인데?
답 : 한 사람 한 사람의 건전한 인격과 그 건전한 인격들로 된 신성한 단결입니다.
문 : 나라의 힘이라면 부력(富力)과 병력(兵力)일 텐데, 어찌하여 그대는 부력과 병력은 말하지 아니하고 건전한 인격과 신성

한 단결을 힘이라고 하시오?

답 : 건전한 인격과 신성한 단결이 없이는 부력도 병력도 생길 수가 없습니다.

문 : 왜? 농업과 상공업이 발달하여 부력은 저절로 있을 것이요, 대포와 군함만 있으면 병력은 저절로 있을 것이 아니요?

답 : 국민이 건전한 인격과 신성한 단결이 없고는 농업이나 상업이나 공업도 발전할 수 없고, 또 대포와 군함이 있어도 그것을 쓸 사람이 없을 것입니다.

문 : 국민이 농업·상업·공업의 지식과 기술을 잘 배우고 또 대포와 군함을 쓰는 재주를 잘 배우면 그것이 힘이 되지 아니하겠소?

답 : 그렇습니다.

문 : 그러면 지식과 기술만 배우면 그만이지 인격이니 단결이니 하는 것은 무슨 소용이오?

답 : 인격이 건전치 못한 사람의 지식과 기술은 나라의 이익을 위하여서 쓰여지지 아니하고 도리어 나라에 해롭게 쓰여지는 일이 많습니다.

문 : 그런 시례가 있소?

답 : 오적 칠적은 다 무식한 자가 아니라 유식하고 유능자였습니다.

문 : 그러면 지식과 기능과 인격과는 어떠한 관계가 있다고 생각하오?

답 : 지식과 기능은 인격의 3요소 중의 하나입니다.

문 : 인격의 3요소는 무엇입니까?

답 : 덕(德)과 체(體)와 지(智)입니다.

문 : 덕이란 무엇이오?

답 : 도덕입니다.

문 : 도덕이란 무엇이오?

답 : 도(道)란 사람이 마땅히 좇아갈 길이요, 덕(德)이란 그 길을 걸어감으로 즉 실천함으로 생기는 정의(情意)의 경향·궤도, 다시 말하면 옳은 길을 즐겨하는 버릇과 힘인 것입니다.

문 : 그러면 그 덕의 중심이 되는 것, 근본이 되고 기초가 되는 것이 무엇이라고 O군은 믿으시오?

답 : 참이라고 나는 믿습니다.

문 : 참이란 무엇이오?

답 : 거짓이 없다는 것입니다.

문 : 거짓이란 무엇이오?

답 : 거짓말과 속이는 행실입니다.

문 : 거짓이 어찌하여 옳지 못한 것이오?

답 : 도에 어그러지므로.

문 : 거짓이 어찌해서 도에 어그러지오?

답 : 거짓이 도에 어그러지는 줄은 누구나 제 양심에 비춰보면 알 것입니다.

문 : 그렇소. 누구나 제 양심에 물어보면 거짓이 옳지 않은 줄을 알지요. 그렇지만 거짓이 있어서 안 될 이유는 무엇인가요?

답 : 거짓말을 하거나 남을 속이면 남이 나를 믿어주지 않지요.

문 : 남이 ㅇ군을 안 믿어주면 어찌해서 안 되오?
답 : 남이 나를 안 믿으면 아무것도 할 수 없습니다. 신용이 없이 무엇을 하겠습니까?
문 : 신용이 없고는 할 수 없는 일을 어디 꼽아보시오?
답 : 첫째로 장사도 안 됩니다.
문 : 신용 없는 사람은 장사가 안 되오?
답 : 신용 없는 사람에게 누가 자본을 대고 물건을 주겠습니까? 또 신용 없는 사람의 가게에 누가 물건을 사러 갑니까?
문 : 그러면 신용은 상업에 필요하구려?
답 : 절대로 필요합니다. 신용은 상업의 생명이라 하겠지요.
문 : 공업은 어떠할까요. 신용 없이 공업은 될까요?
답 : 상업과 마찬가지로 생각합니다. 신용 없는 공장의 제품은 상품 가치가 없을 것입니다.
문 : 공장이 있자면 무엇이 요건이 되겠소?
답 : 첫째는 공장주인, 즉 경영자가 거짓 없는 인격자라야 하겠습니다.
문 ; 그 다음에는?
답 : 기술자가 참된 사람이라야 합니다.
문 : 공장주인과 기술자만 참된 사람이면 그 공장은 신용 있는 공장이 되겠습니까?
답 : 그렇습니다.
문 : 직공은 거짓되어도 상관이 없겠소?
답 : 직공이 속이면 안 되지요.

문 : 그러면 경영자와 기술자와 직공이 다 참되어야 그 공장이 신용 있는 공장이 되겠소그려?

답 : 그렇습니다. 그중에 하나만 거짓되어도 그 공장의 제품은 믿을 수가 없습니다.

문 : 군은 어느 나라 제품을 안심하고 사시오?

답 : 독일 것, 미국 것.

문 : 우리나라 제품은 신용 못하시오?

답 : (쓴웃음을 지으며) 신용 못합니다.

문 : 어떤 나라의 상공업이 신용을 못 받고서 그 나라가 부(富)할 수 있겠소?

답 : 상공업에 신용 없이는 그 나라가 부할 수 없습니다.

문 : 우리나라에도 상공업이 필요하다고 생각하시오?

답 : 상공업의 진흥이 없이는 우리나라가 부할 수 없습니다.

문 : 상공업 능력이 없이 우리나라가 독립국가가 될 수 있을까요?

답 : 평생 외국 사람의 시장밖에 못 되겠습니다.

문 : 그러면 우리나라에 상공업을 발전시키는 길은 무엇이오?

답 : (웃으며) 무실(務實)운동이오, 2천만 민족이 참된 사람들이 되는 일입니다.

문 : 우리나라는 농업국이지요?

답 : 그렇습니다.

문 : 농업이야 '무실'을 안하기로 안 되겠소? 농민은 거짓이 있어도 상관이 없겠지요?

답 : 농민은 천지자연(天地自然)을 상대로 하니 천지자연이야 거

짓이 있으며 사람의 거짓에 속은들 하겠습니까? 거름 아닌 것을 거름이라 하고 주어도 곡식이 속지를 않습니다.

문 : 옳은 말씀이오. 그뿐 아니라 장차 우리는 농업도 세계시장을 상대로 하여야 하겠고, 세계시장에서 한국 사람이 만든 것이라면 곡식이나 과실이나 축산이나 채소나 계란이나 의심 없이, 에누리 없이 안심하고 기쁘게 사주도록 되어야 우리 농촌이 '부'할 것입니다. 마치 영국 사람이 정말(丁抹:덴마크) 것을 안심하고 환영하는 모양으로 우리 농산품이 환영을 받게 되어야 비로소 누리는 부한 나라가 될 것입니다.

답 : 동감이오.

문 : 그런데 우리 민족은 안으로는 서로 믿고 밖으로는 남의 믿음을 받고 있다고 생각하시오? 그렇지 못하다고 생각하시오?

답 : 안으로 서로도 못 믿고 남의 믿음도 못 받고 있습니다.

문 : 무엇을 믿고 그렇게 단정하시오?

답 : 사실이 그런 걸요.

문 : 사실이라니? 무슨 사실을 보고 우리 민족은 안으로 서로 믿지도 못하고 밖으로 남의 믿음도 못 받는다고 생각하시오?

답 : (말이 막힌다. 주위에서 방청하는 사람들도 눈이 둥그레진다.)

문 : 이것이라고 얼른 내어놓을 사실의 증거도 없이 어떻게 우리 민족이 안으로 서로도 못 믿고 밖으로 남의 믿음도 못 받는 민족 · 다시 말하면, 거짓된 민족이라고 단언하시오?

하고 위원은 10분간 휴식을 선언한다.

이것은 휴식하는 동안에 문답을 받는 이나 방청하는 이나 다 잘 생각하여 볼 기회를 주자는 것이었다. 문답은 다시 시작하였다.

문 : 우리 민족이 거짓이 많아 서로도 못 믿고 남의 믿음도 못 받는다는 사실을 생각해보셨소?
답 : 단결 안 되는 것이 그 한 실례(實例)인가 합니다.
문 : 어찌해서?
답 : 민중이 지도자를 안 믿고, 지도자끼리 서로 안 믿고, 민중끼리 서로 안 믿고 단결이 될 리가 없다고 생각합니다.
문 : 우리나라가 망하기 전에 백성이 정부를 믿었소?
답 : 안 믿었습니다.
문 : 왜 안 믿었을까요?
답 : 대신이나 수령방백이나 다 제 욕심만 채우고 나라와 백성을 생각하지 아니하였으므로.
문 : 그것이야 이기심이지 왜 거짓이오?
답 : 나라 일을 합네 하면서 제 일을 하니 거짓입니다.
문 : 그렇게 정부 관리들이 다 거짓을 하였고 그렇기 때문에 백성이 믿지 아니하였다는 것은 무엇으로 아시오?
답 : 만일 관리들이 거짓이 없었고 백성들이 나라를 믿었다면 나라가 망할 리가 없을 것입니다.
문 : 나라가 망한 것은 다 거짓 때문이라고 생각하시오?
답 : 이전에는 그렇게 생각하지 아니하였는데 이 '문답' 중에 그렇게 생각하게 되었습니다.
문 : 참이 큰 덕이요 거짓이 큰 악이겠지만, 그 때문에 흥망까지

야 달리겠소?

답 : 『중용(中庸)』에 성자(誠者)는 천지도야(天之道也)요 성지자(誠之者)는 인지도야(人之道也)라 하였고 또 불성(不誠)이면 무물(無物)이라 하였으니, 성이란 참이요 천지가 참으로 유지되어가니 한번 참이 깨어지면 천지는 즉각에 부서지리라고 생각해요. 모든 별들이 궤도를 감네 하고 딴 길을 가고, 시서(時序)가 어그러져 봄이 되는 척하고 겨울이 된다고 하면 천지는 파괴가 되고 혼란이 되리라고 생각합니다. 나라도 그와 같아서 모든 벼슬아치와 모든 백성이 다 참을 지키는 동안은 결코 망하지 아니할 것이요, 그와 반대로 그중에 어느 하나가 참을 버리고 거짓의 길로 가면 벌써 그 나라는 어지러워신다고 생각합니다.

문 : 옳소 옳소! 그러면 우리나라를 참나라로 만드는 길은 무엇이오?

답 : 거짓을 버리는 것입니다.

문 : 거짓을 버린다면 실제로는 어떻게 한단 말이오?

답 : 거짓말을 뚝 끊고 모든 거짓된 것을 일체 버리는 것입니다.

문 : 누가?

답 : 우리 민족이 다.

문 : 우리 민족이 2천만이나 넘는데 어떻게 그들이 거짓을 버릴 수가 있소? 또 누가 그들더러 거짓을 버리라고 명령은 하며, 그 명령을 듣기는 누가 듣겠소?

답 : 어려운 일이지요. 그러나 해야지요.

문 : 어떻게? 무슨 방법으로? 누가?

답 : (오랜 시간 말이 막힌다)

문 : (말없이 쳐다보고 있다)

답 : 이제 깨달았소.

문 : 말씀하시오.

답 : 내가 해야겠소. 내가 거짓을 버리고 참사람이 되어야겠소!

문 : ㅇ군이?

답 : 네.

문 : ㅇ군이 혼자서 오늘부터 거짓을 버리고 참사람이 된단 말씀이오?

답 : 네, 그밖에 길이 없다고 생각합니다.

문 : 그것은 확실하겠소? 조금도 의심이 없소?

답 : 나 하나가 거짓을 버리고 참사람이 되기도 극히 어려운 일이지만 그래도 내 말을 가장 잘 들을 사람은 나밖에는 없다고 생각합니다.

문 : 응, 그러면 ㅇ군은 이제부터 거짓을 버리고 ― 모든 거짓을 버리고 참으로 오직 참으로, 나갈 것을 결심하시오?

답 : 예, 결심합니다.

문 : 얼마동안이나 힘을 쓰면 ㅇ군이 완전한 참사람이 되어 티끌만한 거짓도 없어지리라고 생각하오?

답 : 완전히 거짓이 없고 참되게 되면 그것은 성인의 자리니 평생을 힘써도 어렵겠으나 불가능은 아니라고 믿습니다.

문 : ㅇ군은 우리 민족 2천만이 모두 성인의 자리에 이르기를 바

라오?

답 : 그렇습니다.

문 : 그러나 그것은 백년하청(百年河淸)을 기다리는 것이 아니겠소?

답 : 최후·최고의 목표가 성인의 자리지 거기에 이르는 도중에는 여러 단계가 있을 것이요만 목표에 가까워가면 갈수록 우리 민족의 힘은 커질 것입니다.

문 : 그러면 우리가 완전한 자주독립 국가를 지니고 남만 못하지 아니하게 살아가려면 최저 얼마만한 단계까지 우리가 참되게 되어야 하겠소? 너무 고원한 이상은 일반 백성에게는 망양(望洋)의 느낌을 주오.

답 : 쉽게 말하면, 영국 사람만큼 참되게 되면 영국만큼 우리나라를 만들 수 있다고 믿습니다.

문 : 꼭 그렇게 믿으시오?

답 : 그렇게 믿어집니다.

문 : 의심 없소?

답 : 추호도 의심 없습니다. 그러나 이것은 이 자리에서 깨달아진 생각입니다.

문 : 이상에 한 ㅇ군의 말씀 다 나와 동감이오. 나는 ㅇ군과 나와 또 우리 흥사단우와 이 문제에 대하여 생각이 같은 것을 대단히 기뻐하오. 그렇지만 이 모양으로 한 사람 한 사람 저를 고쳐가서 어느 천 년에 우리 민족이 거짓이 없고 참만 있는 민족이 되겠소? 일은 급한데, 독립은 어서 바빠 해야겠는데,

ㅇ군 이렇게 한 사람 한 사람 고쳐가는 방법보다 더 빠른 묘한 방법은 없겠소? 얼른, 직딱 직딱 우리나라가 독립도 되고 부강도 될 방법은 없겠소? 만일 그런 묘한 방법이 있다고 하면 흥사단과 같이 완만한 방법을 취할 필요가 없을 것이오. ㅇ군은 흥사단 약법을 다 읽으셨소?

답 : 예.

문 : 다 외우셨소?

답 : 예.

문 : 조목마다 다 깊이 생각해보셨소?

답 : 예, 깊이 생각해보느라고 하였으나, 오늘 문답을 받아보고야 비로소 흥사단의 뜻이 얼마나 깊은지 알아지는 것 같습니다. 사실 이처럼 깊은 줄은 몰랐었습니다. 나는 약법을 외우기까지 하였으니 흥사단을 잘 안다고 믿고 있었는데, 오늘 문답을 하여보니 내가 흥사단을 안 것은 피상(皮相)뿐이었다, 하는 것을 깨닫게 되었습니다.

문 : 예를 들면 어떤 것이오?

답 : 나라가 망한 근본 원인이 거짓에 있다는 것 같은 것.

문 : 또?

답 : 나라가 망한 책임자도 나요, 나라를 일으키는 책임자도 나라는 것 같은 것.

문 : 그렇게 생각하시오?

답 : 예. 그렇게 생각하게 되었습니다.

문 : 어찌하여서 나라가 망한 책임자가 ㅇ군이오? ㅇ군은 이완

용도 아니요, 이용구도 아니거든.

답 : 이완용·이용구로 하여금 그러한 일을 하게 한 것이 나입니다.

문 : 어찌하여서?

답 : 그들로 하여금 나라를 팔게 한 것이 우리 국민이니 나를 뺀 국민이 어디 있겠습니까? 그런데 나는 일본을 원망하고, 이완용을 원망하고, 우리 국민의 무기력함을 원망하고 심지어 우리 조상을 원망하였으나 일찍 한 번도 나 자신을 원망한 일은 없었습니다. 마치 모든 망국의 죄는 다 남에게 있고 나 하나만이 무죄한 피해자인 것처럼 생각하고 있었으니 이것이 책임전가가 아니고 무엇이겠습니까? 이것이 어리석은 일이 아니고 무엇입니까?

문 : 책임전가, 책임전가. 좋은 말씀이오. 그런데 O군이 나라를 일으키는 책임자라는 것은?

답 : 내가 참사람이 되고, 내가 애국자가 되고, 내가 평생에 광복을 위하여 일하는 자가 되면 반드시 광복은 오리라고 믿습니다. 이것은 이 자리에서 생긴 생각이지만 이 자리에서 깨달아진 것이지 이 자리에서 얼핏 난 생각은 아닙니다. 진리이니까, 진리를 보았으니까요.

문 : 우리나라의 주인이 누구요?

답 : (잠깐 주저하다가) 대한민국 임시정부.

문 : 대한민국 임시정부의 주인은 누구요?

답 : 대통령 이승만(李承晚).

문 : 대통령 이승만의 주인은 누구요?

답 : 대한국민, 우리 2천만 민족.

문 : 대한국민, 우리 2천만 민족은 누구요?

답 : 우리들 모두.

문 : 우리들 모두란 누구요? 대한국민이 나서라 하고 하나님께서 부르신다면 '예' 하고 나설 자가 누구요?

답 : (말이 막혔다)

문 : 나는 나 안창호라고 대답하오.

답 : (놀라서 도산을 바라본다. 그제야 깨달은 듯이) 예, 나 ㅇㅇㅇ요.

문 : 그렇소. 우리 대한 사람은 남자나 여자나 저마다 다 대한 국민이요, 저마다 다 대한의 주인이요, 대한민국 임시정부의 주인이요. 이승만 대통령은 우리가 뽑아서 우리의 대표로 우리의 지도자로 내세웠소. 우리는 그에게 이러한 법률에 의하여 이러한 일을 하여 달라고 부탁하였고, 그는 그러마하고 서약하였소. 그 '우리'라는 것은 곧 나요, 우리라는 말이 심히 좋은 말이거니와 이 말을 책임전가나 책임회피에 이용하는 것은 비겁한 일이요. 책임에 대하여서는 내 것이라 하고 영광에 대하여서는 우리 것이라 하는 것이 도덕에 맞는 언행이오. 그러면 ㅇ군, 대통령이 내게 복종할 것이오 내가 대통령에게 복종할 것이오? 대통령이 높소 내가 높소?

답 ; 대통령은 우리의 법과 우리의 여론에 복종하고 나는 대통령의 명령과 지도에 복종합니다. '우리'일 적에 우리는 대통령보다 높고 '나'일 적에 나는 대통령보다 낮다고 생각합니다. 우리 대통령으로는 우리가 감시하고 내 대통령으로는 내가 애경(愛敬)하오.

문 : ㅇ군이 흥사단에 입단하기를 원하시니, 흥사단의 주인은 누구요?

답 : 나요.

문 : 흥사단이 잘되지 아니할 때에 그 책임자가 누구요?

답 : 나요.

문 : 분명히 그렇소?

답 : 분명히 그렇다고 생각합니다. 내가 할 일, 내가 할 수 있는 모든 일을 다하고도 흥사단이 잘 안 된다면 몰라도.

문 : 그때에는 다른 사람의 잘못이라고 책임을 돌리겠소?

답 : 제 힘을 다 쓴 이상에야 어찌해요?

문 : ㅇ군이 있는 힘을 다하여도 흥사단이 망할 수 있겠소?

답 : 나 혼자 어찌해요? 다른 단우들이 다 떨어져 나간다면 할 수 없다고 생각합니다.

문 : 그렇다면 흥망의 주인이 다른 단우들이지 ㅇ군 자신은 아니란 말이로구려?

답 : (대단히 거북한 표정으로) 그러면 어찌하면 좋겠습니까?

문 : ㅇ군이 분명히 흥사단의 주인일 것 같으면 할 도리가 있지 아니하겠소?

답 : (그제야) 예, 내가 있는 동안 흥사단은 없어지지 아니할 것이요.

문 : 어떻게?

답 : 나 혼자 흥사단을 맡아가겠습니다.

문 : 혼자서 무슨 단체요?

답 : 가는 동지는 보내고 새 동지를 맞아들이지요.

문 : 새 동지를 못 얻으면?

답 : 못 얻을 리가 없다고 생각합니다.

문 : 어찌해서?

답 : 흥사단의 주의가 진리니까. 또 내가 표본이 되니까. 또 우리 나라, 우리 민족이 멸망할 수 없으니까.

문 : 진리면 반드시 따를 자가 있을까?

답 : 진리를 찾는 자는 언제나 반드시 있다고 믿습니다. 구불도자 궁겁부진(求佛道者窮劫不盡)이라고 하였소.

문 : 동감이오. 진리는 반드시 따르는 자가 있고 정의는 반드시 이루는 날이 있다고 나는 믿소.

답 : 나도 그것을 믿습니다.

문 : 우리나라의 독립과 우리 민족의 번영도 ㅇ군과 나와 하려고만 하면 반드시 이루어질 날이 있다고 나는 믿는데, ㅇ군은 어떻게 생각하오?

답 : 나도 믿습니다.

문 : 너도 믿고 나도 믿자. 너도 일하고 나도 일하자. 너도 주인이 되고 나도 주인이 되자. 공(功)은 '우리'에게로 돌리고 책임은 '내'게로 돌리자. 이 길밖에는 우리나라, 우리 민족을 구원할 길이 없다고 믿어서 우리가 흥사단으로 모였는데 ㅇ군

은 어떻게 생각하시오?

답 : 나도 그러한 사람 하나가 되려고 결심합니다.

문 : 수양의 목표를 어디다 두시오?

답 : 터럭끝만 한 거짓도 없는 인격자가 되는데 목표를 둡니까?

문 : 터럭끝만 한 거짓도 없는 지경에 도달한다면 성인이 아니겠소?

답 : 성인 지경까지를 목표로 삼고 나가겠습니다.

문 : 만일 ㅇ군 자신이나 또는 동지 중에 거짓을 다 떼어버리지 못한 때에 어찌하겠소?

답 : 떼려떼려하는 노력만 계속하면 동지로 보겠습니다.

문 : 거짓 없는 참인격이 되면 우리 수양은 끝난 것일까요? 거짓 없는 것 이외에 또 힘쓸 것이 있다고 보시오?

답 : 무실(務實)이 중심이거니와 역행(力行)·충의(忠義)·용감(勇敢)의 정신도 수양하여야 비로소 완전한 인격이 되겠습니다.

문 : 역행이란 무슨 뜻이오?

답 : 행을 힘쓴단 뜻입니다.

문 : 행은 왜 힘써야 합니까.

답 : 아무리 옳은 것을 알더라도 행함이 없으면 아니하는 것과 다름이 없겠습니다.

문 : 우리 민족은 역행하는 민족이요?

답 : 역행이 부족하다고 봅니다.

문 : 무엇을 보고 우리 민족이 역행이 부족하다고 생각하시오?

답 : 역행이 있었으면 무엇이나 이뤄진 것이 있었을 터인데 아무 남은 것이 없으니 역행이 부족하였다고 생각합니다.

문 : 우리 민족이 충군 · 애국의 이치를 알았던가요?

답 : 알았습니다.

문 : 우리 민족이 충군 · 애국을 하였던가요?

답 : 충군 · 애국을 알기는 저마다 알았어도 그것을 행한 사람은 극소수라고 생각합니다.

문 : 역행의 반대가 무엇인가요?

답 : 공상과 공론이오.

문 : 우리 민족이 공상과 공론을 많이 하였나요?

답 : 조선의 모든 '당쟁'은 공론에서 온 것이라고 생각합니다.

문 : ㅇ군, 그대는 역행가요? 공론가요?

답 : 나도 역행보다 공론이 많았습니다.

문 : 예를 들면?

답 ; 몸이 약하니 체육을 힘써야 되겠다 하면서도 실행을 못하고, 내 몸과 거처를 정결하게 하여야 되겠다고 하면서도 그것을 못하였습니다.

문 : 이로부터는 어찌할 생각이오?

답 : 이로부터 한 가지 한 가지 옳다고 생각하는 것은 실행을 하려고 합니다.

문 : 옳은 줄 알면서도 실행 못한 것이 없게 되자면 ㅇ군은 몇 해나 수양을 해야 된다고 생각하시오?

답 : 이미 이뤄진 악습을 떼어버리고 새로운 좋은 습관, 즉 덕을

쌓는 것은 평생의 사업이라고 생각합니다.

문 : 평생에 수양만 하고 일은 언제 하려오?

답 : 수양한다는 마음을 잃지 아니하면 일상생활의 모든 행실이 모두 다 수양이오. 수양은 따로하고 수양이 끝난 뒤에 나라 일을 한다고는 생각지 아니합니다.

문 : 수양만은 나라 일이 못 될까?

답 : 저 혼자 수양만 한다는 것이야 저 개인의 일이지 무슨 나라 일이 되겠습니까?

문 : 우리 민족 중에 잘 수양한 건전한 인격 하나가 있는 것과 없는 것이 우리 민족의 힘에 얼마나 상관이 될까?

답 : 우리 민족 중에 참으로 건전한 인격이 하나만 있어도 그만큼 우리 민족의 힘이 늘었다고 생각합니다.

문 : 어떤 모양으로?

답 : 첫째, 건전한 인격을 가진 사람은 저 맡을 직분을 잘하겠으니 그만큼 힘이요, 둘째로 그러한 건전한 인격자는 여러 사람의 숭앙을 받아서 큰 지도자가 되겠으니 민족의 힘이 늘었고, 셋째는 한 건전한 인격이 본이 되어 여러 사람이 그 감화로 본을 받겠으니 민족의 힘이라고 생각합니다.

문 : 지금 예수교인이 얼마나 되오?

답 : 전 세계를 다 치면 각 교파를 다 합해서 수억 명이 된다고 합니다.

문 : 이 수억은 최초에 몇 사람에서 시작되었소?

답 : 예수 한 분에서 시작되었습니다.

문 : 우리 민족은 몇 명이나 되오?

답 : 대개 2천만이라 합니다.

문 : 2천만 우리 민족을 모두 무실 · 역행하는 민족으로 변화할 수 있겠소?

답 : 있다고 믿습니다.

문 : 어떠한 방법으로?

답 : 내가 한 건전한 인격자가 됨으로.

문 : 확실히 그렇다고 믿으시오?

답 : 조금도 의심 없습니다. 꼭 되리라고 믿고, 안 될 일은 없다고 믿습니다.

문 : 그렇지만 ㅇ군이 중간에 마음이 변하여버리면 어찌하오? 그리되면 건전 인격의 본이 끊어지고 말지 않소?

답 : 나는 중간에 변하리라고는 생각하지 않습니다.

문 : ㅇ군은 변하지 않더라도 만일 ㅇ군이 세상을 떠난다면 그때에는 건전 인격의 본이 없어지고 그 운동이 끊어지지 아니하겠소? 그런 일이 없게 하려면 어떻게 하여야 좋겠소?

답 : 내가 죽으면 다른 동지가 있지요.

문 : 동지도 죽으면?

답 : 또 다른 동지가 있겠지요.

문 : 확실히 동지가 끊어지지 않게 하는 확실한 방법이 필요하지 않을까요?

답 : 확실히 동지가 끊어지지 아니할 확실한 방법이 필요합니다.

문 : 왜 그것이 필요할까요?

답 : 흥사단의 이 사상과 방법이 아니고는 우리 민족이 재생 부흥할 길이 없으니까.

문 : 그러면 흥사단의 이 사상과 실천방법이 결코 끊어지지 아니하도록 그것을 영구화(永久化)하는 방법이 무엇이겠소?

답 : 책으로 써놓는 것일까요?

문 : 그렇소. 책으로 써놓는 것이 한 방법이오. 모든 책은 인류의 모든 선인들의 좋은 생각을 우리에게 전하는 보물이오. 흥사단의 생각도 책으로 전하여야 하지요. 그러나 그밖에 다른 방법은 없을까요?

답 : 출판하는 이외에 강연 · 담화 등이 있겠지요.

문 : 그것도 다 어떤 생각을 전하는 방법이오. 그밖에 또 무엇일까요?

문 : 신문, 잡지……

문 : 그 신문, 잡지, 연극, 영화도 다 그 방법이겠지요. 그밖에는 없을까요. 어떤 사상을 널리 펴고 또 영구하게 하는 방법이?

답 : 몸소 실행으로, 생활로 하는 선전이 가장 유력할 것 같습니다.

문 : 옳소. 백(百)의 논설보다 일(一)의 실물이 더 유효하겠소. 무실 · 역행하는 한 사람이 무실 · 역행을 말하는 100사람보다 더 감화력이 있습니다. 그러나 그밖에는 다른 방법이 없겠소.

답 : 동지가 한데 뭉쳐 단결하는 것일까요?

문 : 단결이 왜 좋을까요?

답 : 자연인은 수명이 짧아도 단결의 수명은 기니까.

문 : ㅇ군은 우리나라에 수명 긴 단결을 보신 일이 있소?

답 : 생각이 나지 않습니다.

문 : 3년 가는 동사(同事) 없다는 것이 우리나라 속담이오. 우리 나라에서는 아직 3년 이상을 계속한 단결이 없습니다. 그러니 그런 단결을 어떻게 믿겠소?

답 : 그러니까 홍사단에서는 신성단결(神聖團結)이라고 하였나요?

문 : 그렇소. 우리는 변치 않고 깨어지지 않는 단결이란 뜻으로 '신성단결'이라고 이름을 지었소. 단결이 변치 않고 깨어지지 아니하려면 무슨 조건이 있어야 한다고 생각하시오?

답 : 첫째로 단결의 주지가 의(義)나 이(理)에 맞아야 한다고 생각해요.

문 : 우리 홍사단은 이를 목적으로 하는 단결이오, 의를 목적으로 하는 단결이오?

답 : 홍사단은 의를 목적으로 하는 단결이라고 생각합니다.

문 : 의란 무엇이오?

답 : 옳은 일이란 뜻이오.

문 : 옳은 일이란 무엇이오?

답 : 양심에 어그러지지 않는 일이란 뜻입니다.

문 : 양심에 어그러지지 않는 일이란 어떤 일이오?

답 : 선(善)·정의(正義)란 뜻이오.

문 : 선·정의란 무슨 뜻이오.

답 : 저 한몸의 욕심대로 하지 아니하고 남을 위하여서 하는 것을 '선'이요 '정의'라고 합니다.

문 : 왜 저를 위하는 것은 옳지 아니하고 남을 위하는 것이 옳소?

답 : (말이 막힌다)

문 : 대관절 ㅇ군이 가장 일생의 소원으로 삼는 것이 무엇이오?

답 : 우리 민족의 부흥입니다.

문 : 왜 우리 민족의 부흥으로 소원을 삼으시오? 개인의 성공과 행복도 있겠고, 또 세계 인류 전체를 위해서 일하는 것도 있겠는데, ㅇ군은 왜 하필 편협하게 조선민족의 부흥만을 원하시오?

답 : 왜 하필 내가 조선민족만을 사랑하는지 생각해 본 일이 없습니다. 그저 내가 내 몸을 사랑하는 모양으로 본능적으로 조선민족을 사랑합니다.

문 : ㅇ군은 어느 나라 사람이오?

답 : 대한 나라 사람이오.

문 : 대한은 벌써 망하고 없지 않소?

답 : 그래도 나는 대한 나라 백성이오.

문 : 세계에서 가장 영광스러운 나라가 어느 나라요?

답 : 영국, 미국 이러한 나라입니다.

문 : ㅇ군은 왜 영국 사람이 안 되시오?

답 : 그것은 될 수 없습니다. 그야말로 운명입니다.

문 : ㅇ군은 지금 영국 사람이나 미국 사람이 될 수 있다면 대한 사람을 탈퇴하여서라도 되기를 원하오?

답 : 될 수도 없거니와 그것을 원하지도 아니합니다.

문 : 왜?

답 : 나는 대한 사람이니까. 내 조상들이 대한 나라에 살았고 대한 사람으로 죽어서 대한 나라 흙에 묻혔으니까요. 내가 대한의 비와 이슬을 받아서 나고, 자라고, 대한에 친척과 친우가 있고, 대한 말을 하고 대한 글을 쓰고 — 나는 대한 사람이니까요.

문 : 우리 민족이 다 천하거든 ㅇ군 혼자서 귀할 수 있겠소?

답 : 없습니다.

문 : ㅇ군을 사랑하여서 ㅇ군의 말을 듣고 ㅇ군의 도움을 바라는 이가 누구요?

답 : 조선 민족입니다.

문 : 그러면 ㅇ군의 평생소원, 평생사업이 무엇이오?

답 : 우리 민족이 잘살게 되도록 힘쓰는 일이오.

문 : ㅇ군이 의인이라면 어떠한 일을 하는 사람이 되어야 하겠소?

답 : 우리 민족이 잘살게 되도록 하는 일에 평생을 바치면 나는 의인이 될 것입니다.

문 : ㅇ군이 의인이 아니라는 말을 어떠한 경우에 듣겠소?

답 : 내가 민족이 잘살게 할 일을 헐거나 또는 민족이 잘살게 되는데 아무 상관없는 일로 일생을 보낸다면 나는 의인이 아니라고 할 것입니다.

문 : 그러면 다시 묻겠소. 흥사단은 의를 목적으로 하는 단결이라 하니, 의란 무엇인가요?

답 : 이제야 분명하여졌습니다. 의란 민족을 위하는 일입니다.

문 : 불의란 무엇이요?

답 : 불의란 민족을 해치는 일, 또는 민족을 위하지 아니하는 일입니다.

문 : 의와 불의를 그렇게만 생각하면 너무 천박하지 아니하오? 선악이니, 정사(正邪)니, 의니 불의니 하면 좀 더 높고 먼 철학적 의의가 있지 아니하겠소?

답 : 나는 아까까지는 그렇게 생각하였는데 지금 깨닫고 보니 우리 민족을 위하는 것은 선이요, 정이요, 의요 그와 반대로, 우리 민족을 해하거나 또는 우리 민족을 위하지 아니하는 일은 악(惡)이요, 사(邪)요, 불의(不義)라고 생각합니다.

문 : 조금도 의심 없이 분명히 그렇게 믿으시오?

답 : 추호의 의심도 없이 확실히 그러하다고 믿습니다.

문 : 그러면 다른 민족이나 세계 인류는 무시하는 것이 안 되겠소? 제 민족만 사랑하고 제 민족만 위한다는 것이 너무 민족이기주의에서 침략주의가 되지 않겠소?

답 : 나는 그렇게 생각하지 아니합니다. 나 한몸이 건전 인격이 되는 것이 곧 우리 민족 전체의 힘이 되고 복이 되는 것과 같이, 우리 민족의 나라를 선의 나라, 정의의 나라로 완성하는 것이 곧 세계 인류의 복이라고 생각해요. 어떤 민족이 그 물욕과 권력욕을 내버려둘 때에만 침략주의가 되는 것이지, 이 사사 욕심이 없으면 그 나라가 부강하게 되면 될수록 인류의 복이 되지 결코 화가 되지 아니한다고 믿어요. 우리는 우리 민족의 나라를 이러한 나라로 만들어야 한다고 생각합니다.

문 : 동감이오. 그렇지만 우리와 같이 이렇게 독립도 없고 부력

도 없고, 또 아까 우리가 토론하여서 서로 공명한 바와 같이 거짓이 많고 실행이 적고, 또 단결력도 없고 한 약소민족이 그러한 훌륭한 나라를 건설할 수가 있을까요? 그것 또한 공산 · 공론이 아닐까요? 우리마저 공상 · 공론을 하는 무리가 아닐까요?

답 : 우리 민족은 현상으로 보면 과연 극악 · 극빈 · 극천 그리고 아마 극우(極愚)한 민족일 것이오. 그러나 우리 중에 흥사단 사상이 발생하고 또 실행되기 시작하였으니 반드시 우리 목적 · 즉 우리 민족을 세계에 가장 무실 · 역행 · 충의 · 용감하고, 가장 덕과 지와 체가 우수하고, 가장 부와 문화가 뛰어난 민족을 만드는 일이 반드시 실현되리라고 믿습니다.

문 : 누가 그 일을 하겠소?

답 : 흥사단이.

문 : 흥사단은 누가?

답 : 내가, 그리고 우리 동지가.

문 : ㅇ군이 흥사단의 중심인물이 되겠소?

답 : 내가 흥사단 중심인물이 되고 안 되는 것은 나의 인격 여하와 동지들의 내게 대한 신임 여하에 달렸지만, 나 혼자만 남는 한이 있다 하더라도 흥사단은 지켜갈 것이니 내가 흥사단의 주인인 것은 변할 리가 없습니다.

문 : (만족한 듯이 고개를 끄덕끄덕한다) 왜 ㅇ군 혼자서 우리나라를 부흥시키지 아니하고 흥사단에 들어와서 하려고 하시오? 남의 만들어놓은 단체에 ㅇ군만 한 명사가 이 모양으로 입

단문답을 하고 들어온다는 것이 체면상 수치가 아니오?

답 : 부끄러운 말씀이지만 미상불 그런 생각도 있었소.

문 : 그런데 왜 입단을 하려고 하시오?

답 : 이 일은 혼자는 못할 일이오. 여럿이 뭉쳐서 할 일이므로.

문 : 혼자서는 안 될까요?

답 : 안 됩니다.

문 : ㅇ군이 평생을 몸으로 모범이 되어서 힘쓰면 그만이지 단결은 하여서 무엇하오?

답 : 아까 말씀대로 개인의 생명은 한이 있으므로.

문 : 단결을 이뤄서 하면 무슨 이익이 있을까요?

답 : 첫째로 수명이 무한히 길 수 있고.

문 : 또 무슨 이익이 있을까요?

답 : 여럿이 한 목적으로 일을 하니까 큰 힘을 낼 수가 있습니다.

문 : 큰 힘? 큰 힘은 무엇에 쓰자는 것이오?

답 : 작은 일이면 작은 힘으로 되지만 큰일은 큰 힘으로만 되니까요.

문 : 꼭 그런가요? 꼭 그렇다고 믿으시오?

답 : 꼭 그렇다고 믿습니다.

문 : 기회만 잘 만나고 계략과 수단만 좋으면 작은 힘으로 큰일을 할 수 있을 것이 아니오?

답 : 회나 수단이 작은 힘을 크게 하는 힘이 있지만 원체 작은 힘으로는 아무리 기회나 계략이나 수단이 좋더라도 어떤 한도 이상의 힘을 증가할 수는 없습니다.

문 : 사람의 힘을 크게 하는 법이 무엇이오?

답 : 지식과 기계를 쓰면 큰 힘을 낼 수가 있습니다.

문 : 또 무슨 방법이 있소?

답 : 단결이오.

문 : 세상에는 어떠한 단결이 있소?

답 : 종교단체도 있고 정치단체도 있고 문화단체도 있고 또 혁명단체도 있고.

문 : 또 무슨 단체가 있나요?

답 : 큰 자본의 힘을 내기 위하여서는 각종 회사도 있고.

문 : 또 무슨 단체가 있소?

답 : 군대도 한 단체요, 국가도 한 단체겠지요.

문 : 기독교회라는 단체가 없이 기독교가 1,900여년이나 내려오고 또 이만큼 많은 신자를 가지고 이만큼 사업을 할 수가 있었을까요?

답 : 없었겠습니다.

문 : 중국 인구가 4억이나 되는데 지금은 비록 쇠하였지만 그래도 세계에서 문화 높고 유력한 민족이오, 그런데 국가의 조직 없이 이 민족이 이만한 문화를 가지고 4천 년간 이만큼 계속하고 번창할 수 있었을까요?

답 : 국가라는 조직이 없었다면 문화도 생기지 못하였으려니와 생존도 유지하지 못하였으리라고 생각합니다.

문 : 우리 민족은 국가 없이 문화와 생명을 보존할 수 있다고 생각하오?

답 : 국가 없이는 민족도 멸망한다고 생각합니다. 지구상에 국가 없이 창성하는 민족은 하나도 없습니다.

문 : 그런데 우리는 나라가 없구려?

답 : 망국민이 된 지 어언간 10년이나 되었소.

문 : 언제나 우리에게 다시 나라가 있으리라고 생각하시오?

답 : 우리에게 독립국민이 될 실력이 생긴 때에야 우리에게 독립한 국가가 있으리라고 생각합니다.

문 : 그러면 이번 독립운동은 허사란 말이오?

답 : 허사는 아니지요. 동포가 흘린 한 방울 피도 헛되이 되는 일은 없다고 믿습니다.

문 : 그러면 이번 독립운동의 소득은 무엇이라고 보시나요?

답 : 첫째로 민족의식을 각성시켰고, 둘째로 독립의 의사를 내외에 표명하였고, 셋째로 실력이 없이는 아무리 좋은 기회가 있더라도 쓸데없다는 것을 깨달았습니다.

문 : 그러니 우리 민족에게 독립의 실력이 언제나 생기오?

답 : 100년, 1,000년이 걸리더라도 독립실력이 생기는 날이 독립이 완성되는 날이라고 생각할 수밖에 없습니다.

문 : 그날이 너무 오래 걸린다면 동포들이 낙심하지 않겠소?

답 : 확실한 희망과 확실한 방법만 믿으면 낙심이 안 되리라고 생각합니다. 더욱이 조금씩 우리의 힘이 늘어가는 것이 눈에 보이면 동포의 희망이 더욱 커지리라고 믿습니다.

문 : 우리에게 완전한 독립의 영광의 날이 저절로 올 수 있으리라고 생각하시오?

답 : 저절로는 올 수 없지요. 우리가 그날이 오게 하도록 힘을 써야만 올 것입니다.

문 : 어떻게 힘을 쓰는 것이 우리에게 독립의 영광의 날이 오게 하는 길이 되겠소?

답 : 흥사단을 힘 있게 하는 일이오.

문 : 그까짓 흥사단, 1개 작은 단체에 국가흥망의 운명이 달릴 수가 있겠소. 흥사단은 정치단체도 아니요, 독립운동하는 혁명단체도 아니고 아직 100명 내외의 단우를 가진 수양단체에 불과하거늘, 이 흥사단이 그처럼 우리 민족의 운명을 좌우할 수가 있겠소?

답 : 글쎄요, 그렇게도 생각이 됩니다만 그래도 그 길밖에는 다른 길이 없는 것 같아요. 역시 한 사람씩 한 사람씩 완전한 국민이 되도록 수양하면서 그 사람들이 굳게 단결하여서 전 국민을 다 건전한 국민이 되도록 힘쓰는 길밖에는 없을 것 같습니다.

문 : 동감이오. 우리들도 그렇게 믿고 이 흥사단을 조직하였소. 지금 그대가 단결이란 말씀을 하였으니 단결이라는 것이 그렇게 필요하겠소?

답 : 필요합니다.

문 : 얼마나?

답 : 절대로 필요합니다.

문 : 왜, 그다지 절대로 필요하오?

답 : 큰일은 큰 힘으로야만 할 수 있고, 큰 힘은 큰 단결에서만

생기므로.

문 : 우리 흥사단이라는 단결이 할 일은 무엇인가요?

답 : 우리 민족 전도대업(前途大業)의 기초를 준비함이라고 악법에 써 있지요.

문 : 전도대업이라니 무엇인가요?

답 : 힘 있고 영광 있는 독립국가를 완성하는 일이오.

문 : 기초란 무엇인가요?

답 : 기초란 터와 주추란 말입니다.

문 : 터와 주추가 무엇에 필요한가요?

답 : 집을 짓는 데 필요하지요.

문 : 기초 없이는 집을 못 짓나요?

답 : 기초 없는 집이 어디 있겠습니까?

문 : 나라의 기초는 무엇인가요?

답 : 국토와 국민이오.

문 : 우리나라에는 국토와 국민이 있소, 없소?

답 : 국토는 다른 나라의 영토가 되고 국민은 다른 나라의 노예가 되었습니다.

문 : 무슨 이유로 우리 국토와 우리 국민이 제 나라를 잃고 남의 노예가 되었소?

답 : 나라를 지킬 육·해군의 병력이 없어서 그렇게 되었습니다.

문 : 왜 병력이 없었나요?

답 : 경제력이 없는 까닭이오.

문 : 왜 경제력이 없었소?

답 : 산업이 발달되지 못하여서.

문 : 왜 산업이 발달되지 못하였소?

답 : 자연과학이 발달되지 못하여서.

문 : 자연과학은 왜 발달되지 못하였소?

답 : 교육이 없어서.

문 : 왜 교육이 없었소?

답 : 국가에서 교육 시설을 아니하고 교육 장려를 아니하여서.

문 : 왜 교육을 안 힘썼소?

답 : 정치가 나빠서.

문 : 정치가 왜 나빴소?

답 : 정치가들이 나빠서.

문 : 정치가가 나쁘다는 것은 어떤 것을 이름이오?

답 : 정치가가 나라 일을 생각하지 아니하고 사리사욕을 앞세우므로.

문 : 정치가가 왜 나라 일을 생각하지 아니하고 사리사욕을 앞세웠소?

답 : 당파싸움을 하느라고.

문 : 당파싸움은 왜 하였소?

답 : 제가 정권을 잡으려고.

문 : 정권은 무엇하러 잡으려고 욕심을 내오? 나라를 위하여서? 저를 위하여서?

답 : 나라 일을 위하여서 하는 당파싸움이면 나라가 망할 수 없겠지만 저와 제 당파만을 위하는 것이기 때문에 나라가 망

해요. 정권을 탐내는 목적이 적의 당파를 섬멸하고 국가를 자파의 낭중물(囊中物)을 만들려고 하는데 있었으므로 나라가 망하였습니다.

문 : 우리나라에 그런 싸움이 있었던가요?

답 : 있었지요. 조선 500년 역사가 당파싸움의 역사니까요.

문 : 어디 그 대강을 말해보시오.

답 : 조선 초기에는 불교에 대한 유교의 파쟁이니, 이것은 세종·세조 때에 격렬하다가 중종·명종 때에 이르러 유교의 독천(獨擅)으로 끝을 막고, 이 파쟁으로 약해진 국력이 임진왜란과 병자호란을 이끌어 넣은바 되었고, 중종 때부터 이른바 사화(士禍)란 것으로 발달한, 같은 유교도끼리 동서(東西)·노서(老小)·남북(南北)의 추한 투쟁은 조선 500년을 끝으로 막아버리고 말았습니다. 그들은 오직 당쟁에만 눈이 뻘개서 교육도, 산업도, 치산치수도, 군비도 다 돌아보지 아니하고 오직 적을 죽이고 저를 보존하기에 눈이 뻘갰을 뿐이지요.

문 : 조선말에는 당쟁이 없었던가요?

답 : 있었지요. 갑신에는 김옥균 등의 독립당과 민(閔) 일족의 사대당이 싸웠고, 또 청일전쟁 당시에는 친일파와 친청파, 러일전쟁 당시에는 친일파와 친러파가 있습니다.

문 : 망국이 된 뒤에는 당쟁이 없었나요?

답 : 불행하게도 있었다고 봅니다.

문 : 어떤 당쟁이 있었소?

답 : 같은 애국자 중에도 기호파(畿湖派)니, 서북파(西北派)니, 교남파(橋南派)니 하는 알력이 있고 또 개인 영수를 중심으로 수야파(誰也派), 모야파(某也派) 하는 불화가 있는 것같이 생각됩니다.

문 : ○군, 어떻게 생각하오? 당파라는 것이 하나도 없기를 바라오?

답 : 당파가 하나도 없고 국민 전체가 한 당이 되는 것이 이상이겠지만 주의와 정견을 달리하는 당파일진대 있어도 좋을 뿐더러 또 그러한 당파면 있는 것이 서로 자극하여 이익도 되리라고 믿습니다.

문 : 그러면 ○군은 어떠한 당파를 배격하시오?

답 : 주의를 중심으로 하지 아니하고 이해를 중심으로 한 당파는 소인의 당파요, 혹은 지방 감정 혹은 계급 감정을 이용하여서 민중의 열등 감정인 편벽과 증오와 질투의 감정을 도발하여 제 이해와 불합(不合)하는 딴 사람, 딴 당을 중상·모해하는 그러한 당파는 더 악당이오, 또 비록 주의를 중심으로 한 당파라 하더라도 그 실현방법이 목적을 위하여서는 수단을 아니 가린다 하는 것 같은 것도 옳지 아니한 당파라고 생각합니다.

문 : 그렇게 폐해 많은 당파일진대 차라리 없는 것이 좋지 않겠소? 아무 당에도 아니 들면 그 싸움에 섞이지 아니할 것 아니오? ○군은 그런데 왜 흥사단이라는 당에 가입하려 하시오?

답 : 아무 당에 아니 들면 내 신세는 편하지요. 그러나 그것은 독선기신(獨善其身)이 아니오?

문 : 독선기신은 옳지 아니한가요?

답 : 저마다 독선기신을 하려 들면 광복사업은 못합니다.

문 : 왜?

답 : 광복사업은 대사업이오. 대사업을 하는 데는 큰 힘이 필요하고 큰 힘을 내는 길은 많은 동지를 모아서 큰 단결을 짓는 것이 필요하기 때문에 옳은 주의로 옳은 동지를 많이 모아서 속히 큰 단결을 만드는 것이 광복의 대업을 여는 유일한 길이라고 믿습니다.

문 : 옳은 주의의 큰 단결이 없으면 어떠한 결과가 생길까요?

답 : 옳지 아니한 주의의 천하가 되리라고 생각합니다.

문 : 옳은 주의의 단결이 있었다면 우리나라가 망하지 아니할 수 있었겠소?

답 : 그렇습니다.

문 : 흥사단은 정치단체가 아니오. 일개 수양단체인데, 일개 수양단체 따위가 아무리 크기로 어떻게 광복사업을 성취하고 또 옳은 정치를 할 수가 있겠소?

답 : 수양한 건전한 인격자가 많이 생기면 그들이 정치가도 되고 교육가도 되고 실업가도 되어서 건전한 국가를 이룰 수 있다고 믿습니다. 건전한 국민이 많은 나라에서는 부정한 개인이나 당파가 쓰일 일이 없을 것이니, 국민을 건전히 하는 것이 국가를 건전케 하는 기초라고 믿습니다.

문 : 그러하더라도 흥사단을 수양 겸 정치단체로 하는 것이 좋지 아니할까요. 수양이란 청소년이나 할 것이지 점잖은 신사숙녀

가 수양단체에 가입한다는 것이 체면상 어떠할까요?

답 : 수양이 다 끝난 사람이란 있을 수 없습니다. 평생을 수양하더라도 오히려 족하지 못하다고 생각합니다. 만일 나는 점잖은 사람이니 수양단체에 가입하는 것이 체면상 좋지 못하다고 생각하는 이가 있다고 하면 그는 증상만(增上慢)이오, 그야말로 크게 수양할 필요가 있다고 생각합니다.

문 : ㅇ군이 흥사단에 들어오는 것은 ㅇ군 개인만의 수양을 위해서요, 또는 ㅇ군도 수양하고 남도 수양하게 하겠다는 뜻이오?

답 : 내가 수양단체인 흥사단에 들려고 하는 것은 첫째로 내가 수양하고, 둘째로 남도 수양케 하려는 뜻입니다.

문 : ㅇ군이 흥사단에 들어오는 것이 어찌하여서 남도 수양케 하는 일이 되오?

답 : 내가 흥사단우가 되어 흥사단 표를 붙이고 다님으로 나를 아는 사람도 흥사단에 들어올 마음이 생기게 됩니다.

문 : 그거뿐일까요?

답 : 내가 세상에 좋은 사람이 됨으로 흥사단의 이름이 빛나서 많은 사람을 흥사단으로 끌어들일 수 있으니까.

문 : 그것뿐일까요?

답 : 흥사단에서 하는 여덟 가지 사업을 하여서 널리 동포에게 수양의 길을 주므로.

문 : ㅇ군이 입단을 아니하면 흥사단이 유지가 못되고 8대 사업이 실현되지 못하겠소?

답 : 그야 나 하나 없더라도 흥사단은 유지되고 8대 사업이 실현되겠지요.

문 : 그럴까요?

답 : 예

문 : ㅇ군 하나 물러나더라도 우리나라가 광복이 되겠소?

답 : 예, 나 하나가 무엇이길래.

문 : 2천만 동포가 저마다 그렇게 생각하면 나라가 어찌되겠소?

답 : (쓴웃음을 짓는다)

문 : 그것이 가장 중요한 점이라고 나는 생각하는데 ㅇ군 생각은 어떻소?

답 : 나는 겸손한 뜻으로 그렇게 말을 하였습니다.

문 : 어찌하여 그것이 겸손이 되오? 무거운 짐을 끄는데 나야 안 끌면 어떠랴 하고 뒤에 물러서는 것이 겸손이겠소, 회피이겠소?

답 : 회피입니다.

문 : 남더러만 무거운 짐을 끌라하고 가만히 있는 것이 좋겠소, 죄가 아니겠소?

답 : 죄입니다.

문 : 저는 힘이 없노라 하여서 함께 달려들어 무거운 짐을 끌지 아니하고 도리어 끄는 다른 사람을 잘 끄네 못 끄네 하고 시비하면 어떻겠소?

답 : 그것은 더 고약합니다.

문 : 나라 일도 마찬가지 아니요?

답 : 그렇게 말씀을 듣고 보니 그렇습니다.

문 : 지금 우리나라에서 나라 일을 하고 있는 사람이 많소, 아니 하고 남의 시비만 하는 사람이 많소?

답 : 저는 아무것도 아니하면서 하는 사람의 시비를 하는 사람이 많은 것 같습니다.

문 : 그러기로 당사자 아닌 사람이야 나라 일을 하고 싶은들 어떻게 하겠소? 부재기위(不在其位)하여 부모기정(不謨其政)이라 하였으니, 제 책임도 아닌 일에 저마다 나서서 참견을 하면 일이 될까요?

답 : 그래도 안 되지요.

문 : 그러면 어찌한단 말이오? 가만히 있지도 말래 참견도 말래. 그러면 어찌하면 좋소?

답 : 남이 하는 일에는 참견을 말고 제가 할 일만 하면 되지요.

문 : 제가 할 일이라면 무엇이겠소? 무엇이 우리 서민으로 나라를 위하여서 제가 할 일이겠소?

답 : 첫째로는 제 직업에 전력을 다하는 것이겠지요.

문 : 제 직업에 전력을 다하는 것이 나라 일이 되겠소?

답 : 2천만이 저마다 제 직업에 전력을 다하기만 하면 우리나라는 부강하여지리라고 생각합니다.

문 : 농사나 장사나 공장 같은 일이라도 제 직업만 잘하면 나라가 부강할까요?

답 : 그렇다고 생각합니다.

문 : 그렇다면 애국운동이니 독립운동이니 정치니 다 필요가 없

지 아니하오? 저마다 제 직업만 다하여 나라가 잘 된다면이야.

답 : 국민 각 개인이 다 제 직업을 잘할 만한 개인이 되게 하고 그 개인들이 안심하고 저마다 제 직업을 잘하도록 하는 것이, 그렇게 지도하고 그렇게 제도를 만들어놓는 것이 애국운동이요, 정치운동이라고 생각합니다. 그것이 정치의 목적이요 국가의 목적이라고 생각합니다.

문 : 그러면 O군은 흥사단이 모든 운동의 중심이요, 기초라고 생각하시오?

답 : 그렇게 생각합니다. 흥사단 운동이 없이는 다른 모든 운동이 다 되지 아니하리라고 생각합니다. 그러므로 흥사단 운동에 성공하는 것이 곧 광복이요, 독립완성이요, 민족 영원의 복락의 근원이라고 믿습니다.

문 : 흥사단 운동이 그처럼 중요할까요?

답 : 그렇다고 믿습니다.

문 : 영국이나 미국은 흥사단 없이도 나라가 잘되어 가는데 왜 우리나라에만 흥사단 운동이 필요할까요?

답 : 우리 민족이 영국이나 미국 민족보다도 거짓과 공론이 많고 단체생활의 훈련이 부족하므로 영국이나 미국 사람이 안 하는 한 과정을 더 공부할 필요가 있는 것입니다. 기초공부가 없이 아무리 영국·미국을 따르려 하여도 안 되리라고 생각합니다.

문 : 영국·미국 사람과 우리와는 무엇이 다른가요? 피부와 머리털과 모양 말고 도덕적으로 그들이 우리보다 나은 것이 무

엇이라고 생각하시오?

답 : 나는 영국과 미국에 가본 일도 없고 영·미인과 많이 교제해본 일도 없어서 자신 있는 말을 할 자격이 없습니다.

문 : 그렇더라도 혹은 역사나 문학을 통하여, 혹은 신문을 통하여 상식적으로 영·미인의 장점·단점에 대하여서 생각해보신 일이 있을 것이니 그것을 말씀해보시오. 현재 세계에서 영·미인이 가장 우월한 지위를 차지하고 있으니 그것이 우연일 리가 없소. 반드시 우월한 지위를 차지할 우월한 국민성과 우월한 수양과 노력이 있기 때문이라고 생각합니다. 왜 그런고 하면 세상만사, 우주의 모든 현상은 다 정확한 인과관계의 지배를 받는 것이므로 영·미인이 탁월한 지위를 가진 것이나 우리 민족이 빈천한 처지에 있는 것이나 다 인과관계지 결코 우연이 아니라고 생각합니다. 그러므로 우리가 잘사는 남과 못하는 우리를 비교하면 우리의 진로가 분명해지리라고 생각합니다. ㅇ군은 어떻게 생각하시오?

답 : 나도 그렇다고 생각합니다. 모든 것이 다 인과요, 우연이 아니라는 말씀은 더욱 진리라고 생각합니다.

문 : 우리 동포들이 인과를 믿나요?

답 : 자연계의 인과는 안 믿는 사람이 없으면서도 사람 일의 인과는 잘 믿지 않는 것 같습니다.

문 : 무엇을 보고 그렇게 말하시오?

답 : 가령, 벼를 심으면 벼를 거두고, 또 거름을 준 벼는 안 준 벼보다 많이 나고 김을 세 벌을 맨 논은 두 벌을 맨 논보다 소

출이 많다는 것은 누구나 알면서도 남은 잘사는데 저는 못사는 것 같은 것은 그러한 원인에서 오는 필연적인 결과라고 생각하지 아니하고 운수요 요행이니 하여 남의 잘된 것은 요행, 제가 못된 것은 운이 좋지 못한 것이라고 생각하니 이것이 인과를 무시하는 생각입니다.

문 : 나도 동감이오, 인과를 안 믿는 사람의 특색이 무엇인가요?

답 : 인과를 안 믿는 사람의 특색은 첫째로 제가 당하는 일의 책임이 제게 있다고 아니하고 혹은 하늘에, 혹은 세상에 원망을 돌리는 것이오.

문 : 인과를 믿는 사람의 특색은 어떠한가요?

답 : 제가 받는 것은 다 제가 지은 일의 필연적인 대가요 갚음이라고 알기 때문에 제게 불행이 있을 때에는 제 마음과 제 행실을 반성하고 검토하여서, 지금 받는 불행의 원인이 어디 있는가를 알아내어서 그것을 고치거나 제거하기를 힘쓰는 것입니다.

문 : 인과를 믿으면 숙명론자가 되지 않겠소? 모든 것이 다 팔자요 운명이라 하여서 그만 단념하고 낙심해버리지 아니할까요? 만일 전 국민이 다 그런 생각을 가진다면 큰일인데.

답 : 인과를 믿는 사람은 현재 받는 불행에 대하여서는 제 책임으로 알기 때문에 불원천 불우인(不怨天 不尤人)하고 단념하지만, 장래에 대하여서는 자신 있는 희망을 가지기 때문에 결코 낙심하는 일이 없습니다. 왜 그러냐 하면, 장래를 만드는 것이 내가 하는 일이니까. 내가 지금부터 짓는 원인이 장래의

결과를 결정할 것이니까, 인과를 안 믿는 사람이 도리어 자포자기하고 하늘과 사람을 원망하여서 바란다면 요행만을 바라니 자신도 희망도 없다고 생각합니다.

문 : 흥사단은 인과를 믿는다고 보시오, 안 믿는다고 보시오?

답 : 흥사단은 인과의 원리 위에 섰다고 봅니다.

문 : 어찌해서?

답 : 우리가 4대 정신으로 3대 수련을 하여서 저마다 건전한 인격을 이루고 또 일심 화합하여서 신성한 단결을 이루면 필연적으로 민족 전도의 대업이 실현될 것으로 믿으므로.

문 : 우리 민족의 전도에 대하여서는 불안이나 의심이 없소?

답 : 없습니다. 우리가 내가 하기만 하면 우리 민족은 반드시 잘 살게 되지, 잘살게 되지 못할 수는 없다고 생각해요. 천지간에 인과의 이법이 있는 동안 우리의 희망과 신념은 변동할 리도 없다고 믿습니다.

문 : 꼭 그렇게 믿으시오?

답 : 조금도 의심이 없습니다.

문 : 이제 아까 문제로 돌아갑시다. 영·미인과 우리의 차이가 무엇이라고 생각하시오?

답 : 이제 대답할 수 있습니다. 영·미인은 인과를 믿는데 우리는 그것을 안 믿고, 영·미인은 저 스스로가 제 생활과 제 나라의 주인이오. 따라서 책임자로 자처하는데 우리는 제 생활의 행·불행도 국가의 흥망도 저는 말고 다른 누가 주인이요 책임자인 것같이 생각하고 있습니다. 이것이 근본적 차이

인 것 같습니다.

문 : 옳소. 꼭 그대로요. 민주주의란 것은 백성 저마다가 그 나라의 주인이란 말이오. 가령 어떤 집이 하나 있고 그 집에 주인도 있고 나그네나 고용인이 있다고 하면 그들에게 주는 차이가 있을까요?

답 : 주인은 그 집이 제 집이므로 그것을 사랑하고 아끼고 언제나 그것을 생각하고 그것을 잘되게 하기 위하여 힘쓸 것이요, 나그네나 고용인은 그것이 제 집이 아니기 때문에 제가 편안할 것만 생각하지 그 집 생각은 안 할 것입니다.

문 : 우리 2천만 민족에는 우리나라의 주인으로 자처하는 이가 많은가요? 나그네나 고용인으로 자처하는 이가 많은가요?

답 : 제 집을 아끼고 사랑하듯이 제 나라를 아끼고 사랑하고, 제 집이 잘되기 위하여 힘드는 줄 모르고 일하듯이 제 나라를 위하여서 정성과 힘을 다하는 사람이 주인이라면, 우리 민족 중에는 주인이 극히 적다고 생각합니다.

문 : 이완용은 삼천리강토를 제 집으로 생각하고 2천만 민족과 그 천만대 후손을 제 식구로 생각하였을까요? 이완용은 제가 한국의 주인이라고 생각하였을까요?

답 : 제가 주인이라고 생각하였던들 이완용은 결코 합병조약에 도장을 찍지 않았을 것입니다. 만일 일본 사람이 이완용의 집과 논밭과 자녀를 일본 사람에게 바치는 도장을 찍으라 하였다면 아마 그는 죽어도 안 찍었을 것입니다. 그는 아마 그의 황제의 나라, 또 2천만 민족의 나라를 팔아서 제 집 하나만은

잘살 수 있으리라고 착각하였기 때문에 합병조약에 도장을 찍었다고 생각합니다. 마치 고용인이 주인집 재산을 팔아서 제 재산을 만드는 심리와 같은 심리라고 생각합니다.

문 : 우리나라에는 나라를 팔아먹을 사람이 이완용 하나뿐일까요?

답 : 나라를 제 것으로 알고, 제가 나라의 주인으로 알지 아니하는 사람은 누구나 이완용 모양으로 나라를 팔아먹을 수 있다고 생각합니다.

문 : 이완용이 한번 나라를 팔아먹은 뒤에는 다시 나라를 파는 사람이 없나요, 아직도 있나요?

답 : 작은 규모로 나라를 팔아먹는 일은 날마다 수없이 있다고 생각합니다.

문 : 예를 들면 어떤 일이오?

답 : 상해 거리에서 중국사람 인력거꾼에게 찻값을 적게 주어 우리나라 사람을 원망케 하는 것도 매국적이라고 생각합니다. 그는 우리 민족 전체를 미워할 것입니다.

문 : 흥사단 운동이 필요하다는 데 대하여서는 우리들의 의견이 일치되었소. 이 운동은 언제까지나 필요가 있다고 생각하시오?

답 : 광복대업이 이루어지기까지.

문 : 독립이 된 뒤에는 흥사단이 필요 없을까요?

답 : 독립이 된 뒤에는 민족의 정도를 더욱더 높여서 언제나 국가의 영광을 유지하기 위하여서는 이러한 운동이 영구히 필요하다고 생각합니다.

문 : 흥사단은 정권 잡기를 목적으로 삼는다고 생각하시오?

답 : 흥사단은 정권과는 상관이 없다고 생각합니다. 언제까지나 수양단체로 있어야 된다고 생각합니다.

문 : 흥사단이 정권을 잡으면 더욱 흥사단주의를 행하기가 편하고 유력하지 아니할까요?

답 : 흥사단주의로 수양한 사람들이 정권을 잡는 것은 좋으나 흥사단 자체가 정권을 잡으면 흥사단에 대하여 적이 생기리라고 생각합니다.

문 : 흥사단이 힘이 커져 모든 적을 다 눌러버리면 좋지 않을까요?

답 : 그렇게 되면 흥사단은 정쟁하는 단체가 되어서 수양단체의 본색을 잃어버릴 것입니다.

문 : 흥사단이 수양단체의 본색을 잃어버리면 어찌해서 안 될까요?

답 : 국민을 수양하는 것이 국민의 생명이요, 정치보다도 수양이 근본이 됩니다.

문 : 옳은 말씀이오. 정치에는 소장(消長)이 있지만 수양에는 소장이 있어서는 안 되겠소. 그러므로 흥사단은 영원히 수양단체로 갈 것이라고 우리는 믿는데, ㅇ군의 의견은 어떠시오?

답 : 나도 동감입니다.

문 : 흥사단의 사업은 무엇이오?

답 : 흥사단 자체를 영원히 유지하는 것이 최대의 사업이오. 그러고는 약법에 있는 대로 강습소 · 강연회 · 서적 출판부 · 도서종람소 · 간이박물원 · 체육장 · 구락부 · 학교 등입니다.

문 : 이러한 사업은 왜 필요할까요?

답 : 전 민족에게 덕·체·지 3육을 수양할 기회를 주기 위하여 필요합니다.

문 : 이런 사업은 몇 군데나 시설하였으면 좋겠소?

답 : 도서출판 같은 것은 중앙에 한 곳이면 그만이겠지만 기타의 것은 많아야겠습니다.

문 : 많으면 얼마나 많아야 하겠소?

답 : 많을수록 좋지요.

문 : 한 고을에 하나씩이면 좋겠소?

답 : (놀란다)

문 : 한 면에 하나씩 강습소·강연회장·도서종람소·간이박물원·체육장·구락부·학교가 있으면 충분할까요?

답 : (더욱 놀라면서) 나는 그렇게 많게는 생각하지 못하였습니다.

문 : 한 동리에 하나씩 이러한 시설이 있어야 하지 않겠소? 그래야 우리 동포 전부가 남자나 여자나 다 문명한 백성이 되지 않겠소?

답 : 그렇겠습니다. 그렇지만 그것은 하도 엄청나서.

문 : 동리마다 이러한 시설이 없이 우리 민족이 세계 일등 가는 문명한 민족이 될 수 있을까요?

답 : 말씀을 듣고 보니 그만한 시설은 동리마다 있고서야 최고 문화를 가진 민족이 되겠습니다. 그러나 나는 약법을 읽을 때에 이 8대 사업이란 것이 그처럼 중요하고 대규모인 것인 줄은 몰랐었습니다.

문 : 우리나라에 동리가 몇이나 될까요?
답 : 219군, 약 2,500면, 매 면마다 10개 부락으로 쳐서 2만 5,000 부락, 그밖에 수백의 도시가 있습니다.
문 : (고개를 끄덕끄덕한다)
답 : (혼잣말 모양으로) 회관이 2만 5,000, 도선관이 2만 5,000, 박물관 · 체육장이 2만 5,000……
문 : 이런 사업을 하자면 사람이 얼마나 들까요?
답 : 수만 명 들겠습니다.
문 : 돈은 얼마나 들겠소?
답 : 수억만 원 들겠습니다.
문 : 흥사단이 할 사업도 작지 아니합니까?
답 : 한량이 없이 큽니다.
문 : ㅇ군은 이런 사업을 다하기로 결심하시오?
답 : 결심합니다.
문 : ㅇ군은 이 사업을 위하여 무엇을 바치겠소?
답 : 전 생명과 전 재산을 다 바치겠습니다.

 이것으로 흥사단 문답의 목적과 사업에 관한 문답이 끝난 것이다. 그 뒤에는 조직 · 의무 · 재정 등에 관한 문답이 있다.
 흥사단의 조직은 세 사람의 감독이 머리에 있고, 그 밑에 의사부(議事部) · 이사부(理事府) · 검사부(檢事部)의 3부가 있어 삼권분립의 제도를 썼다. 감독은 도덕적 권위일 뿐이요 행정의 수뇌는 아니다. 비토권도 규정함이 없고, 다만 이사부나 의사부나 검사부가 약법과 아울러 감독의 의사를 존중하리라는 도덕적 권위의 원천이 될 뿐이다. 감독은 단 내의 가장 모범적인 인물 중에서 의사부의 선거로 추천한다. 감독을 3인으로 한 것은 한 사람의 재단보다 세 사람의 재단이 실수가 없고, 다섯 사람보다 세 사람이 통일이 쉽다는 데서 나온 것이다. 이 조직은 민주입헌의 정신으로 되어 있다. 3인 원수(元首)는 정치에도 고려할 만한 일이다.

11장 동지애(同志愛)

도산이 흥사단우를 고르는 표준은 두 가지 있었다. 첫째는 거짓이 없는 사람, 둘째는 조화성 있는 사람이었다. 조화성이라 함은 단체생활을 가능케 하는 성질이다. 너무 자기에 고집하고 규각(圭角)이 심한 사람은 단체생활에 늘 말썽을 일으키기 때문이었다.

"거짓이 있는 사람, 규각을 세우는 사람이라도 한 가지 기술과 한 가지 능력이 있거든 받아서 수양을 시키면 좋지 아니하냐?" 하는 이론에 대하여서 도산은 이렇게 대답하였다.

"금주동맹은 술을 아니 먹는 사람들의 모임으로 성공하는 것이다."

이것은 미국의 금주운동이 카톨릭 신부로부터 시작한 것을 가리킴이었다. 거짓 없는 사람들이 많이 모여서 큰 단결을 이루면 그것이 거짓을 박멸하는 큰 힘을 낸다는 것이었다.

그러므로 도산은 흥사단우를 고를 때 사회의 성·학식·수완 같은 것은 둘째로 여겼다. '진실한 사람' 이것이 첫 조건이었다. 학식이나 수완이 나라를 광복하고 민족을 구제하는 것이 아니라, 오직 진실만이 능히 한다고 도산은 믿은 것이었다. 그러나 명성·학식·수완이 있고 진실하면 금상첨화지만 도산이 보기에 우리나라의 학식과 수완가는 반드시 진실을 존중하는 이가 아니었다. 소위 임기응변과 권모술수를 진실보다 소중히 여기는 이가 많았다. 도산은 이것을 슬퍼하였다. 왜 그런고 하면, 이 때문에 지도자끼리나 또는 지도자와 민중이 서로 믿지 못하기 때문이었다. 학식은 배울 수도 있고 남에게 빌릴 수도 있고, 수완도 없으면 부족한 대로 하여 나갈 수가 있었다. 그러나 진실이 없는 사람은 아무데도 쓸 수가 없었다.

도산은 국가와 민족을 위하여서 영웅호걸보다도 진실한 사람을 구하였다. 철두철미 거짓을 벗고 오직 참으로만 나가는 사람이야말로 나라를 구원하고 백성을 건지는 민족적 영웅이라고 도산은 생각하였다.

도산의 입단문답은 실로 뜻 깊은 것이다. 다른 데서 비슷한 것을 볼 수 없는 것이었다. 앞장에 기록한 문답 상황으로도 대개 짐작되려니와 이 입단문답은 도산의 인생관이요, 민족관이었다. 그것은 한 체계의 철학이었다. 그런데 도산은 이러한 자기의 철학을 후배에게 집어넣는 태도를 취하지 아니하였다. 그는 문답을 통하여서 문답 받는 본인으로 하여금 자기의 사상을 정리하게 하여서 그 잘못을 스스로 없이 하게 하고 바른 견해를 스스로 발견하게 하는 방법을 취하였다.

이것이 옛날 아테네의 소크라테스가 취한 방법이거니와, 도산은 그때까지는 소크라테스에 관한 것을 읽은 일이 없었다. 도산의 다른 지식이 대부분 독창인 모양으로 이 문답 방법도 독창이었다.

도산은 입단문답에 대하여 매양 이러한 말을 하였다.

우리나라 사람들은 무슨 회를 한다 하면 그 취지와 규칙도 잘 알아보지 아니하고서 혹은 아무가 하는 것이니 들어야 한다 하여 들고, 혹은 남들이 다 드니 아니 들 수 없다 해서 든다. 그러고는 누가 그더러, '아무 단체의 취지가 무엇인가? 무슨 사업을 위해서 이루어진 것인가' 하고 물으면 그는 '나도 잘은 몰라' 하고 태연히 대답한다. 이리하여서 우리나라에는 취지 모르는 회원으로 된 단체가 많다. 취지 모르는 회원이 회원의 의무를 알 리도 없고 행할 까닭은 더구나 없다. 이것이 '거짓'이다.

그러므로 흥사단에 입단하는 사람은 흥사단의 약법을 잘 알기 위하여 외우고, 그 해석이 일치하기 위하여 한 조문 한 글자를 따라서 문답하는 것이다. 이리하여야 내 생각만도 아니요 네 생각만도 아니요 우리 생각이라 하는 것이 생기니, 이 모양으로 여론이 생기고 민족의 의사가 생기는 것이다.

흥사단의 입단문답은 이러한 필요에서 온 것이거니와 이 문답을 통하여서 우리 민족 철학이 토의되는 것이었다. 한번 이 문답을 받은 사람은 평생에 처음으로 자기를 발견한 것을 느낀다. 지금까지 아노라 하던 것이 어떻게 엉터리였던가. 지금까지 제가 애국을 하였다 하는 것이 어떻게 애국에 반대되었던가. 제가 쬔 체하던 것이 어떻게 터무니없는 착각이었던가. 어떻게 우리 민족의 장래에 대하여 아무 계획이 없고 자기의 일생에 대하여 주관이 서지 못하였던가를 발견하여 일종의 종교적인 참회하는 심경을 체험하고 다시 살아나는 기쁨과 자신을 느끼는 것이다.

더구나 도산의 문답술은 대단히 발달된 것이어서 받는 자의 심중을 온통 털어내지 아니하고는 알지 아니하거니와 그러면서도 결코 개인적인 심사에는 조금도 저촉하는 일이 없었다. 가령 신앙·연애·가정 사정 같은 것에 대하여는 받는 자의 양심의 비밀은 엄중이라고 할 만하게 존중하였다. 도산은 평상시에도 남의 개인적인 사사로운 일에 관하여서는 결코 알려 하지 아니하였고, 혹시 무심코 그런 것이 귀에 들어왔더라도 안 들은 것으로 여겼다. 도산은 동지에 대하여서 비밀을 지키는 수양을 하라고 때때로 권하거니와 이 말의 뜻은 '할 필요 없는 말, 해서 안 될 말, 내게 상관없는 말'을 하지 않는 공부를 하라 하는 뜻이었다. 남의 비밀을 파는 것이 부도덕한 것은 말할 나위도 없거니와 어찌 어찌 내게 알려진 남의 비밀이 있을 때에는 그것을 알게 된 것을 한하고 그것이 내 입에서 샐 것을 두려워하는 것이 남을 위하는 도덕인 동시에 내 품격을 더럽히지 아니하는 자위(自衛)다.

이 비밀에 관한 것도 입단문답의 재료다.

도산이 흥사단 입단문답을 할 때에는 흥사단의 약법의 자구와 정신을 가지고 하는 것은 한 모양이지만, 문답하는 말의 재료는 받는 사람에 따라서 천태만상이라고 할 만하다. 받는 이의 개성·경력·호상(好尙)을 기초로 하여서 하기 때문에 10여 인의 문답을 매일 듣더라도 모두 새 말이다. 그것은 한 예술이었다.

도산은 비록 17, 8세의 소년과 문답을 하는 경우에도 자기가 높은 자리에 있는 빛을 보이지 아니하였다. 남자나 여자나 어른이나 아이나 다 평등의 지위에서 물었고 평등의 지위에서 대답하는 말을 존중하였다. 그는 평시에도 남의 말을 꺾거나 누르는 일이 없었다. 비록 그것은 척 보기에 어리석은 말이라도 그 말을 하는 사람의 심경을 존중하였다. 그러나 그 어리석음을 그냥 가지고 돌아가게는 아니하였다. 가르친다 하는 의식이 없이 그 어리석음을 스스로 깨닫도록 유도하였다. 그것은 도산으로서는 매양 힘드는 일이었으나 그에게 부끄러움과 괴로움을 주지 아니하고서 그로 하여금 그의 잘못을 스스로 깨닫게 하려고 애쓰는 것이었다. 여기 도산의, 사람에게 대한 끝없는 애정이 있었다.

어떤 중국사람 관상사(觀相師)가 도산의 상을 비판하여 그의 눈자위에 자비상(慈悲相)이 있으니 살생을 기탄없이 행하여야 하는 혁명가나 정치가가 될 수 없다고 한 것은 확실히 그의 성격을 알아낸 것이었다. 그는 일면 철석과 같은 의지의 사람이면서 부드러운 인정의 사람이었다. 그가 분노하는 얼굴을 본 사람이 없다고 하거니와 이것은 그가 희로애락에 움직이지 아니하는 수양의 결과인 것은 말할 것도 없지만 또 사람을 미워할 수 없는 그의 천품도 원인이 되었다.

도산은 생명에 대하여서 깊은 연민과 애착을 가졌었다. 그는 방 안에 둔 화분의 화초에 대하여서 언제나 애무를 보이고 그 화초들이 편하도록 세심하게 돌아보았다. 물이 마르지 아니하도록 물이 지나치지 아니하도록 마음을 쓰는 것을 옆에서 볼 수가 있었다.

그는 친우와 동지의 불행을 볼 때에는 매양 자기를 잊어버렸다.

동오 안태국이 병사한 때에 관한 도산의 헌신적 간병과 후한 장례와 간절한 비통과 같은 예가 많이 있었다. 상해에서 일찍 윤현진(尹顯振)이 병으로 죽을 때 도산은 자기의 주머니를 털어서 이천금을 들여서 그의 치료에 전력을 다하였다. 또 여운형(呂運亨)이 러시아에 여행 중 그 처자의 생도(生途)가 곤란하다는 말을 듣고 어떤 이를 통해서 여러 달 동안 그 생활비를 보내었다. 그때에는 여운형과도 그 가족과도 아무 면식이 없을 적이었다.

도산은 인류에게 가장 귀한 것이 인정이라고 생각하는 모양이었다. 그가 흥사단 입단문답을 할 때에는 약법 중에 '정의돈수(情誼敦壽)'라는 문구를 들어서 상당히 오랜 시간 동안 문답 받는 이의 자각을 환기하기에 노력하였다.

"정의돈수란 무슨 뜻이오?"

이 모양으로 시작하였다.

'정의돈수'란 다시 어떤 단체의 회칙에나 반드시 들어가는 문구였기 때문에 사람들은 그것을 가볍게 다만 한 유행하는 말로 생각하였다. 그러나 도산에게는 '정의돈수'라는 한 문구는 국가의 흥망도 인류의 흥망도 달린 중대한 문구였다. 정의돈수는 도산에게 있어서는 자비·인·애의 인류의 이상을 실제화한 것이었다. 공상·공론을 싫어하고 미워하는 도산은 아무리 좋은 이상이나 덕목이라도 높고 멀어 행하기 어려운 느낌이 있는 생각 그대로 두고는 견디지 못하였다. 그는 무슨 이상이든지 덕이든지 보통 사람이 몸소 얻어 일상생활에 실행할 수 있는 경지까지 끌어내려다가 그 이름까지도 우리가 보통 쓰는 말로 고쳐놓고야 말았다. '정의돈수'란 이러한 실례가운데 하나였다.

"정의돈수란 무슨 뜻이오?"

"서로 사랑한다는 뜻이오."

"돈수란 무슨 뜻이오?"

"도탑게 닦는단 뜻이오."

"도탑게 닦는단 무슨 뜻이오?"

"서로 사랑하는 정신을 더욱 기른다는 뜻일까요?"

"그렇소, 우리 흥사단의 해석으로서는 정의돈수란 사랑하기 공부란 뜻이오. 사랑하기를 공부함으로 우리의 사랑이 더욱 도타워질 수가 있을까요?"

"사랑하기를 날마다 힘을 쓰면 그것이 습관이 되리라고 생각합니다. 습(習)이 성(性)이 되면 그것이 덕(德)인가 합니다."

"우리 민족은 서로 사랑함이 도타운가요?"

"우리 민족은 서로 사랑함이 부족하다고 생각합니다."

"무엇을 보고 그렇게 생각하시오? 무슨 증거로 우리 민족은 사랑이 약박하다고 말씀하시오?"

"갑자기 증거를 들라시면 어렵습니다만, 우리 민족은 서로의 사랑이 박약하다고 생각합니다."

"사랑의 반대가 무엇이오?"

"미움이오."

"그러면 우리 민족은 서로 미워하는 편이 많은가요?"

"그런 것 같습니다."

"한 가족이 서로 미워하면 어떨까요?"

"퍽 불행합니다."

"일은 될까요? 서로 미워하면서?"

"아무 일도 안 될 것입니다."

"한 가족이 서로 사랑하면 어떨까요?"

"퍽 행복할 것입니다."

"서로 사랑하는 것 이외에 가정을 행복하게 하는 다른 힘이 무엇일까요?"

"재산 · 건강 · 자녀 · 명예 · 사업성취."

"재산 · 건강 · 그런 것이 다 있고도 사랑이 없으면 어떻게 하겠소?"

"다른 것이 다 있더라도 사랑이 없으면 불행한 가정이 될 것입니다."

"ㅇ군은 사랑하는 공부를 하여 보신 일이 있나요?"

"사랑은 저절로 솟아나는 것이라고 생각하였어요. 그렇기 때문에 사랑하기를 공부한 일은 없습니다."

"샘이 저절로 솟는데 우물을 왜 파나요?"

"더 많이 솟으라고요. 더 많이 고이라고요."

"아니 솟던 샘도 파면 솟는 일이 있지 아니한가요?"

"아니 솟던 샘도 파면 솟는 일이 많습니다. 조금 파면 아니 솟던 것이 깊이 파면 솟는 일도 있습니다."

"그것이 사랑공부요."

"인제 알았습니다. 사랑을 공부함으로 사랑하는 마음을 기를 수가 있겠습니다."

"사랑공부는 어떻게 하면 좋겠소? 어떻게 하는 것이 사랑공부가 되겠소?"

"예수께서 내 이웃을 사랑하고 네 원수를 위하여 기도하라 하셨으니, 누구나 다 사랑하기를 힘쓰는 것이 사랑공부일 것 같습니다."

"천하 사람을 다 사랑한단 말이오?"

"그렇습니다."

"ㅇ군 한몸이 이 자리에 있으면서 어떻게 먼 곳에 있어서 보이지 않고 던져지지도 않는 사람을 다 사랑할 수가 있겠소?"

"그럼 내 민족부터 사랑하란 말씀입니까?"

"내 민족 2천만을 다 사랑하는 법은 무엇이오?"

"네, 깨달았습니다. 내가 접하는 사람을 사랑한다 하는 뜻이오."

"그러면 너무나 편협하지 않겠소?"

"결국 내 손이 닿는 사람, 내 목소리가 들리는 사람밖에는 사랑할 수가 없겠습니다. 날마다 나를 찾아오는 사람, 내가 찾아가는 사람, 나와 만나게 되는 사람을 다 사랑하는 것이 이웃을 사랑하는 것이요, 또 전 인류를 다 사랑하는 일이 되겠습니다."

"그밖에는 길이 없겠소?"

"그밖에는 길이 없겠습니다. 그밖에 사랑하는 것이 있다고 하면 그것은 공상과 공론이겠습니다."

"옳은 말씀이오. 사랑한다는 것이 결국 내가 접하게 된 사람을 사랑하는 것이오. 그런데 만일 날마다 제가 접하는 사람은 미워하면서 사람을 사랑하노라 하면 어떨까요?"

"그것은 우스운 거짓말이 됩니다."

"ㅇ군은 그렇게 우스운 거짓말을 하는 사람을 보신 일이 있나요?"

"많이 보았습니다."

"그들이 어디 있나요?"

"여기도 하나 있습니다."

(ㅇ군은 손을 제 가슴에 댄다)

"왜 ㅇ군은 옆에 있는 사람을 사랑하지 못하고 미워하였나요?"

"제 비위에 안 맞으니까 미웠던 게지요."

"ㅇ군은 옆의 사람들이 비위에 맞았던가요?"

"안 맞았길래 나도 그들에게 미움을 받았겠지요."

"그러면 서로 비위에 안 맞는 것을 어떻게 서로 사랑할 수가 있을까요?"

"내 편에서 저편의 비위를 맞추면 될까요? 내 옳음을 버리고 이웃의 옳지 못함에 맞추면 의에 어그러지지 아니한가요?"

"서로서로 이웃의 독자의 견해를 존중하여서 제 척도로 남을 재지 아니하면 될 것 같습니다. 그러면 미워할 이유는 없을 것 같습니다."

"그렇소. 서로 남의 자유를 존중하면 싸움의 대부분은 없어질 것이오. 내게 한 옳음이 있으면 남에게도 한 옳음이 있는 것을 인정하여서 남의 의견이 나와 틀린다 하여 그를 미워하는 편협한 일을 아니하면 세상에는 화평이 있을 것이오. 그런데 우리나라에서는 예로부터 나와 다른 의견을 용납하는 아량이 없고 오직 저만 옳다 하므로 그 혹독한 당쟁이 생긴 것이오. 나도 잘못할 수 있는 동시에 남도 옳을 수 있는 것이거든, 내 뜻과 같지 아니하다 하여서 이를 사문난적(斯文亂賊)이라 하여 멸족까지 하고야 마는 것이 소위 사화요 당쟁이었으니, 그 악습이 지금까지도 흐르고 있소. 그러므로 우리는 서로서로 사상의 자유, 언론의 자유를 인정하고 존중하면서 비록 의견은 서로 다르더라도 우정과 존경에는 변함이 없음이 문명국인의 본색일 것이오. 이리하여서 우리나라에서 천만 가지 사상과 의견이 대립하더라도 우정과 민족적 애정만은 하나일 수가 있으니, 그리하면 사상의 대립은 서로 연마·발달하는 자극이 될 수 있고 서로서로의 존경과 애정은 민족통일의 결뉴(結紐)가 되어서 안으로는 아무러한 의견의 대립이 있더라도 외모(外侮)나 전 민족의 운명이 달린 일에 대하여서는 혼연히 하나가 되어서 감연히 막아낼 수가 있을 것이오. 제 의견의 주장도 민족을 위함이거든 민족을 깨뜨려서까지 제 의견을 살릴 사람이 어디 있겠소? 그런데 사실은 그만 저라는 것에 눈이 어두워 민족이 아니 보이는 일도 있는 모양이니 가히 한탄할 일이오. 그러므로 우리는 정의돈수 공부를 하자는 것인데, ㅇ군 동감이시오?"

"동감입니다."

정의돈수에 대한 도산의 해석은 결코 이것뿐만 아니라 단결의 생명은 주의의 일치만이 있는 것이 아니라 정의 즉, 사랑에 있다고 도산은 말한다. 단결의 각자가 단(團)을 사랑하고 단우를 사랑하고 단의 지도자를 사랑하고 단의 집과 기구를 사랑하기를 제 것같이 함으로만 단결이 비로소 최대의 힘을 내고 영원한 생명을 누리는 것인데, 우리에게는 이 사랑이 부족하다고 한탄하고 그러므로 이 사랑을 공부하여야 한다고 도산은 기회 있는 대로 말하였다.

도산에게 있어서는 나라를 사랑하는 것도, 세계를 사랑하는 것도 마찬가지 이론이었다.

애국자는 그 나라의 국토를 제 집과 같이 아끼고 사랑하고, 그 국토에 있는 초목과 금수를 제 집 가축과 같이 사랑할 것이다. 하물며 동포와 지도자랴. 하물며 역사와 문화랴. 삼천리강산이 내 정든 강산, 사랑하는 국토일진대 그 모양이 눈에 보일 때에 반가운 눈물이 아니 흐르지 못할 것이요, 흰옷 입은 동포의 모양이 눈에 띨 때에 그의 말소리가 귀에 들릴 때에 껴안고 싶은 감격이 아니 일어날 수 없는 것이다. 거기 추호라도 미운 감정이 일어날 나위가 없고 시들한 생각인들 날 여지가 없을 것이다. 2천만 민족이 다 국토와 동포에게 대하여서 반말로만이 아니요 진정으로 이렇게 느끼게 된다면 국가의 독립과 민족의 창성은 벌써 된 것이었다. 민족의 각원에게 이러한 사랑이 있는 이상 모든 사상과 의견의 대립은 영양이 될지언정 병근(病根)은 되지 아니할 것이다.

"너도 사랑을 공부하고 나도 사랑을 공부하자. 남자도 여자도 우리 2천만이 다 서로 사랑하기를 공부하자. 그래서 2천만 한족은 서로 사랑하는 민족이 되자."

도산은 시를 낭음(朗吟)하듯이 노래의 후렴을 부르듯 이 감격에 넘치는 표정과 어조로 이렇게 부르짖었다.

"적어도 동포끼리는 무저항주의를 쓰자. 때리면 맞고 욕하면 먹자. 동포끼리만은 악을 악으로 대하지 말자. 오직 사랑하자."

도산은 이것으로 평생을 일관하였다. 그가 일찍 성난 모양을 본 사람이 없다고 하거니와 그는 일찍 남을 공격하는 말을 한 일이 없었다. 적을 앞에 놓고서 우리끼리 서로 싸우는 것을 아프게 여기고 그러한 일이 없도록 하지 못하는 책임을 자기의 정성과 힘이 부족한 것으로 돌렸다.

"서로 사랑하면 살고, 서로 싸우면 죽는다."

하는 것을 도산은 다만 한 민족이 지켜갈 원리라고만 생각하지 아니하였다. 인류 전체에 대하여서도 도산은 오직 서로 사랑함만이 평화를 가져올 수 있는 길이라고 믿었다. 그러하기 때문에 도산은 전쟁을 옳지 아니한 것이라고 생각하였다.

그는,

"이유의 여하를 물론하고 사람이 사람을 죽이는 것은 옳지 못하다." 고 말하였다.

얼른 보기에 이것은 기독교 사상인 것 같고 그중에도 톨스토이의 무저항주의인 것 같았다. 그러나 그는 일찍이 성경의 어구를 인용하는 일은 없었다. 예수를 고마우시고 크신 선생님이라고 평할 뿐이요, 십자가의 공로로 속죄한다 하는 신학을 믿지는 아니하였다. 그는 자기의 이성(理性)으로 이해하지 못할 것을 믿는 사람은 아니었다. 그의 사랑론과 평화론도 그가 스스로 생각해내고 스스로 믿는 것이지 누구의 설이나 어느 신앙에 의거한 것은 아니었다. 그는 보통 사람이 가진 이성의 힘으로 알아들을 만하고 생각해낼 만한 것으로 족하다고 생각하였다. 고원한 이상, 신비한 경계 같은 것을 그는 부인도 아니하였으나 민족이나 인류를 인도할 사상은 누구나 알 만한 상식화한 것이라야 한다고 생각하는 모양이었다.
그러므로 그는 심오한 교리나 철리를 그리 즐겨하지 아니하였다. 그는 일상생활에서 우리가 실천할 수 있는 이론을 가장 존중하였다. 가령 추상적으로 인(仁)이라든지, 박애(博愛)라든지 하는 것보다 구체적으로 모갑(某甲)이 모을(某乙)에게 사랑하는 행위를 하였다 하는 곳에 더욱 높은 가치를 발견하는 것이었다. 천만언(千萬言)의 인(仁)을 말하는 이보다 무거운 짐 진 늙은이의 짐을 대신 져주는 것이 가치 있는 일이었다. 인류·동포를 부르짖는 이보다 길에 굶주린 한 사람에게 한끼 밥을 주는 것이 가치 있는 일이었다. 도산으로 보면 실천 없는 이론은 공론에 불과하였다.
도산은 어떤 지식계급 청년이 도도히 이론을 늘어놓을 때에 가만히 듣는다. 그는 남의 말을 중간에 끊는 일이 없고 또 산란한 마음으로 듣지 아니한다. 한 말 한 마디를 빼어놓지 아니하고 다 귀를 기울여서 듣는다. 그 지식인의 이론이 다 끝나기를 기다려서 도산은 그 이론의 요점을 들어서 그에게 질문을 해본다. '왜?' 하고 그 주장의 이유, 그 이유의 이유를 연거푸 물으면 대개는 말이 막혀 버리고 만다. 그것은 그 지식이 근거박약한 지식이기 때문이다. 얻어들은 지식이요 제게서 우러나거나 제게 배어들어서 살이 되고 피가 된 지식이 아니기 때문이다. 이리해서 도산의 4, 5차의 질문에 설자(說者)는 천창만공(天窓萬空)이 되어서 제 지식 체계의 파탄을 자각하지 아니치 못하게 된다. 이때에 설자는 자기의 지식이라고 오늘까지 믿어왔던 것이 어떻게 맹랑한 것과, 자기보다 무식하리라고 생각하였던 도산의 식견이 어떻게 고매함을 실감하게 된다.

실천할 수 없는 이론은 먹을 수 없는 양식과 같다. 우리는 500년 이래로 수신제가 치국평천하(修身齊家治國平天下)의 말만 하고 그 일은 하지 아니하였다. 소에게 무엇을 먹여야 가장 좋다는 토론에 세월을 보내다가 소를 굶겨 죽였다. 풀 한 짐을 베어다가 먹이는 것이 100개의 이론보다 나았을 것이다. 오늘날 독립운동에 대하여서도 마찬가지다.

도산의 철학은 행(行)의 철학이요 도산의 인식론(認識論)은 실증적(實證的)이었다. 이론은 어찌 갔든지 소가 맛있게 살이 찌는 풀이면 좋은 풀이었다. 그러므로 인생에게 필요한 이론은 도산에 의하면 결코 알기 어려운 것이 아니었다. 배우면 알게 되니 교육이 필요하였다. 만들면 생기니 산업이 필요하였다. 사랑하면 단결이 되고 단결이 되면 즐겁기도 하고 힘도 나니 사랑 공부는 필요하였다. 거짓말을 아니하면 서로 믿으니 참으로 좋은 것이었다. 가난한 것보다는 넉넉한 것이 좋으니 근검저축은 좋은 일이었다. 나라 없이는 민족이 편안히 살 수 없으니 나라는 세워야 하겠고, 나라가 서로 힘 있게 되려면 백성들이 참되고 지혜롭고 서로 싸우지 아니하고 잘 뭉치고 부지런하여서 무엇을 많이 만들어야 하겠으니 교육과 산업과 수양이 필요하였다. 이 모양으로 우리의 진로에 대한 이론은 자명하였다. 오직 남은 것은 '너도 행하고 나도 행하고 우리가 다 행하자' 하는 것뿐이었다.

세계주의에 대하여서는 이렇게 말하였다. 우리 민족을 서로 사랑하는 민족, 거짓이 없는 민족, 화평한 민족을 만드는 것이 곧 세계 인류를 그렇게 만드는 길이라고.

이것은 다만 이론뿐이 아니라 도산은 흥사단 운동으로 우리나라를 이상국을 만들어서 인류에게 모범이 될 수 있다고 믿었다. 그 이유로는, 우리 국토가 아름답고 형승(形勝)한 지위에 있는 것, 민족의 혈통과 문화가 단일한 것, 품질이 우수한 것 등을 들었다. 게다가 동서고금의 문화를 집대성하는 지리적·역사적 처지에 있으니 우리 민족이 이 사명에 자각하여 노력만 계속하면 반드시 이상국이 실현될 것이라고 믿었다. 비록 시기에 조만(早晩)이 있을지언정 우리 민족 중에 그것을 위하여서 노력하는 단결이 있는 동안 반드시 실현의 날이 있을 것이라고 도산은 믿었다. 도산의 이상국이란 사랑의 나라, 자유와 평등의 나라거니와 여기 관하여는 다른 장에서 말하려 한다.
　아무려나 도산의 독립은 남의 힘으로 구차하게 얻는 독립이 아니요 민족의 실력으로 되는 참된 독립이며 도산이 생각하는 새나라는 구지레하고 성명 없는 미미하고 무의미한 나라가 아니라 세계에 대하여 위대한 발언권과 감화력을 가진 지도적인 나라였다. 국권을 상실한 우리 동포가 흔히 마음이 위축하여서 불성모양(不成模樣)인 아무러한 지위와 성가의 나라라도 독립한 나라만 있었으면 하는 비굴한 생각을 도산은 매양 경계하였다. 그는 이러한 말로 우리의 새나라의 모양을 청년들에게 그려보였다.
　"세계 어느 큰도시에나 태극기를 날리는 우리 민족의 대상관(大商館)이 있을 것이요 태극기는 그 상품의 우수함과 절대의 신용의 표상이 될 것이오. 태평양 대서양의 각 항만에는 태극기를 날리는 객선과 화물선이 정박할 것이요, 그 배들은 가장 안전하고 쾌락한 여행을 구하는 각 나라 사람이 다투어서 탈 것이요 지금은 내가 한인이라고 하기를 부끄러워하는 형편이거니와 그날에 코리안이란 말은 덕과 지혜와 명예를 표상하는 말이 될 것이요, 우리 민족은 이러한 민족이 되기 위하여서 반만년의 역사를 끌어온 것이니 이 위대한 영광을 만드는 것은 오직 우리 자신의 수양과 노력이오."

도산은 이러한 나라 이하의 아무 나라도 바라지 아니하였다. 그러하고 이러한 나라는 흥사단으로 말미암아서 반드시 실현될 것으로 믿었다. 왜 그런고 하면 참되고 일 잘하고 서로 사랑하는 2천만이 이루는 나라가 그 이하의 나라일 리가 만무하기 때문이었다.

도산은 이러한 희망과 신념을 가지고 일생을 그 일에 바치기로 한 것이었다. 그러므로 도산이 보기에는 이름 없는 일개 흥사단우도 모두 새나라 건설의 역사적 대사명(歷史的大使命)을 가진 위인들이었다. 그들은 평생에 이 고귀한 이상을 품고 살고, 간 데마다 이 씨를 뿌리는 사람들이기 때문이었다. 이 이상이 전해가고 퍼져 가는 동안에는 수천수만의 동지가 생길 것이요, 또 그중에는 수없는 민족적 영웅이 출생하겠기 때문이었다.

12장 이상촌 계획(理想村 計劃)

　행을 존중하고 범(範)의 위력을 믿는 도산은 흥사단의 정신을 구현한 이상촌을 건설하려 하였다. 도산이 임시정부의 직임을 사퇴하고 남경에 와서 동명학원을 창설하고 다시 교육에 종사하는 몸이 된 것이 1925년 경부터였다.

　남경의 동명학원은 구미(歐美)와 중국의 각 대학에 유학하려 하는 뜻을 품고 본국으로부터 나오는 청년들을 위하여 어학·덕육 기타의 준비교육을 하기 위한 기관이었으나, 도산은 이에 대하여 더 큰 포부를 가지고 있었다.

　기미만세운동 이후로 수백수천의 청년남녀가 속속 본국을 탈출하여서 상해로 모여들었다. 그들은 대개 불타는 애국심을 품고 혹은 구미에, 혹은 중국 내의 저명한 대학에 학을 구하는 자들이었다. 이들이 좋은 사람이 되면 크게 민족력(民族力)에 보탬이 될 것이오, 그와 반대로 그들이 불행하게 되면 외국에 있는 동안에도 국내에 들어가서도 민족력을 감손하는 큰 해가 될 것이었다. 그러므로 이들 청년을 바른 사상으로 지도하고 또 학업의 편의를 돕는 것은 결코 작은 일이 아니었다. 도산은 이들 청년의 벗이 되기를 원한 것이었다.

도산은 남경에 약간의 토지를 매수하였다. 이것은 남경으로서 재외한족(在外韓族)의 중심지를 만들 의사의 표현이었다.

도산은 남경과 소주(蘇州)의 중간에 있는 진강(鎭江)에 주목하였다. 진강은 양자강 연안의 도시로서 기후와 풍토가 다 좋았다. 도산은 진강 부근에 모범 농촌도시를 건설하기를 원했다.

도산은 독립이 회복되기까지는 재외동포가 환국하는 것이 심히 어렵다고 보았다. 만주의 수백만, 러시아령의 수십만, 북아메리카와 하와이의 수만 동포가 본국의 문화와 연락되지 아니한 채 여러 해 또는 여러 세대를 간다 하면, 그들은 아주 그들이 거주하는 나라의 문화에 화하여서 한족의 정신을 잃어버리거나 그렇지 아니하면 야만몽매(野蠻蒙昧)한 인종으로 퇴화하여버릴 우려가 있다고 생각하였다. 북아메리카나 하와이와 같이 우리 모국보다 높은 문명을 가진 나라에 가서 사는 동포는 국혼을 상실하기가 쉽고, 만주나 러시아령과 같이 우리 모국문화보다 낮은 지역에서 빈궁한 생활을 하는 동포는 모국의 문화를 잃어버릴 뿐만 아니라 토착민보다도 정도가 떨어져서 무산무지한 유랑민을 이룰 근심이 있다고 도산은 보았다. 도산의 이 판단은 정당한 판단이었다.

재외동포로 하여금 이 두 가지 불행에 빠지지 아니하게 하는 길은 도산이 보기에는 해외에 한 곳, 재외한족의 정신적·문화적 중심지를 건설할 필요가 있었고, 그것이 참으로 중심지가 되자 하면 경제적으로 중심이 되어야 한다고 도산은 생각하였다.

'물건 있는 곳에 마음이 있다'고 도산이 매양 말하였거니와 특수한 성현·지사층은 몰라도 일반대중은 제 재물 있는 곳에 항상 마음이 끌리는 것이니 가령 무슨 회를 조직할 경우에도 거기 거액의 입회금을 내고, 정기적으로 의무금도 내어서 그 회에 제 재물이 들었을 때에 비로소 그 단체를 사랑하는 마음이 깊어지고 그 단체가 망하여서는 안 된다 하는 생각이 간절하여져서 이것이 망하지 아니하고 잘되기를 힘쓸 생각이 나는 것이라고, 도산은 흥사단 입단 문답에서도 입단금과 예연금(例捐金) 조에서 강조하는 것이었다.

이 심리는 재외한족의 중심도시 건설에도 당연히 고려될 것이었다. 가령 진강에 한족의 중심도시를 건설한다 하면 될 수 있는 대로 다수 동포의 출자로 토지를 사고, 가옥을 건축하고, 생산기관, 금융기관까지도 만들어야만 비로소 도시가 재외동포의 정신적 중심이 될 수 있을 것이다.

도산은 진강이나 남경이나 또는 화북(華北이)이나, 중국인의 문화와 산업이 상당히 발달된 도시의 근방에 기지를 택하여서 중국인 도시의 모든 시설과 편의를 이용하면서 한편으로 한족 자신의 독특한 문화와 산업기관도 세워서 중국인에게 대하여서는 호조호익(互助互益)의 친선한 관계를 수립하자 하는 것이었다.

북아메리카에 수십 년 교거하여 상당한 재산을 만들고 자녀를 가진 동포들 중에는 도산의 이 계획에 공명하여 출자한 이도 있었다. 그들은 고국에는 못 돌아가더라도 동포가 수만 명 집단적으로 사회를 이뤄서 우리 문화 속에서 살고 싶은 생각이 간절한 것이었다. 비록 미국이 좋다 하나 우세한 백인총중(白人叢中)에 자자손손 영주한다 하는 것은 고통이었다. 첫째로 인종적 압박감이 일상생활에도 시시각각으로 핍절하고 또 자녀들은 미국인도 아니요 한국인도 아닌 사람이 되고 말아서 잘되어야 유태인 못되면 집시나 흑인과 같이 될 걱정이 있었다. 조국이 독립을 회복하여서 금의로 환향한다 하면 거기서 더한 좋은 일은 없거니와 이것은 일조일석의 일은 아니었다. 그러므로 다른 민족의 압박감을 받지도 아니하고, 또 제 민족의 전통도 잃지 아니하면서 생업의 보장을 가지고 우리끼리 즐겁게 생활할 수 있는 한구석이 그리운 것도 재외동포 전체의 욕망이었고 국내에 있는 이도 일본사람의 등살 없는 곳에 마음 편하게 살길을 구하는 생각이 간절하였다.

그런데 이러한 요구에 응할 수 있는 국토는 중국을 두고는 다시 없었다. 중국은 우리와는 수천 년 이래로 깊은 관계를 가지고 온 나라요 중국인과 우리와는 한번 보아서 문득 서로 친할 수 있는 공감성이 있었다. 더구나 우리 경술국치 후에 중국 인사는 가장 큰 우리의 동정자였다. 그래서 중국 내에 우리의 거류지를 건설하면 피차에 압박감도 차별감도 상극도 가장 적게 서로 조화할 수가 있었다.

이것이 도산이 재외한족 중심지를 중국 내에 구한 까닭이었다.

도산이 이 이상향 기지로 주목한 것은 남경·진강 이외에 북쪽에 호로도(葫蘆島), 금주 경내(錦州境內)요, 만주에는 경박호(鏡泊湖) 연안, 동경성(東京城) 부근 등지였다. 도산이 이 여러 지방을 몸소 답사하여서 그 산천·풍토를 보았다. 지미(地味)·풍경·음료수까지 상세히 조사하였다.

그러나 중국의 정치적 사정에 인하여서 도산의 계획은 마침내 수포로 돌아가고 말았다. 만주사변(滿洲事變)으로 만주와 장성 부근은 문제도 아니 되고, 일본군의 상해 상륙으로 진강 기타 장강 연안도 안전지대가 안 되고 말았다.

이 이상향 건설계획의 좌절은 도산에 있어서는 가장 마음이 아픈 일이었다. 그가 거의 10년을 두고 생각하고 또 각지로 편력하면서 흙과 물을 맛보면서 그리던 꿈이 모두 수포로 돌아간 것이었다. 후에 그는 본국으로 잡혀 돌아와서 4년 징역을 치르고 출옥하여서도 이 계획을 계속하였다. 그러나 물론 국내에서의 계획은 해외의 그것과는 성격이 달랐다. 국내의 모범촌 계획은 대강 이러한 것이었다.

산과 강이 있고 지미가 비옥한 지점을 택하여서 200호 정도의 집단부락을 세우는 것이다. 그 부락은 재래의 한국 농촌과는 달라서 도로망과 하수도 시설을 현대 도시의 규모로 하고, 가옥 건축양식도 위생과 경제와 미관의 여러 각도로 합리화하되, 반드시 서양식을 본받는 것이 아니라 한국 건축의 특징과 미관을 살리자 하는 것이었다.

도산이 평안남도 강서군 대보면 송태에 스스로 설계하고 감독하여 건축하고 그가 최후로 체포될 때까지 거주하던 한 채의 집은 이상촌 주택의 한 모형이었다. 이것은 4, 5인의 식구를 담을 수 있는 조그마한 자작농가 정도의 집이었다. 모든 방과 부엌과 광이 한 평면에 연하였지만 안채, 사랑채, 대문, 안마당, 마루, 퇴, 솟을마루 등 한국 가옥의 모든 전통을 살린 것이었다. 그러면서도 재목과 기와와 터를 될 수 있는 대로 적게 들인 것이었다. 도산의 마음 속에는 몇 가지 종류의 개량가옥 설계가 있었다. 그가 계획하는 이 상촌은 결코 한 가지만의 가옥 건축양식으로 율(律)하려 하는 것은 물론 아니었다. 도산은 사람의 개성을 존중하였다. 그러므로 모든 사람은 다 제가 좋아하는 대로 독특한 설계의 주택을 지을 자유가 있을뿐더러 그렇게 천태만양의 가옥의 집단이야말로 부락 또는 도시의 미를 말할 수 있다 하였다. 다만 아니 지키지 못할 것은 부락 전체의 설계에 배치되지 아니할 것, 위생적일 것, 사치하지 아니할 것, 미에 고려할 것 등의 여러 원칙이 있었다.

  도산이 설계한 이상촌에는 공회당·여관·학교·욕장·운동장·우편국·금융과 협동조합의 업무를 하는 기관이 설치될 것이었다. 공화당에는 집회실·오락실·담화실·도서실과 부락 사무소가 있을 것이었다. 집단생활과 사교생활의 훈련은 도산이 생각하는 민족훈련에서는 심히 중요한 과목이었다. 종래로 우리 민족은 '제집구석'의 중심으로 이것이 가족적 이기주의의 원인이 되어서 집단생활, 사회생활을 방해한다. 이웃이 한 곳에 모여서 같이 이야기하고 같이 먹고 마시고 즐기고 같이 의논하고 할 처소와 기회를 만드는 것이 민족의 사회적인 습관과 예의와 욕망을 발달시키는 길이라고 도산은 주장하였다. 그중에도 집단적인 회식과 오락을 도산은 중요시하였다. 그러므로 공화당과 그 안에 하는 모든 설비는 부락을 한 가족으로 화하는 힘을 가진 것이어서 서로서로 이곳을 아름답게 하고 재미있게 하기를 힘씀으로 애향애린(愛鄕愛隣)의 공동생활의 정신을 함양하는 것이니, 이것이 곧 애국정신의 기초라고 도산은 보는 것이었다.

여관이라 함은 부락공동의 객실을 의미함이었다. 부락을 방문하는 공동의 손님을 편하게 숙식케 함이 부락의 예의요 자랑일뿐더러, 개인 또는 한 집을 찾아온 손님도 제 집에서 불편하게 재울 것이 아니라 이 여관에서 접대하자 하는 것이었다. 이리되면 집집에 객실이나 손님을 위한 이부자리를 설비할 필요가 없을 것이요, 묵는 손님도 남의 가정에서 폐를 끼치는 것보다는 여관에서 자는 것이 자유롭고 유쾌할 것이다.

이 부락에는 금융기관과 협동조합이 있을 것이다. 금융기관에서는 저금과 융자의 일을 할 것이니 곧 은행이요, 협동조합은 생산품의 공동판매와 일상생활 용품의 공동구매 배급기관이다.

운동장에는 아동 유희장을 부설할 것이요, 부락 전원인 남녀노소가 다 체육의 이(利)와 낙(樂)을 받도록 할 것이다.

체조와 각종 기계운동도 하려니와 무거운 것 들기, 재주넘기, 날파람, 택견, 주먹싸움(太極拳), 검술(太極劍), 그네, 널뛰기, 달음박질 등 무릇 체위를 향상하고 활발하고 모험적인 정신을 기르며 몸을 보호하는 것과 군인이 되기에 필요한 재주도 배울 것이다. 이리함으로 스웨덴이나 덴마크와 같이 민족의 체격을 개량하고 평균수명을 연장하여, 활동 능률을 증진할 것이니 도산은 항상 덕(德)·체(體)·지(知) 3육이라 하여 지육보다는 덕육과 체육을 앞세웠다. 덕이 없는 자의 지는 악의 힘이 되고, 건강 없는 자의 지는 불평밖에 되지 못한다 하는 것이었다.

과로하는 농민이나 노동자에게 무슨 체육의 필요가 있느냐 하는 흔히 있는 질문에 대하여 도산은 우리 농민과 노동자는 결코 좋은 체격의 소유자가 아니니 과학적인 체육은 그들의 체력을 증진하고 한편으로 치우치는 과로의 해를 제거한다 하며 덴마크의 농부가 일하다가 피곤할 때에 체조를 한다 하는 예를 들었다.

이 부락에 세울 학교는 일반 교육의 학교 이외에 직업학교를 세우자는 것이 도산이 특별히 역점을 두어서 계획하는 것이었다.

직업학교는 농(農)·잠(蠶)·임(林)·원예(園藝)·목축(牧畜)·공(工) 등의 여러 과목을 두되, 공에는 농가건축, 농촌토목, 요업 식료품 가공, 농구제조의 목·철공, 농촌상업을 포함하는 것이었다.

학과를 교수하되 실습을 주로 하여 농촌에서는 전(田)·답(畓)·채소원(綵素園)·과수원(果樹園)·상원(桑園)·조림(造林)을 실지로 행하고, 토목에서는 도로·치산(治山)·치수(治水)·배수(倍數)·관개(灌漑)를 직접 경영하고 공업부분에 있어서도 그리하여서, 이 학교를 졸업하고 나면 소자본과 약간의 연장으로 독립할 한 직업을 가져서 한 지방의 한 부문을 담당할 수 있게 하자 하는 것인데, 이 학생들은 재학 중에 모범촌 생활을 견습하고 또 실제로 그 생활의 습관을 길러서 자기의 고향에 돌아가면 그것을 모범촌에 의거하여 개조하고 지도할 수 있는 능력을 얻게 될 것이다. 그러므로 이상으로 말하면, 이러한 모범촌과 직업학교를 각 도에 설립하여서 적어도 전국 각 면에 한사람씩을 선발하여 이 교육을 받게 할 것이다.

이에 모범촌이란 것은 온 나라의 농촌이 다 이만큼만 되면 문명국민으로 세계의 존경을 받을 수 있다 할 정도의 것이면 족할 것이다. 첫째로는 법치적으로 국법을 준수하고 민주적 자치의 능력이 있고, 도덕적으로 허위에서 해탈하고 이기심을 절복(折伏)하여서 공공생활의 신뢰할 각 원이 되고, 경제적으로는 부채 없이 문화생활을 독립·자영할 재산을 가지고 자녀는 모두 교육을 받고 성인은 모두 독서를 하는 그러한 부락을 이름이다.

한국에 이러한 부락 1개소만이 실현된다 하면 그것은 새로운 기원을 획하는 것이라고 할 것이다. 왜 그런고 하면 백문이 불여일견(百聞不如一見)으로 한번 실물을 보면 모두 그와같이 하겠다 하는 자극을 받아서 이 운동이 저절로 전국에 보편화할 수 있기 때문이다. 이것이 도산의 목표였다.

그러면 그 제1촌을 어떻게 건설하나. 이것은 동지 조직으로 할 길밖에 없었다. 이 목적을 위하여서 출자하고 또 그 부락의 주민이 되기를 원하는 동지를 찾아서 할 것이었다. 그러다가 이 살기 좋은 부락이 실현되기만 하면 많은 사람이 이 부락을 찾아서 이주하여 올 것이오, 또 다른 지방에도 이것을 모방하는 부락이 생길 것이다. 그리하여서 우리나라의 모든 부락이 이만한 정도에 달할 때에야 비로소 우리 민족의 나라가 훌륭한 나라가 될 것이다. 농촌이 이렇게 개량이 아니 되고 민족의 덕과 체와 지와 경제력이 이 모양으로 향상되지 아니하고 국가가 힘 있는 국가가 될 수는 없는 것이었다. 도산의 모범촌의 동기와 목적이 여기 있는 것이었다.

그러나 한 가지 여기 간과할 수 없는 것은 이 모범촌 계획에 포함된 우리의 경제력 발전의 이론이었다. 도산은 한국의 경제력을 높이려면,

첫째, 각 사람이 교육받고 훈련받은 직업기능(職業技能)을 가질 것.

둘째, 그리하여서 농·어·임·공 기타 모든 생각방법을 과학화하고 합리화할 것.

셋째, 부락사업의 계획과 경영과 노력을 집단화할 것. 이것을 도산은 분공합작이라 하였다.

넷째, 부락의 금융과 공동매매의 협동기관을 세울 것.

다섯째, 각 사람의 덕, 즉 신용을 향상하고 부락의 일상생활을 도덕적·위생적·심미적(審美的)으로 개선하여서 생활이 안전하고 유쾌하게 할 것, 등을 들었다.

그 중 제1항의 각 사람이 교육받고 훈련받은 직업기능을 가진다 하는 것은 가장 근본적이요 중심적인 것이다. 종래 우리나라에서는 농부나 어부나 공장이나 다 아무 학적 교육이 없이 오직 견습과 눈썰미만으로 하여왔다. 이러한 원시적 생산방법으로는 도저히 국제경쟁장에서 민족의 경제력을 유지할 수는 없는 것이었다. 그러므로 도산이 설계한 직업학교의 직업교육은 고등전문교육을 받는 자를 제외하고는 민족 전원이 다 받아야 할 것이었다.

도산의 이상은 만민개업(萬民開業)으로 우리 민족의 각 사람은 모두 생산에 일기일능(一技一能)을 가지게 하자는 것이다. 이것이 일반으로 인생의 당위거니와 특히 땅은 좁고 인구는 많은 우리나라에 있어서 빈궁을 면하는 데 절대로 필요한 방책이었다. 우리나라에는 생산기능을 멸시하는 폐풍 악습이 있었다. 농부에 대하여 서만은 경의를 표하는 전통이 약간 남아 있지만, 모든 장색(匠色),

즉 공업기술자는 이를 천한 직업이라 하여서 사회적으로 차별하고 멸시하였다. 이러고는 나라가 부하기를 바랄 수가 없는 것이었다. 도산은 우리 민족의 이런 크게 그릇되고 해독 많은 사상을 깨뜨리고 업에는 차별이 없다는 전통습상(傳統習尙)을 확립하는 것이 민족의 부침에 유관(攸關)하다고 보았다. 도산 자신은 배를 젓는 것과 가옥청소를 자기의 장기라 하여 자기는 이 재주로 언제나 생활할 능력이 있다고 말하였다. 아무리 학자나 정치가나 예술가라도 체력 노동으로 또 생산기술로 자기의 생활을 유지할 수 있는 힘을 갖추는 것이 인격수양의 중요한 일과라고 하였다. 그가 말년에 양록(養鹿)으로 자기의 생도(生途)를 삼으려하여 그 사업에 대한 연구를 한 것도 이 때문이었다.

도산의 인생관으로 보면 인생의 제1의무는 우선 제 힘으로 제 의식을 버는 일이었다. 부모나 친우에게도 의뢰 말고 독력으로 제 생계를 영위하는 것이었다.

자활의 의사도 기능도 없이 사회에 나와 기생충 생활을 하는 이는 도산의 인생관으로는 침 뱉을 비인격자였다.

우리나라에는 전연 밥벌이 능력이 없는 '선비'의 계급이 있다. 이들을 지사·호걸로 자처하고 때를 만나지 못한 것으로 한탄하는 무리거니와 그러한 속에서 협잡, 아첨 등 모든 죄악이 발생하는 것이다. 순(舜)은 역산(歷山)에서 밭을 갈았고, 강태공(姜太公)은 위수(渭水)에서 고기를 낚았다. 진평(陳平)은 고기를 팔았다. 바울은 장막을 폈다. 그들은 천하국가에 뜻을 두면서도 제 힘으로 제 밥을 벌었다.

그런데 우리나라에는 왜 그리 제 밥벌이 못하는 이가 많은가. 열이 벌어서 열이 먹으면 가난할 리가 없건만 하나가 일하고 열이 놀기 때문에 우리나라는 가장 가난한 것이었다. 이 누습(陋習)을 깨뜨려라. 민족 각 사람이 농부로나 장색으로나 제 밥을 벌 수 있는 기술과 정신을 가져라 하는 것이 도산의 생각이었다. 그가 직업학교를 소중히 여기는 것에는 이러한 깊은 뜻이 있었다.

  도산은 민족의 각 사람이 저마다 제 밥벌이를 하는 것이 곧 민족 경제력의 원천이요, 본체라고 보았다. 정치는 국민 각 사람으로 하여금 '저마다 제 밥벌이를 가능케, 유쾌하게 하는 기술'이라고 도산은 보았다. 이 논리로 볼 때에 조선의 정치는 악정(惡政)이었다. 제 밥벌이하는 기술자를 천히 여기고 일부 놀고먹는 계급을 우대한 것이 무엇보다도 큰 악정이었다.

  도산은 해외에 있어서나 국내에서나 이상촌을 건설하여서 이러한 생활의 본을 보이자는 것이었다.

  도산은 대동강 연안, 황해도 해안지방 등 여러 곳을 실지로 답사해서 후보지를 물색하였고 또 자금을 낼 동지도 수십 명을 구하였으나 1937년 수양동우회 사건(修養同友會事件)으로 체포되매 이 모든 계획은 도산 일생에 관한 한 수포로 돌아가고 말았다. 만일 도산이 오늘에 살아있다면 자유로 전국 각지를 순회하여서 모범촌 건설과 개혁에 분주하였으리라고 믿는다.

13장 상애(相愛)의 세계

어떤 중국사람 관상사(觀相師)가 도산의 사진을 보고 비평하여 가로되, 그 눈이 정적이어서 능히 적을 증오하고 살육할 수 있는 영웅이 될 수는 없다고 하였다. 도산의 이마가 넓은 것은 그의 이지력을 보이고, 코가 높고 곧고 힘 있는 것은 의지력을 보였고, 그의 맑으나 부드러운 눈은 인자(仁慈)를 보였다. 또 그의 손도 심히 부드러웠다.

관상사의 말과 같이 그는 애정이 농후한 사람이었다. 그와 접한 이는 그의 온화한 애정을 느꼈다. 여성 중에도 그를 사모한 이가 적지 아니하였다. 스승으로 큰어른으로 사모하던 것이 열렬한 연애로 화하였던 여성도 있었다. 그가 남경에 있을 때에 어떤 여자가 밤에 그의 침실에 들어간 일이 있었다. 그때에 도산은 천연한 어성으로 '아무개' 하고 그 여자의 이름을 옆방에까지 들릴 만한 큰소리로 불러서,

"무엇을 찾소? 책상 위에 초와 성냥이 있으니 불을 켜고 보오."

하고 천연하게 말하였다.
 이 말, 이 음성에 그 여자는 정열에서 깨어서 도산의 명대로 초에 불을 당기고 잠깐 섰다가 나왔다고, 그 여자도 말하고 옆방에서 자던 동지도 말하였다.
 "그 음성을 들으니 아버지 같은 마음이 생겨서 부끄럽고 죄송하였다."
고 그 여자가 술회(述懷)하였다.
 도산은 남의 감정을 존중하였다. 남의 마음을 상하지 아니하도록 늘 조심하였다.
 "그 정열을 조국에 바쳐라."
하고 얼마 후에 도산은 그 여자에게 넌지시 말하였다. 그 여자는,
 "나는 조국을 애인으로 하고 조국을 남편으로 하겠습니다."
하고 도산의 앞에서 맹세하고 곧 남경을 떠나 유럽으로 유학을 갔다.
 도산은 애정을 존중하였다. 연애도 존중하였다. 상해에서 일찍 어떤 남자가 청년 여자에게 사랑을 고백하는 편지를 한 일이 있었다. 그 여자는 분개하여서 그 편지를 가지고 도산에게 와서 편지한 남자를 탄핵하였다.
 "무엇이 분한가?"
하고 도산은 엄숙하게 그 여자를 바라보며 물었다.
 "독립운동 중에, 또 동지간에 이런 편지를 하는 것은 저를 모욕하는 것이 아닙니까?"
하고 그 여자는 떨었다.

"미혼인 남자가 미혼인 여자에게 사랑을 고백하는 것은 조금도 잘못된 일이 아니다. 그대는 그의 사랑에 대하여 감사할지언정 분개할 이유는 없다. 하물며 그가 부끄러움을 무릅쓰고 남이 알 것을 꺼리며 한 비밀의 편지를 제삼자에게 보이는 것은 실례다. 만일 그대가 그에게 시집가기를 원치 아니하거든 사랑해주시는 뜻은 고마우나 당신의 뜻에 응할 수 없습니다 하고 유감하게 여기는 뜻을 표시하는 것이 옳고 이후에 어디서 그를 만나더라도 친절하게 환영하고 존경하는 뜻을 표하는 것이 옳으니라."

이렇게 충고하고 도산은 그 남자의 편지를 읽기를 거절하였다. 이것은 어떤 이가 목격한 사실이거니와 이 편지 사건 처리 중에 도산의 인격과 그의 인생에 대한 태도가 잘 나타나 있다고 생각한다.

도산의 평생에 심중에 이성에 대한 열정이 일어난 일이 있는지 없는지 알 수 없으나, 그것이 행위로 나타난 일은 없다. 남경의 모 여성 사건으로 보아서 그의 여성에 대한 태도를 알려니와 그는 생활의 다른 방면에서도 그러하였던 모양으로 남녀관계에 대하여서도 청교도적이었다. 옆에서 보기에 그는 이성에 대하여서는 혈족관(血族觀)을 보였던 것 같다. 늙은 여성은 어머니로 젊은 여성은 누이로 어린 여성은 딸로 보라 하는 것이 불교의 혈족관이거니와 도산은 불교를 좋아하지 아니하면서도 아마 우합적(偶合的)으로 이 혈족관을 취한 것이라고 보인다. 그것은 다만 그 부인에 대한 의리라는 관념에서만 나온 것이 아니요 인류동포관(人類同胞觀)에서 나온 도산의 윤리요, 자기 인격의 권위에 대한 존경에서였다.

도산은 그렇다고 이성과의 교제를 짐짓 피하지도 아니하였다.

오면 받고, 만나면 친절하게 유쾌하게 접대하였으며 여성에 대한 특별한 경의와 겸양을 보였다.

그는 이런 말을 하였다.

"아름다운 이성을 보는 것은 기쁜 일이다. 만일 그 얼굴이 보고 싶거든 정면으로 당당하게 바라보라. 곁눈으로 엿보지 말아라. 그리고 보고 싶다는 생각을 마음에 담아두지 말아라."

도산은 이 원칙대로 실행한 모양이었다. 도산의 명철한 양심은 마음의 밀실에서라도 아내 아닌 이성을 범할 수가 없었던 것이다. 그러므로 여성들은 안심하고 그에게 친근하였고, 한번 친근하였으면 평생을 두고 그를 사모하였던 것이다. 비록 신과 같이 존경하던 사람이라도 한번 육적으로 맺으면 부부 이외에는 동물적 결합으로 저락되고 말아서 환멸이 되는 것이다.

도산은 동성간(同性間)의 우정에 대하여서는 아낌없이 사랑을 부었다.

추정 이갑(秋汀 李甲)이 전신불수로 북만주의 망명여사(亡命旅舍)에서 신음하고 있을 때에 도산은 미국에서 내외가 노력하여서 저축한 돈 1,000불을 추정에게 보내었다.

"도산은 운하공사 인부가 되어서 벌고 도산 부인은 삯빨래를 하여서 번 돈이래."

하고 추정은 감격한 눈물을 떨구면서 어떤 이에게 말하였다.

이 돈이 이 모양으로 번 돈이라는 것은 그 돈을 가져다가 전한 미국서 온 사람의 말이라고 한다.

상해에서 동오 안태국이 장질부사로 입원하였을 때에 도산은 동오의 병상 옆에 돗자리를 깔고 동오가 운명할 때까지 간호하였다. 오예물(汚穢物) 처리도 도산이 손수 한 것은 물론이었다.

동오의 영구(靈柩)는 도산의 숙소로 옮겨와서 경야(經夜)하고 성대한 장의를 하였다. 도산이 애국지사로의 동오, 신뢰할 우인으로의 동오, 지성과 온정의 사람으로의 동오를 말할 때에 영결식장의 수백 동지는 모두 느껴 울었다. 동지요, 벗인 동오에 대한 도산의 지극한 우정이 더욱 우리를 울렸던 것이었다.

역시 상해에서 동지 윤현진(尹顯振)의 병중에도 도산은 자질(子姪)에 못지 아니한 애정으로 그를 간호하였고 도산 자신의 생활비뿐 아니라 소지품까지도 잡히거나 팔거나 하여서 윤현진의 치료에 유감이 없기를 힘썼다 한다.

그의 우정은 자기를 잊는 우정이었다. 자기를 희생하는 우정이었다. 보수를 바라는 세간적인 우정이 아니었다. 그가 북경의 하등 여사(旅舍)에서 유할 때에도 재류동포가 와서 돈 걱정을 하면 시계도 내어주고, 의복도 내어주었다. 그는 마치 우정을 위하여서는 목숨까지도 내어주려는 것 같았다. 내일 걱정을 아니하려는 사람 같았다.

도산은 자기가 남에게 대하여서 아낌없는 우정을 가지느니만큼 남에게서 받은 우정에 대하여서 깊이 명심하고 보답할 길을 생각하였다.

대전감옥에서 출옥하여 그는 어떤 일본 순사를 찾았다. 그 순사는 도산이 경기도 경찰부에 유치되어 있을 때에 간수 구실을 하던 사람이다. 이 순사는 제가 차례가 되는 날이면 도산을 밤에 불러내어 산보도 시키고, 별구경도 시켰고, 또 도산에게 냉면을 대접한 일이 있다고 한다.

그러나 도산이 4년이나 감옥에 있는 동안에 그 순사는 벌써 경찰부를 떠났다. 2, 3일이나 두루 찾아서 그의 주소를 알아가지고는 도산은 과자 한 상자를 가지고 그 집을 찾아갔다.

이 순사는 도산이 운명하기 바로 4, 5시간 전에도 대학병원의 병실을 찾아와서 담화를 하였고, 도산의 영구 앞에 와서는 울고 분향하였다고 한다.

도산이 대전 입옥 중에 면회한 모씨에 대하여 도산은 서대문 경찰서 모 순사부장에게 인천서 경성으로 압송되던 날 점심 한 그릇을 얻어먹었으니 그 값을 갚고 그 사의를 표하여 달라고 부탁하므로 모씨는 실소를 금치 못하였다.

도산은 모씨가 웃는 것이 의외인 듯이,

"그 사람은 내게 호의를 보였는데, 내가 그것을 몰라서 쓰겠소?"

하고 정색하였다. 모씨도 정색하고 그리하기로 약속하였다.

도산의 우정에는 차별이 없었다. 큰 사람에게나 어린 사람에게나 우정은 우정이요, 호의는 호의였다. 거기 귀천빈부의 차별이 없었고 또 개인의 우정이나 호의에 대하여서 민족의 차별도 없었다.

도산이 상해에서 일본 관헌의 손에 체포된 것은 우정 때문의 희생이었다.

4월 29일 윤봉길 의사의 의거일이 바로 도산의 어떤 친지의 아들인가 딸의 생일이어서 이날에 생일선물을 주마고 도산이 그 아이에게 약속한 일이 있었다. 그래서 경계 엄중한 이날인 줄 알면서도 어린 사람과의 언약을 어길 수 없다하여 선물을 가지고 그 집에 갔던 것이다. 도산은 이 집에서 체포된 것이었다. 도산은 이것이 언약을 지키다가 된 일이라고 하여서 조금도 후회하지 아니하였다.

도산의 이 우정을 그대로 배운 사람이 하나 있었으니 그것은 유상규(劉相奎)였다. 유상규는 상해에서 도산을 위하여 도산의 아들 모양으로 헌신적으로 힘을 썼다. 그는 환국하여 경성의학전문학교 강사로 외과에 있는 동안, 사퇴 후의 모든 시간을 남을 돕기에 바쳤다. 의술로는 돈 아니 받는 왕진에 골몰하였고 무엇이나 친구의 일이면 분주하였다. 그는 1개년에 겨우 20일 휴가를 어떤 병든 친구의 병간호에 바쳐버렸다. 그는 의학박사의 학위를 얻고 큰 병원을 손에 넣어 올 가을이면 개업한다던 해 7월에 단독(丹毒) 환자 치료 중에 감염되어 아깝게도 별세하였다. 그때는 도산이 대전에서 출옥중이라 몸소 장의(葬儀) 전반을 주장하였거니와 경성에서 처음이라고 할 만큼 회장자(會葬者)가 많았다. 그들은 재물이나 세력의 힘에 끌린 회중이 아니요, 모두 고인을 사랑하고 그에게 감사하는 동지와 친우들이었다. 비탄으로 초췌한 도산의 용모는 말할 것도 없거니와 고인의 은사인 대택 교수(大澤敎授)의 조사낭독도 떨리는 음성이었다. 이 장의가 이렇게 성대한 것을 일본관헌이 의심하여서 이것도 동우회사건의 한 죄목이 되어 있었다.

도산은 '화기(和氣) 있고 온기(溫氣) 있는 민족'을 그리워하였다.
"왜 우리 사회는 이렇게 차오? 훈훈한 기운이 없소? 서로 사랑하는 마음으로 빙그레 웃는 세상을 만들어야 하겠소."

도산은 우리 민족 각 사람이 상호간에 질시·증오가 많고 상애(相愛)·상경(相敬)하는 화기가 부족함을 매양 한탄하였다. 도산은 영어의 '스마일(smile)'이란 말을 즐겨하였다.

도산은 송태산장 입구에 문을 세우고 '벙그레' 또는 '빙그레' 라고 간판을 써 붙일 것을 말하고 있었다. 송태 동구를 들어설 때에는 '벙그레 웃어라' 하는 뜻이었다. 전국 요처요처(要處要處) 사람 많이 모이는 곳에 '벙그레', '빙그레' 라고 좋은 모양과 좋은 글씨로 써 붙이고 또는 조각으로나 회화로도 벙그레 웃는 모양을 아름답게 만들어서 전국에 미소운동을 일으키는 것도 좋겠다고 말하였다.

'갓난이의 방그레', '늙은이의 벙그레', '젊은이네의 빙그레' 모두 얼마나 아름답고 행복한 표정인가. 갓난이의 방그레는 갓난이의 청정심(淸淨心)의 나타남인 모양으로 사람이란 근심도 없고 설움도 없는, 가책 혼탁 없는 양심에서만 화기 있는 미소가 나오는 것이다. 쓴웃음, 빈정대는 웃음, 건방진 웃음, 어이없어 웃는 웃음, 아양 떠는 웃음은 다 부정한 물이 든 웃음이다. 순백(純白)의 미소, 이것이 도산이 요구하는 미소니, 우리 민족 2천만이 다 이 미소를 입언저리 눈시울에 띠게 되면 우리나라는 태평하고 창성하게 된다는 것이다.

중국사람은 '화기임문(和氣臨門)'이라는 문구를 붉은 종이에 써 붙인다. 인도의 복신(福神)의 상모(相貌)는 미소다.

"웃는 집에 울음이 못 온다."

"웃는 낯에 침 못 뱉는다."

"한번 웃음에 100년 액이 스러진다."

"한세상 웃고 지내자."

우리 민족은 빙그레 웃는 민족이라는 별명을 얻도록 하자고 도산은 항상 말하였다.

도산의 가장 큰 낙은 동지와 상대하여 밥을 먹고 차를 마시는 것이었다. 도산은 다른 사람들과 함께 식사할 때에는 결코 어려운 일이나 불쾌한 연상을 하는 담화를 아니하였다. 도산은 식사는 식사로 중대한 것이니 식사시에는 평화롭고 유쾌한 정신만으로 할 것이라고 보았고 그렇게 실천하였다. 식사중에 어떤 사람이 식사에 합당치 아니한 말을 하면 도산은 낯에서 웃음을 거두고 침묵함으로써 못마땅하다는 뜻을 암시하였고, 아무리 수하 사람이라도 곧 말로 면박하는 일은 없었고, 또 아무리 서투른 사람에게라도 얼굴 색을 거두고 침묵하는 항의는 반드시 하였다. 저편이 잘못하는 것을 면박하지 아니하는 동시에 거기 영합하지 아니하였다. 그러고는 적당한 기회를 기다려서 새로운 화제를 제공하여 무겁던 기분을 가볍게 전환하여 짐짓 하는 자취가 없고 가장 자연하게 하였다.

이러한 경우에도 도산의 염원은 한 자리에 모인 사람들에게 평화와 기쁨을 주고 아울러 다만 한 가지 잘못이라도 저편에 고통을 줌이 없이 교정하려는 것이었다.

식후에 차를 마시고 담배를 피우며 담화할 때에는 도산은 얼굴 가득 웃음을 담고 천하사를 다 잊어버린 듯하게 모든 긴장을 풀어 버려서 평소에 그를 외경하던 젊은 사람도 마음 놓고 하고 싶은 말을 다하고 농담까지도 할 수 있으리만큼 안심을 주었다. 도산은 누가 하는 말이나 골고루 귀를 기울이고 거기 흥미를 보였다. 그러나 말이 방종하게 흐르는 경우에는 도산은 검용의 경고를 반드시 하였다. 규구(規矩)를 넘게 하지 아니하려는 것이다.

　도산은 담소의 가치를 중하게 보았다. 오락은 인생의 양식이라고 보았다. 그러므로 흥사단과 같은 수양단체의 대회의 절차에도 강론회, 운동회와 아울러 희락회(喜樂會)를 정하였다. 각 사람은 남을 즐겁게 할 오락거리 한두 가지 재주를 닦아둘 것이라고 도산은 말하였다. 그의 중국사람 연설 흉내는 진실로 핍진(逼眞)하여 포복절도(抱腹絶倒)할 만하거니와 이것은 집회의 경우에 남을 웃기고 즐겁게 하는 일에 일원으로 공헌을 하려고 혼자 연구 연습한 것이었다. 단체생활에는 지를 모으고 덕을 모으고 재를 모으고 일을 분담하는 모양으로 웃음과 기쁨도 분담하여 도와서 전체가 다 함께 크게 웃고 즐거워하자는 것이다. 그러므로 도산은 이러한 우스개를 가볍게 생각하지 아니하고 일종의 예술로 알아서 그것을 연수하거나 실연하는 태도는 덕을 수련하고 실천하는 것과 같은 성의와 용기로써 할 것이라고 말하였다.

　도산은 '정의돈수'라는 것을 인생수련, 그중에도 단체생활수련의 중요 항목으로 치거니와 피차간의 '정의'가 '돈수' 되는 데는 담소가 중요한 방법이라고 하였다. 아무리 이론적으로는 동지라 하더라도 피차에 애정이 없고는 정말 동지가 못 된다는 것이다. 떠나면 보고 싶고 만나면 반갑고, 그가 이 세상에 있거니 하면 대견한, 그러한 애정으로 서로 뭉쳐야만 비로소 평생의 동지로 뭉칠 수도 있고 힘을 발할 수도 있는 것이다. 도산이 구락부(俱樂部)의 필요를 강조하고 음식연락(飮食宴樂)의 의미를 역설하는 것이 이 때문이다. 규약과 서약으로 형식적 단결을 지을 수 있으나 그것을 참으로 단단하게 굳히는 것은 정의를 깊게 함이라고 그는 반복하였다.

도산은 제1차 세계대전 중에 미국 사람들의 윌슨 대통령에 대한 태도를 예로 들었다. 윌슨 대통령이 시가를 통과하면 군중은 반가운 친구를 접하는 듯이 환호하였고, 어떤 부인은 창으로 머리를 내밀고 손수건을 휘두르면서,

'My boy, my dear, dear boy' 라고 눈물을 머금고 소리치는 것을 목격하였노라고 말하였다. 민주당 공화당으로 갈려서 대통령 선거전에서는 서로 공격하더라도 한번 누가 대통령으로 선거된 뒤에는 그는 모든 미국 사람의 대통령이었다. 도산은 대전 중에 우편국 정거장같이 공중이 많이 모이는 곳에는 윌슨 대통령의 사진이 걸려 있고 그 앞을 지날 때에는 누구나 탈모로 경의를 표하더란 말과, 가정에 국기와 아울러 대통령의 사진을 걸고 아이들도 '굿모닝' 하고 산 사람에게 하는 모양으로 인사하여 존경과 신뢰와 친애의 정을 표하는 것이 무한히 부러웠다고 하며,

"민주주의의 나라, 공화국 백성도 이렇지 않소?"

하고 우리 동포가 상호간이나 지도자에 대한 애정이 박한 것을 슬퍼하였다. 스승께 대한 제자의 애정, 목사에 대한 교인의 애정, 동장에 대한 동민의 애정, 학자나 예술가나 기타 민족 중에 빼어난 사람에게 대한 공중의 애정, 그것이 얼마나 되나 하고 저마다 반성해 보자고 도산은 말하였다. 학생들이 학교를 제집과 같이 사랑하여서 그 뜰에 꽃 한포기라도 갖다 심으려 하고, 교장이나 선생을 사

랑하여 맛있는 과일 하나라도 대접하고 싶은 생각이 날 때가 우리 민족이 창성할 때라 하는 것이 도산의 신념이었다.

도산이 상해에 흥사단소를 정하였을 때에 그는 넉넉지 못한 직의 여비 중에서 커튼 화분 등을 사고 또 편안한 의자를 사들여서 단소를 아름답게 꾸몄다. 커튼이나 화분이나 몸소 다니며 골라서 샀다. 두고두고 한 가지씩 한 가지씩 사들여서 날이 갈수록 단소의 아름다움과 유쾌함이 증가하였다.

새로 입단한 단우들도 도산을 배워서 화분, 혹은 차구, 이 모양으로 가져오는 이가 있었다. 도산의 말없는 모범이 효과를 나타낸 것이었다.

단을 사랑하는 사람은 단소를 사랑할 것이요, 단을 위하여서 일하는 사람을 사랑할 것이다. 단소를 사랑하는 이면 무슨 물건이라도 가져올 것이요, 단을 위하여 일하는 이를 사랑한다 하면 그에게 점심 한때라도 대접할 생각이 날 것이다. 지도자를 사랑하고 동지를 사랑하고 일꾼을 사랑하고 그 단체의 집과 집물을 사랑하게 되면 그는 훌륭한 단체생활을 수업하는 자다.

도산은 이러한 정신이 일조일석에 생기는 것이 아니요 장시일의 모방과 애호와 실천으로 습성이 됨으로만 얻어지는 민중 심리를 잘 알았다. 그는 입으로 이렇게 해라, 저렇게 하라 하고 훈회(訓誨)다운 말을 하는 일이 없고 오직 묵묵히 몸으로 본을 보여서 각자의 마음에 싹이 트기를 기다렸다.

도산이 보기에는 우정이나 애향심이나 애단심이나 애국심이나가 다 한 애정의 발로였다. 학교를 잘 사랑할 줄 아는 학생은 반드시 나라를 잘 사랑할 줄 아는 국민이 된다고 믿었다.

애국자의 애정은 국토와 민족의 전체를 포용한다. 그에게는 국토의 일초일목과 한 덩어리 돌 한줌 흙이 다 내 집의 것이요, 국민의 남녀노소가 다 내 식구다. 그러므로 그는 어느 산의 한 귀퉁이 사태 난 것을 볼 때에 제 살이 뜯긴 듯이 아프고, 어느 동포 한 사람이 잘못함을 볼 때에 제가 잘못한 듯이 슬프다. 그가 아침에 눈을 떠 처음으로 생각하는 것이 나라요, 대인접물(待人接物), 모사작업(謀事作業)에 구경(究竟)으로 고려하는 것이 국리민복이다. 그는 국토의 일편 일편이 모두 애착의 대상이오, 수천만 지우선악(智愚善惡)이 모두 동혈동육(同血同肉)이요, 동감동고(同甘同苦)다. 도산이 동우회 사건에 잡혀 나가사키 유조(長埼祐三) 검사의 심문을 받을 때에,

"나는 밥을 먹는 것도 민족운동이요 잠을 자는 것도 민족운동이다. 나더러 민족운동을 말라 하는 것은 죽으라 하는 것과 같다. 죽어도 혼이 있으면 나는 여전히 민족운동을 계속할 것이다."
하여 민족운동을 중지하면 어떤가 하는 권유를 일축하였다고, 나가사키 검사가 만나는 사람마다 말하였다.

그의 민족운동은 민족에 대한 연애요 국토에 대한 연애였다. 그러나 그것은 그의 개인적 우정이 그러하였던 것처럼 결코 맹목적인 열정은 아니었다. 그는 우리 민족의 장처를 잘 아는 동시에 단처도 잘 알았다. 그가 우리 민족의 장처를 말할 때에는 제 자랑과 같이 기뻐하였고 단처를 말할 때에는 제 살을 깎는 듯이 슬퍼하였다. 그러나 그는 단처를 숨겨서 민중에게 영합하려 아니하였다. 개

인에게 아첨하는 것이 개인을 해하는 것인 이상으로 민중에게 아첨하는 것은 더 무서운 해독을 주는 것이니 진실로 민족을 사랑하는 애국자면 차라리 그들의 단처를 척결하여 분노의 돌팔매를 맞을 것이다.

도산은 열렬한 애국자이거니와 징고이스트(Jingoist)가 되기에는 너무도 이성적이요 예지적이었다. 도산은 우리 민족의 본질이 우수함을 믿으나, 여러 점에 결함이 많고 또 뒤떨어진 민족임을 솔직히 인정하였다. 도산은 우리 민족이 각고면려(刻苦勉勵)하면 장래에 세계 일류의 민족국가를 가질 수 있다는 신념은 확고하나 현재의 상태로서는 세계의 가장 빈약하고 덕으로나 지식으로나 내놓을 것 없는 천한 지위에 있다는 것을 분명히 인식하였다. 그뿐 아니라 우리가 도(道)를 잘못하고 방법을 잘못하면 이 이상 더 천하어질 수도 있고 아주 멸망하여 버릴 수가 있다는 것도 두려워하였다.

이렇게 민족의 운명을 정시하는 데서 도산의 애국심은 더욱 열도(熱度)를 가하는 것이었다. 그가 대전 출옥 후에 혹은 지방순회를 하고, 혹은 모범촌 용지를 탐사하는 양을 보고 어떤 이름 없는 여성이 도산에게 편지를 보내어서,

"선생님은 세상에 나오시지 마시고 가만히 산중에 숨어 계셔서 감자나 파 잡수시고 깨끗이 일생을 마치어 주시옵소서. 선생님의 명성이 더럽혀질까 근심하나이다." 하고 그의 은둔을 권하였다. 이 여성의 간절한 애정에 대하여 도산은 깊이 감격하면서 이렇게 말하였다.

"은둔하는 것이 내 일신으로 보면 가장 편안한 일이오. 내 쇠약

한 건강상태로 보아서도 그러하오만 내 심신에 아직 활동할 기력이 남아있고, 우리 민족의 현상(現狀)이 우려할 형편에 있는 이때에 제 일신의 평안이나 명성을 위하여 가만히 있을 수는 없는 일이오."라고 술회하였다.

그의 안중에는 신명(身命)도 없고 명성도 없었다. 오직 나라가 있고 민족이 있었다.

그는 인류를 동포로 사랑하는 점에서 기독교적이었다. 또 그는 세계의 평화를 떠나서 일국의 평화가 없다는 정치관을 가지고 있었다. 그러나 그는 우리가 세계와 인류를 위하여 힘쓰는 길은 제 나라를 좋은 나라를 만드는 데 있다고 하여서 그의 민족주의와 세계주의를 조화하였을 뿐더러 세계민족사회의 일원이라는 의식 위에 선 민족주의만이 옳은 민족주의이지, 타민족의 해(害)의 위에 제 민족의 이(利)를 세우자는 민족주의는 인류의 평화, 결국은 자민족의 평화를 상하는 악이라고 단정하였다.

도산의 사상에 의하면, 각 민족으로 하여금 침략과 외력의 간섭의 우려가 없는 환경에서 자유로 최선의 국가와 문화를 창조·발달케 하면 형형색색의 이종의 꽃이 한 폭의 화단에 조화된 미를 구성하는 모양으로 인류의 진정한 조화와 통일을 가져오리라는 것이었다. 그러므로 도산의 판단에 의하면 민족 상호간의 간섭과 무력투쟁은 이유의 여하를 불문하고 반인류적이었다.

부부간의 복락을 결정하는 것이 사랑인 것같이, 한 단체나 한 민족의 번창을 초래하는 것이 사랑인 것과 같이 세계평화의 원인이요, 유일한 원인은 오직 사랑이다. 공자께서 인을 가르치시고 석가께서 자비를 설하시고 예수께서 사랑을 이르심이 진실로 우연이 아니니 사람의 바른 길은 오직 사랑이요, 그밖에는 없다. 현금 세계에 전쟁이 있고 투쟁이 있어 평안한 날이 없거니와 이것은 그 목적이 악하다는 것보다는 그것을 달하려는 수단이 악한 것이니, 곧 사랑으로 점진으로 하려 아니하고 증오와 폭력으로 성급히 해결하려 하는 까닭이다. 사랑으로 이편이 나아가면 저편도 사랑으로 응하는 모양으로, 이편이 저편을 증오와 폭력으로 누르면 그때 한동안 누르기에 성공한다 하더라도 피일시차일시(彼一時此一時)로 눌린 편이 다시 일어나서 누른 편을 증오와 폭력으로 보복하되 본전에 이자를 가하여서 할 것이다. 이리하여 폭력은 폭력을 낳고 증오는 증오를 불러 인류는 서로 미워하고 서로 갈려서 보복의 연속의 역사를 꾸미니, 그중에서 도탄의 고를 받는 것은 창생(蒼生)이다. 언제 덕을 닦고 하늘다운 문화를 빚어낼 여가가 있으랴. 보라, 지구의 귀중한 물자는 인명을 살해하고 문화를 파괴하기에 낭비되고 있지 아니하는가. 사랑의 사도여야 할 청년들은 증오와 살육의 군사가 되지 아니하는가. 유사 이래로 증오와 투쟁이 평화를 가져온 실례가 없는 모양으로 미래영겁(未來永劫)에도 그러할 것이다. 평화회의가, 패한 적에게 사랑으로 임하지 아니하는 동안 그것은 다음 전쟁의 씨를 심는데 불과할 것이라 하고 도산은 베르사이유 조약이 독일민족의 적개심을 자격(刺激)하여 한 세대가 지나가기 전에 반드시 보복의 거(擧)가 있을 것을 예언하였다.

    방금 제2차 세계대전의 처리에 임하여 도산의 이 생각을 승전 연합국의 수뇌자에게 들려주고 싶다.

도산의 애정은 물건에도 미치었다. 그가 풍경을 사랑하고 특히 고국산천에 대하여 열정적 애착을 가지는 것은 위에도 말하였거니와 그는 자연물과 인공품을 다 사랑하고 아끼고 소중히 여겼다. 그는 무슨 물건이나 다 국민의 재보(財寶)요 인류의 재보니 이것을 소홀히 할 수 없다고 말하고 모든 일용품을 애석(哀惜)하였다. 그는 베를린에 체재하는 동안 독일인이 사람도 아끼고 물건도 아끼는 것을 보고 감동되었다는 말을 하였다.

　"내가 밭을 갈지도 않고 베를 짜지도 않고 먹고 입는 것이 모두 동포의 노고로 된 것이니 감사하고 큰 빚을 지는 마음으로 감사히 쓸 것이라."

고 그가 상해에 있을 때에도 말하였다.

　더구나 무슨 물건이 어떤 친구의 기념일 때에 도산은 그것을 극히 애중하였다. 상해에서 잡혀와서 경기도 경찰부로부터 경성지방법원 검사국으로 송국되어 입감되던 날 도산은 면회하러 간 어떤 동지에게 금시계 하나를 내주면서,

　"이것은 추정(秋汀)이 애용하던 시계인데 뉴욕에서 작별할 때에 내게 준 것이오. 내 사랑하던 친구의 유일한 기념품이오. 그대가 맡아두었다가 내가 만일 다시 살아나오거든 내게 도로 주고, 그렇지 않거든 추정과 나의 기념으로 그대가 가지시오."

하고 추연(愀然)하였다. 그가 해륙 몇 만 리 동서로 유랑할 때에 친구의 기념품을 일시도 몸에서 떼내지 아니한 곳에 그의 우정과 물건에 대한 사랑이 나타난 것이다.

　도산은 애정에 차별이 있어도 좋음을 허용하였다. 부자·부

부·형제·친구·동지·동포·인류·중생·자연 이 모양으로 대상을 따라서 애정의 질적 차이도 있는 것이요, 농담의 정도도 차이도 있을 것이 인정의 자연으로 보았다. 어떤 사랑이 누구를 누구보다 특별히 사랑한다 하여 그것을 허물할 것이 아니었다.

특별히 주목할 것은 도산의 동지애에 대한 태도였다.

도산에 있어서는 우리 민족의 생명성은 선량한 동지의 단결이었다. 우리 민족을 도덕적으로 지식적으로 향상시켜서 최고의 지경에 달케 하여, 정치적으로 경제적으로 문화적으로 모범적인 안락국가가 되게 하려면 모든 사욕과 이욕을 떠난 수양단결의 구원한 운동이 아니면 아니 된다고 단안(斷案)하고, 이렇게 단결의 생명을 정당한 주의와 합리한 조직과 풍부한 재정의 삼합(三合)이 필요하거니와 이 삼합의 피가 되고 생명력이 되는 것은 동지의 정의라고 하였다. 정의 없는 단결은 피 없는 육체와 같고 시멘트 없는 벽돌담과 같다고 하였다. 어떤 단결의 그 주의에 대한 사랑, 조직체에 대한 사랑, 지도자와 간부에 대한 사랑, 자원 상호의 사랑, 이러한 사랑이 없으면 아무리 훌륭한 주의와 조직이 있고 아무리 풍부한 물력이 있다 하더라도 그 단체는 분열·자멸하고 마는 것이니, 우리나라에서 훌륭한 주의를 가지고 오래 유지될 단결이 없는 것이 이 때문이라고 도산은 명언하였다.

그러면 도산의 동지애란 어떤 것인가. 그것은 세속에서 이르는 바 네 것 내 것이 없고 죽어도 같이 죽고 살아도 같이 살자는 이러한 의형제적 사랑을 말하는 것이 아니라고 도산은 경계한다. 이러한 사랑은 소수의 단기간에 무슨 공동이해와 열정을 위하여 가질 수 있는 것이지, 결코 다수인이 장구한 시간에 유지할 성질의 것이 아니다. 또 도산에 의하면 이러한 애정은 정당치 못한 경우가 많을뿐더러 일시적 흥분으로 굳은 맹세를 하여서 선악을 가리지 않고 자기를 속박하고 타인을 속박하는 것은 죄적(罪的)이다.

동지애란 이런 의형제적이 아니다. 그것은 상호의 신뢰와 존경의 감정을 기조(基調)로 한 담담한 애정이다. 떠나 있어도 서로 믿고 든든하고, 만나면 반갑고 마음 놓이는 그런 사랑이다. 그러므로 이것은 열정이 아니요 정조다. 언제나 반갑고 언제나 미덥고 평생에 같은 이상을 향하여 같은 수양을 한다는 이 대견한 생각 — 이것이 동지애다. 애경(哀慶)에 서로 물으나 결코 서로 손해 끼치지 아니하고, 세상이 무엇이라고 이간하고 중상하더라도 서로 의심함이 없는 정, 이것이 동지의 사랑이다. 이것은 키케로의 우정론에 보이는 로마인의 우정에 해당하고 동양의 군자지교(君子之交)에 해당하며 신라사에 이른바 세속오교(世俗五敎)의 교우이신(交友以信)의 정신에 벗어나지 않는 것이다.

"동지를 믿어서 속으라."

도산은 이런 말을 하였다. 믿었던 동지가 변심할 경우도 상상된다. 그래서 그가 나와 동지의 정의를 이용하여 나를 속일 수도 있을 것이다. 그러한 경우에 나는 그를 믿고 속으라는 뜻이다. 그는 나를 속이더라도 나는 그와의 동지의 의를 지키자는 것이다.

"세상에 마음 놓고 믿는 동지가 있다는 것처럼 큰 행복이 또 어디 있소?"

하고 만족한 표정을 하는 것이었다. 키케로는 평생에 벗이 하나면 족하다고 하였다. 그 한 벗이란 이렇게 '마음 놓고 믿는 벗'이라는 뜻이다.

  같은 동지 중에도 혈족형제도 있을 것이오, 혹은 동향, 혹은 동취미, 혹은 동창, 이 모양으로 자별하게 서로 정다운 몇몇도 있을 수 있다. 다른 동지들은 그들의 행복을 기뻐할지언정 시기하고 의혹할 것이 아니다. 이 점도 도산은 가끔 말하였다. 같은 동지 간에 어찌하여 편애가 있나, 하는 것이 매양 문제가 되는 일이 있기 때문이다.

  도산은 우리나라를 사랑의 나라, 미소의 나라로 하고 싶어 하였다. 그러하기 위하여서 자신이 사랑과 미소를 공부하고 또 동지들에게 사랑과 미소 공부를 권면하였다.

  '훈훈한 마음, 빙그레 웃는 낯'

  이것이 도산이 그리는 새 민족의 모습이었다. 100년이 되거나 1,000년이 되거나 이 모습을 완성하자는 것이 도산의 민족운동의 이상이었다.

민족개조론(民族改造論)

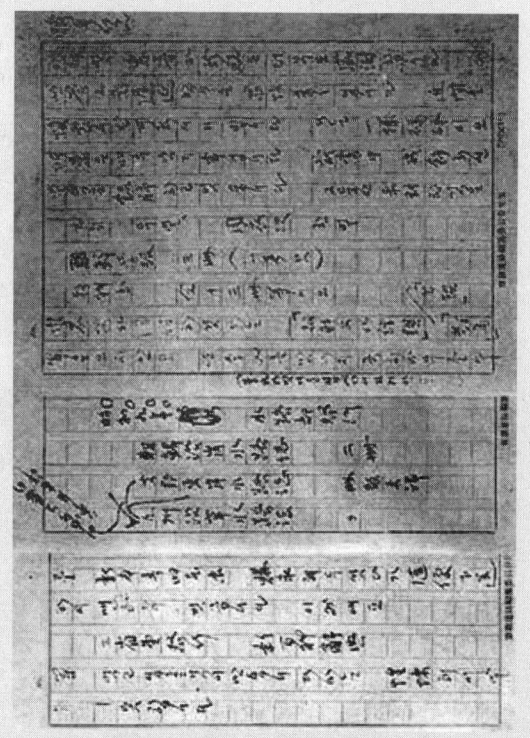

변언(辯言)

나는 많은 희망과 끓는 정성으로 이 글을 조선민족의 장래가 어떠할까, 어찌하면 이 민족을 현재의 쇠퇴(衰頹)에서 건져 행복과 번영의 장래에 인도할까 하는 것을 생각하는 형제와 자매에게 드립니다. 이 글의 내용인 민족개조(民族改造)의 사상과 계획은 재외동포 중에서 발생한 것으로서 내 것과 일치하여 마침내 내 일생의 목적을 이루게 된 것이외다. 나는 조선 내에서 이 사상을 처음 전하게 된 것을 무상한 영광으로 알며, 이 귀한 사상을 선각(先覺)한 위대한 두뇌와 공명한 여러 선배동지(先輩同志)에게 이 기회에 또 한 번 존경과 감사를 드립니다. 원컨대, 이 사상이 사랑하는 청년 형제자매의 순결한 가슴속에 깊이 뿌리를 박아 꽃이 피고 열매가 맺어지이다.

　　　　　　신유 십일월 십일일 태평양회의가 열리는 날에 춘원.

민족개조(民族改造)의 의의(意義)

근래에 전 세계를 통하여 개조라는 말이 많이 유행됩니다. 일찍 구주대전(歐洲大戰)이 끝나고 파리에서 평화회의가 열렸을 때에 우리는 이를 세계를 개조하는 회의라 하였습니다. 인하여 국제연맹(國際聯盟)이 조직되매 더욱 광열(狂悅)하는 열정을 가지고 이는 세계를 개조하는 기관(機關)이라 하였습니다. 그래서 큰일에나 작은 일에나 개조라는 말이 많이 유행되게 되었습니다.

개조(改造)라는 말이 많이 유행되는 것은 개조라는 관념이 다수 세계인의 사상을 지배하게 된 표현입니다. 진실로 오늘날 신간서적이나 신문, 잡지나 연설이나 심지어 상품의 광고에까지, 또 일상의 회화(會話)에까지 개조란 말이 많이 쓰인 것은 아마도 공전(空前)한 현상일 것이외다. 무릇 어떤 관념이 지배하던 시대가 지나가고 새로운 어떤 다른 관념이 지배하려는 시대가 올 때에는 반드시 인심에 갱신(更新)이라든지, 개혁(改革)이라든지, 변천(變遷)이라든지, 혁명(革命)이라든지 하는 관념이 드는 것이지마는 갱신,

개조, 혁명 같은 관념만으로 만족치 못하고 더욱 근본적이요, 더욱 조직적이요, 더욱 전반적, 삼투적인 개조하는 관념으로야 비로소 인심이 만족하게 된 것은 실로 이 시대의 특징이라 하겠습니다.

'지금은 개조의 시대다!' 하는 것이 현대의 표어요, 정신이외다. 제국주의의 세계를 민주주의의 세계로 개조하여라…… 생존경쟁의 세계를 상호부조의 세계로 개조하여라, 남존여비의 세계를 남녀평등의 세계로 개조하여라…… 이런 것이 현대의 사상계의 소리의 전체가 아닙니까. 이 시대사조(時代思潮)는 우리 땅에도 들어와 각 방면으로 개조의 부르짖음이 들립니다. 그러나, 오늘날 조선사람으로서 시급히 하여야 할 개조는 실로 조선민족의 개조외다.

대체 민족개조(民族改造)란 무엇인가. 일 민족은 다른 자연현상과 같이 시시각각으로 어떤 방향을 취하여 변천하는 것이니 한 민족의 역사는 그 민족의 변천의 기록이라 할 수 있습니다. 단군시대의 조선민족, 삼국시대의 조선민족, 고려 이조시대의 조선민족, 또는 같은 이조시대로 보아도 임란(壬亂) 이전과 이후, 갑오(甲午) 이전과 이후, 이 모양으로 조선민족은 끊임없이 변화하여 내려왔습니다.

우리가 난 뒤 삼십 년간으로 보더라도 조선이 어떻게나 변하였나. 정치는 말 말고 의복, 주거, 습관 등 밖에 드러나는 것뿐 아니라 우리의 사상의 내용, 감정의 경향까지 몰라보게 변하여 왔습니다. 남자가 상투를 베고 여자가 쓰게를 버린 것이 어떻게 무서운 변화오니까. 과거에만 그런 것이 아니라 지금도 나날이 변하여 갑니다. 더욱이 재작년 기미 삼월 일일 운동 이후로 우리의 정신의 변화는 무섭게, 급격하게 되었습니다. 그리고 이러한 변화는 금후에도 한량없이 계속될 것이외다.

그러나, 이것은 자연의 변화이외다. 또는 우연(偶然)의 변화이외다. 마치 자연계에서 끊임없이 행하는 물리학적 변화나 화학적 변화와 같이 우리 눈으로 보기에는 우연히 행하는 변화이외다. 또는 무지몽매한 야만인종(野蠻人種)이 자각 없이 추이하여 가는 변화와 같은 변화이외다. 문명인의 최대한 특징은 자기가 자기의 목적을 정하고 그 목적을 달하기 위하여 계획된 진로(進路)를 밟아 노력하면서 시각마다 자기의 속도를 측량(測量)하는 데 있습니다.

그는 본능이나 행동을 따라 행하지 아니하고 생활의 목적을 확립합니다. 그리하고 그의 일거수일투족(一擧手一投足)의 모든 행동은 오직 이 목적을 향하여 통일되는 것이요. 그러므로 그의 특색은 계획과 노력에 있습니다. 그와 같이 문명한 민족의 특징(特徵)도 자기의 목적을 의식적으로 확립하고 그 목적을 달하기 위하여 일정한 조직적이요, 통일적인 계획을 세우고, 그 계획을 실현하기 위하여 조직적이요, 통일적인 노력을 함에 있습니다. 그러므로, 원시시대(原始時代)의 민족, 또는 아직 분명한 자각을 가지지 못한 민족의 역사는 자연현상(自然現象)의 변천(變遷)의 기록과 같은 기록이로되, 이미 고도의 문명을 가진 민족의 역사는 그의 목적의 변천의 기록이요, 그 목적을 위한 계획과 노력의 기록일 것이외다. 따라서 원시민족(原始民族), 미개민족(未開民族)의 목적의 변천은 오직 자연한 변천, 우연한 변천이로되, 고도의 문명을 가진 민족의 목적의 변천은 의식적 개조(意識的改造)의 과정이외다.

그러면 어떠한 경우에 개조현상(改造現象)이 생기나. 이미 가진 민족의 목적과 계획과 성질이 민족적 생존번영에 적합지 아니함을 자각하게 되는 경우이외다. 그 성질로 그 목적을 향하여 그 계획대로 나가면 멸망하리라는 판단을 얻는 경우이외다. 이러한 자각과 판단을 얻는 것부터 벌써 고도의 문화력을 가졌다는 증거니, 그것이 없는 민족은 일찍 이러한 자각을 가져 보지 못하고 부지불식(不識不知) 중에 마침내 멸망에 들어가고 마는 것이외다. 능히 전 민족적 생활의 핵심을 통찰(洞察)하여 이 방향의 진로는 멸망으로 가는 것이외다 하는 분명한 판단을 얻는 것이 그 민족의 갱생(更生)하는 첫걸음이외다. 맹아(萌芽)이외다. 그리고 한 번 이러한 판단을 얻기는 총명하게 새로운 목적과 계획을 정하여 민족생활의 침로(針路)를 전하도록 의식적으로 조직적으로 노력하는 것이 그 민족의 갱생하는 유일한 길이니, 이는 퍽 총명하고 용단 있고 활기 있는 민족 아니고는 능치 못할 것이외다.

나는 이상에 민족개조란 것이 민족의 생활의 진로의 방향변환(方向變換), 즉 그 목적과 계획의 근본적이요, 조직적인 변경인 것을 암시하였습니다. 오직 어떤 부분을 개혁하거나 후보(候補)한다는 것이 아니고, 집으로 말하면 그 앉은 방향과 기초와 실(室)의 배치와 구조와 재료를 전혀 새로운 설계에 의하여 다시 짓는다 함이니 비록 낡은 재료를 다시 쓴다 하더라도 그것은 신(新)설계에 맞추어 쓸 만한 것이면 쓰는 것이 될 뿐이외다. 이러므로, 민족의 개조라는 것은 여간한 경우에 경솔히 부르짖을 바가 아니니, 아까도 말한 바와 같이 이대로 가면 망한다 할 경우에 건곤일

척(乾坤一擲)의 대결심(大決心), 대기백(大氣魄)으로 할 것이외다. 과거의 역사로 보건대 일민족의 전 생애(사십년이나 오십년)에 말하여 2, 3차 되기가 어려울 것이외다. 청년다운 생기가 없이는 도저히 못할 일인 듯합니다. 다음에는 세계역사상에 민족개조운동의 실례 몇 가지를 들어 더욱 민족개조(民族改造)라는 사상을 분명히 하려 합니다.

역사상(歷史上)으로 본 민족개조운동

첫째로 들 것은 고대 희랍(希臘)에 재(在)한 소크라테스. 플라톤 등의 민족개조운동이외다. 당시 희랍은 파사(波斯)에 대한 전승과 상업의 발전과 문화의 난숙(爛熟)으로 인민의 이기와 교사(巧詐)와 유질에 흘러 民族的 — 즉, 공고한 단체생활의 힘이 날로 소모하여 지고, 그 시세의 산물인 궤변학파가 일세를 풍비하여 국민도덕이 지(地)를 불(拂)하게 되었습니다. '각인(刻印)의 준승(準繩)은 자기라' 하는 궤변학파의 표어는 봉공(奉公)이라든지, 상호부조라든지 하는 단체생활에는 생명이라 할 도덕의 권위를 무시하는 말이외다. 이때에 소크라테스는 '이대로 두면 망한다'는 표연(飄然)한 자각으로 구연히 일어나 정의의 실재와 봉공의 덕의 권위를 역설하였고, 그의 수제자 플라톤은 국가중심의 도덕을 절규하였습니다. 지금에는 소, 플 양씨를 철학의 조(祖)로 전하지마는 기실 양씨의 목적은 철학의 건설이 아니요, 자기네의 사랑하는 국가와 민족의 구제이외다.

그네의 철학은 천고에 전하여 숭앙의 표적이 되지마는 그네가 필생의 정력을 다하여 구제하려 하던 조국은 마침내 구제치 못하고 말았으니 그네의 주관으로 보면 그네는 생활에 실패한 사람이외다. 그네의 지하의 영(靈)이라도 조국은 가고 철학만 남은 것을 못내 슬퍼하였을 것이외다.

흔히 국가를 바로잡을 뜻을 가진 자는 그 국가의 정권을 자기의 수중에 장악하기를 유일한 길로 압니다. 더욱이 동양이 그러하고 더욱이 고대에 그러하였습니다. 그러나 소크라테스는 국가의 흥망이 정권에 있는 것이 아니요, 정권을 운용할 인물과 정권의 지배를 받을 인물을 포괄하는 인민에 있음을 자각하여 국가의 운명을 안태(安泰)케 하려면 인민의 사상을 건전케 하여야 한다는 점에 착목(着目)하고 인민의 사상을 개조하려면 그 인민의 차대요 후계자인 청년의 사상을 건전케 하여야 한다는 점에 착목하여 그 일생을 청년의 교육에 바쳤습니다. 그는 진실로 민본주의의 선각자요 국민교육의 선각자요 민족개조운동의 선각자외다. 공자나 맹자는 일생에 정권을 구(求)하기에 급급하였고 거기 실패하매 비로소 청년자제를 교육하였으니 그네는 아직 민족개조의 진실을 자각하였다고 할 수 없습니다.

소크라테스는 매일 아테네 청년이 많이 모이는 곳에 나아가 닥치는 대로 청년을 붙들고 그 유명하고 독특한 대화법(對話法)을 응용하여, 첫째 그 청년의 현재에 가진 사상의 그릇됨을 자각케 하고 정의와 봉공의 개념을 주입하기로 일을 삼았습니다. 이리하여 매일 한두 사람씩 내지 십수 인씩 접하여서 일생에 아테네의 민중의 사상을 개조하려 하였습니다. 그는 무수한 핍박과 빈궁의 고통을 모(冒)하고 마침내 독약을 마시는 날까지 이 민족개조사업에 진췌(盡悴)하였습니다. 과연 이 어른은 천고에 의표(儀表)가 되어서 마땅한 어른이시외다. 그러나, 이러한 위대한 인격과 신앙과 열성을 가지고도 그 어른의 사업은 실패에 귀(歸)하였습니다. 그가 독약을 받고 돌아가심으로 더불어 그의 사업은 끝났다고 볼 수 있습니다. 그러면 그의 실패의 원인이 어디 있을까. 이는 진실로 큰 문제이외다. 민족개조의 가능, 불가능을 결단할 만한 큰 문제이외다.

그의 실패의 원인은 '단체사업'이란 것을 깨닫지 못한 점에 있습니다. 민족개조의 사업은 계속적으로 장구한 세월과 수다한 인물과 금전을 요구하는 대사업입니다. 첫째, 계속적이라는 데는 깊은 뜻이 있습니다. 가령 소크라테스가 일개의 청년을 구제하여 신인(新人)을 만들었다 합시다. 그 신인된 청년이 다시 재래의 환경 속에 들어가면 심하면 구(舊)에 복(復)하여 버리고 말 것이요, 그렇지 아니하면 숨은 촛불이 되어버리기 쉬울 것이니 특별히 위대한 인격자가 아니고는 단독으로 사회의 풍조를 대항하고 정복하기를 바라지 못할 것이요, 이러한 특출한 인격자는 민중의 지도자로 일대(一代)에 일이 인밖에 나기 어려운 것이외다. 그런즉 다수의 범상한 신인으로 하여금 그 신(信)을 일생에 보존하고 아울러 그 신의 힘을 발휘케 하려면 신인된 날부터 신인의 환경 속에 처하는 것이 절대로 필요하니, 그 환경이란 다른 것이 아니요 오직 신인만으로 되어 공통한 이상을 가진 강고한 단체외다.

이러한 단체가 있어 혹은 회합으로 혹은 문자로 혹은 공동한 사업의 경영으로 평생에 서로 자격(刺激)하고 서로 협력하여가는 중에 그 신인들이 신(信) 됨을 잃어버리지 아니할뿐더러 그 사상이 더욱 깊이 뿌리를 박고 더욱 널리 가지를 뻗어갈 것이외다. 그러므로 단체를 만드는 것은 개조된 각 개인으로 하여금 개조의 환경 속에 계속적으로 처하게 하는데 절대로 필요한 것이외다. 그런 것을 소크라테스는 이 방법을 알지 못하였기 때문에 모처럼 얻었던 동지를 많이 잃어버렸을 것이외다. 플라톤과 같은 고명한 제자 일인보다 평범한 제자 여럿이 민족개조의 목적을 당하는 데는 더욱 중요할 것인데.

또 단체라는 무기를 이용하지 아니하였으므로 소크라테스의 사업은 그 세력이 크지 못하고 또 그 생명이 길지 못하였습니다. 위에도 말한 바와 같이 민족개조의 사업은 아마도 온갖 사업 중에 가장 위대하고 곤란한 사업일 것이외다. 그러므로 이 사업을 성취하기에는 우리가 얻을 수 있는 가장 위대한 힘과 우리가 얻을 수 있는 가장 오랜 생명을 가져야 할 것이외다. 그런데 이 두 가지를 얻는 데는 오직 단체를 이룸이 있을 뿐이외다.

개인의 생명에는 한이 있는 것이라 오래 살아야 팔구십이니 삼십에 주의가 확립하여 칠십까지 활동할 정력을 가졌다고 하더라도, 그 기간이 사십 년에 불과할뿐더러 개인이란 언제, 어느 때에 그 뜻이 좌절될는지 모르고, 또는 그 생명도 언제 없어질는지 모르기 때문에 무슨 중요한 사상의 발견이 있거든 그것을 자기 이외의 사람에게 전하여 두는 것이 절대로 필요합니다.

대개 한 가지 사상의 불꽃은 몇 천 년에 하나씩 하늘에서 떨어지는 것인데, 이것이 한번 불행히 꺼지면 이는 인류에게 회복할 수 없는 영원한 손실을 주는 것이기 때문이니, 마치 귀중한 미술품이나 문적(文籍)을 도난이나 화재를 면할 만한 안전한 처소에 간수하여 두는 모양으로 이러한 귀중한 사상은 아무쪼록 산일(散佚)되지 아니하도록 될 수 있는 대로 속히 전파되고 실현되도록 힘써야 할 것이외다. 이러하는 데는 여러 가지 방법이 있습니다. 공자나 맹자 같은 이는 제자를 택하는 방법을 취하였습니다. 석가나 야소나 소크라테스도 그러하였습니다. 자사(子思)나 플라톤이나 기타 근세의 사상가들은 저술의 방법을 취하였습니다. 어떤 이는 돌아다니며 선전 연설을 하는 방법을 취합니다. 이 모든 것이 다 사상을 보존하고 선전하는 데 필요한 방법이로되, 그중에 가장 중요한 방법은 단체를 조직함이외다. 예수는 이 방법을 취하여 교회라는 단체를 세웠고 그의 제자들도 잘 그의 뜻을 체(體)하여 교회를 완성하였습니다.

석가나 기타의 종교라 하여 오래 살아가고 널리 전파된 사상은 다 이 단체라는 무기를 이용한 것이외다. 근대에 이르러 사회학이 발달되며 더욱 단체의 이익 됨이 분명히 알려져 온갖 사상의 보존, 선전, 실현에 이 무기가 자유로 이용되게 되었습니다. 가령 덕, 체, 지 삼육을 표방하는 기독교청년회라든지 금주, 금연의 동맹이라든지 모두 이런 것이외다.

단체에 왜 그러한 위력이 있는가. 그것은 네 가지로 볼 수 있습니다. 첫째는 이미 말한 바와 같이 신사상을 받은 신인으로 하여금 계속하여 그 환경에 처하여 그 사상을 잃어버리지 않게 함이요, 둘째는 동 사상을 표방하는 수다인(數多人)이 일단(一團)이 되어 언어나 행동이 일치하여 다른 사람들과는 다르기 때문에 뚜렷이 세상에 드러나서 자연하고 유력한 선전의 공효(功效)가 있는 동시에 그 단원 자신에게도 일종의 자부와 자신이 생김이요, 셋째는 다수인의 능력과 학식과 기능과 금전을 모두어 개인으로는 도저히 발할 수 없는 위대한 세력으로 그 사상의 향상과 선전과 실현에 관한 사업을 경영할 수 있음이요, 넷째는 개인의 생명은 유한하되 단체의 생명은 무한하여 영구히 그 사상의 보존, 선전, 실현의 사업을 경영할 수 있음이외다. 소크라테스가 만일 이 방법을 채용하였던들 그의 이상인 아테네인의 구제를 성취하였으리라고 확신합니다.

너무 말이 기로(岐路)에 든 듯하나 단체와 내가 말하려던 조선 민족개조운동과는 밀접한 관계가 있는 것이기 때문에 장황한 것을 참고 이렇게 말한 것이외다. 또 소크라테스의 민족개조운동은 그것이 역사상에 현저한 첫 실례요, 아울러 당시 아테네의 형편과 소크라테스의 실패한 경로가 퍽 우리와는 인연이 깊은 듯이 생각됩니다.

다음에 역사상에 현저한 민족개조운동의 실례로는 프레더릭 대왕 시대의 프러시아, 표트르 대제(大帝) 시대의 아라사와 인텔리겐차, 사회주의자 등의 아라사에서 한 운동, 일본의 명치유신 등이겠습니다. 장차 민족개조의 대 운동을 일으키려 하는 우리에게는 이러한 사실이 모두 흥미있는 것이지마는, 그것을 여기서 일일이 서술하고 비평할 여유도 없고 필요도 없는 것이니, 다만 통틀어서 아라사나 프러시아나, 일본이 각각 그때 마침 민족개조의 운동을 아니 일으켰던들 말 못 되게 쇠퇴하였을 것과 또 그 민족개조운동이 모두 어떤 의미로 보든지 단체적 사업이었던 것만 주의해두려 합니다. 그런데 표트르 대제, 프레더릭 대왕, 명치천황의 유신(維新)이 어찌하여 단체적이겠느냐 하는 데 대하여서는 두어 마디 설명이 필요하리라고 생각합니다.

사책(史册)에 기록된 것을 보면 과연 무슨 대제, 무슨 대왕의 단독적 사업같이 보이지마는, 기실 무슨 대제나 무슨 대왕은 그 사업을 경영하던 단체의 대표자요, 중심인물에 지나지 못하는 것이외다. 가령 일본의 유신사(維新史)를 봅시다. 명치천황을 중심으로 목호(木戶), 대구보(大久保), 사향(西鄕), 이등(伊藤), 대외(大畏) 등 모든 정치가, 복택(福澤), 삼(森), 신도(新島) 같은 신사상가, 교육가 가등홍립(加藤弘立), 정상철차랑(井上哲次郞), 삼택설령(三宅雪嶺), 덕부소봉(德富蘇峰), 고산저우(高山樗牛) 같은 여러 사상가, 학자, 평내웅장(坪內雄藏) 같은 문사, 삽택영일(澁澤榮一) 같은 실업가, 기타 무릇 신일본을 건설하기에 노력한 유력 무명의 무수한 일꾼이 모두 오개조의 서문(誓文)과 교육칙어(敎育勅語)를 종지(宗旨)로 한 한 단체의 단원이라고 볼 수 있는 것이외다.

비록 어떤 특정한 명칭을 가지지 아니하였지마는, 그 중심인물이 마침 국가의 주권자였기 때문에 대일본제국이라는 국가의 명칭 하에 민족개조의 사업을 진행한 것이지마는 그 뜻이 같고 중심인물을 통하여 나오는 명령에 복종하여 조직적으로 민족개조의 대사업을 경영한 점으로 단체사업이라고 할 수 있는 것이외다.

아라사의 인텔리겐차의 사업은 더욱이 사설단체적 색채가 농후

합니다. 지상이나 구두로 사회개조론을 하여 듣고 싶은 자는 듣고, 하고자 하는 자는 하여라 하는 식으로 도저히 이러한 대사업은 생념(生念)도 못할 것이외다. 나는 이제 항을 새로 하여가지고 우리 조선 근대의 민족개조사업을 논평해서 점점 내가 지금 제창하려는, 아니 차라리 소개하려는 민족개조운동론에 접근하려 합니다.

갑신이래(甲申以來)의 조선의 개조운동

　조선이 날로 쇠퇴하여 가는 것을 보고 '이래서는 안 되겠다' 하여 개조할 생각을 가진 이도 꽤 많이 있었을는지 모르되, 사업으로도 남은 것이 없고 언론으로도 남은 것이 없으니, 갑신(甲申) 이전의 일은 말할 수 없습니다. 정약용(丁若鏞) 선생이 꽤 새로운 생각을 가지셨다 하지마는, 나는 아직 그 어른의 글을 읽어볼 기회가 없었습니다. 그러나 그 어른이 혹 새로운 사상을 가지셨다 하더라도 서적으로 끼친 것 외에 특히 무슨 사업을 시작한 것을 듣지 못하니 그를 민족개조운동의 제일인이라고 볼 수는 없습니다.

　거금(距今) 사십사 년 전 갑신에 김옥균(金玉均), 박영효(朴泳孝) 등의 정부개혁운동이 있었습니다. 당시 중앙, 지방 할 것 없이 전국 일체의 정권을 농락하던 명성황후(明成皇后)를 중심으로 한 민씨(閔氏) 일파를 들어내고 유신 후의 일본의 공기를 흡입한 신진인물의 손에 정권을 장악하려는 운동이외다. 이는 병인양요(丙寅洋擾)가 있은 후 십구 년, 병자수호조약(丙子修護條約)이 있은 후 구 년이니 '양이침범(洋夷侵犯), 비전칙화(非戰則和), 주화매국(主和賣國)'이라는 대원군의 표어로 의식적으로 철저한 쇄국정책을 실행하던 말로의 조종(弔鍾)이라 할 수 있습니다.

그러나 김옥균, 박영효 일파의 운동은 워낙 근저가 없는 운동이기 때문에 일격에 실패되고 말았습니다. 그 근저란 무엇이냐. 동지 되는 인물과 사업의 자금이 될 금전이외다. 만일 국가의 정권을 잡으면 국고의 재산이 곧 자금이기도 하려니와 동지 되는 인물에 이르러서는 정권을 잡는다고 갑자기 하늘에서 뚝 떨어질 것이 아니외다. 그때에 누가 있어 내정을 맡고 외교를 맡고 교육을 맡고 산업을 맡겠습니까. 누가 있어 국가 제반기관(諸般機關)을 동일한 보조로 운전하겠습니까. 만일 김옥균, 박영효 두 분이 진실로 총명한 계획이 있었다 하더라도 뉘로 더불어 그 계획을 실시하겠습니까. 그러므로 그네가 정권을 장악하기보다 먼저 하여야 할 일은 동지요 동업자 될 일꾼을 양성하는 것일 것이외다. 그리하여 이만하면 이 동지로 능히 일국을 요리하리라 할 만한 때에 정권을 잡으면 비로소 자기의 이상을 실현도 하였을 것이외다. 그만한 실력이 없이 비록 정권을 장악하기에 성공하였다 하더라도 그 이상은 일부분도 실현해보지 못하고 소위 삼일천하가 되고 말았을 것이외다.

그로부터 만 십 개년을 지내어 청일전쟁이 생기고 그 때문에 조선이 완전한 독립국이 되어 일본의 후원으로 김홍집 내각(金弘集內閣)이라는 제일차 내각이 조직되어 여러 신인물로 그 각원을 삼고 크게 정부 혁신을 기도하니, 이것이 소위 갑오경장(甲午更張)이외다. 그러나 제도와 법령은 아무리 새로워도 그것을 운용하는 인물과 그 지배를 받을 인물이 여전히 낡으니 어찌하오(奈何). 또 마침내 부패하고 수구하는 점으로 다수의 동지와 세력을 가진 구파에게 압도되어 역시 삼일천하의 비운을 당하고 말았습니다.

  이에 본래 조선사람으로서 미국에 입적하여 다년 그 나라의 문명의 풍조에 씻긴 서재필(徐載弼)이 미국시민의 자격으로 외부 고문이 되어 경성에 내주(來駐)하매 그의 조국이던 조선의 갱생은 도저히 정부의 개혁, 정권의 장악으로만 될 것이 아니요, 오직 일반 민중의 각성에 있음을 깨달아 독립협회를 일으키니 당시 연소기예(年少氣銳)하고 미국 선교사와 배재학당을 통하여 서양의 문명을 맛본 이승만(李承晩), 윤치호(尹致昊), 안창호(安昌浩) 등이 협회의 기하(旗下)로 모여들어 일변 연설회를 열며 일변 독립신문이라는 기관신문을 간행하여 민중의 각성을 촉(促)하니, 이것이 조선서의 민족개조운동의 첫소리였습니다. 당시 그네의 주장하던 바는 혁구취신(革舊就新)할 것, 서양문화를 수입할 것, 계급사상을 타파하고 자유 평등의 사상을 고취할 것, 정치상으로는 군주전제나 벌족 전제주의를 타파하고 민주주의를 세울 것 등이니, 이는 미국의 감화를 받은 서재필 일파의 사상의 당연한 반영일 것이외다. 특히 그 기관신문인 독립신문을 순(純)국문으로 한 것을 보면, 그 주뇌자(主腦者)들이 어떻게 민주주의적이요, 과격하다 할 만한 혁구취신주의자인 것을 추지(推知)할 만하며, 또 민주주의의 고취에는 국민 각 개인이 그 국가의 성쇠 흥망의 책임을 가진다는 애국심을 고조하여 조선에서 애국이란 말이 이 독립협회에서 위시하였다고 할 만하게 되었습니다. 그러다가 당시 집권자가 보부상파(褓負商派)

를 풀어서 두들기는 바람에 그만 형적도 없이 부서지고 말았습니다. 물론 그 운동이 민심에 미친 영향이야 불소(不少)하지마는 독립협회 자체는 영영 소멸되고 말았습니다. 그러나 그 실패의 진인(眞因)은 결코 집권자의 강압에 있는 것이 아니요, 협회 자체에 배태(胚胎)된 것이니, 이제 그 원인을 강구함은 장래를 위하여 도로(徒勞)가 아니리라 합니다.

독립협회운동의 실패의 첫 원인은 단결의 공고치 못함이외다. 누구든지 우리 주의에 찬성하는 자는 다 오너라 하는 주의로 함부로 주워 모아 수의 많기를 바람은 조선 재래의 단체의 정책이외다. 이리하여 몇 천 몇 만의 도당을 모은다 하면 일시 보기에는 세력이 굉장한 듯하지마는 이는 실로 오합지중(烏合之衆)이요, 모래 위에 세운 집이니 한번 대타격이 오매 모두 흩어지고 마는 것이외다. 그러할 뿐더러 이렇게 모인 단체는 일시의 군중심리를 이용하여 일이 개인의 야심을 만족하거나 급격한 파괴작용을 하는 데는 효력이 있지마는 착실하고 장구한 사업을 하기에는 부적당한 것이외다. 착실하고 장구한 사업을 경영하는 데는 그 단체의 단원이 각각 철저하게 그 단체의 목적과 계획을 이해하여 이를 위하여서는 일심협력하기를 사이후이(死而後已)하리란 확고한 신념이 있는 것이 필요하니, 이상과 계획을 철저하게 이해하는 것이나, 일심협력하는 습성을 작(作)하는 것이나 확고한 신념을 가지게 되는 것이 결코 일조일석에 되는 것이 아니외다. 그러므로 이러한 단체를 만드는 데는 한 사람씩 한 사람씩 오래 두고 의사를 교환하여 그가 동지인 것을 확인한 뒤에야 가입케 하는 것이 필요합니다. 우리 사람들과 같이 아직 단체생활의 훈련이 없는 인민은 더욱 그러합니다.

그러하거늘 독립협회의 회원은 이러한 용의(用意)가 없이 모인 것이므로 일격에 분쇄되고 만 것이외다. 독립협회의 운동이 실패된 둘째 원인은 정치적 색채를 가졌던 것이외다. 이 회가 만일 정치적 개혁을 목적으로 한 정당이라 하면(아마 당시 사정으로 그러할는지 모르지마는) 다시 말할 것이 없지마는 진실로 민족개조를 목적으로 한다 하면 정치적 색채를 띠어서는 아니 됩니다. 왜 그런고 하면 정치적 권력이란 십년이 멀다하고 추이하는 것이요, 민족개조의 사업은 적어도 오십년이나 백년을 소기(小期)로 하여야 할 사업인즉 정권의 추이를 따라 소장(消長)할 운명을 가진 정치적 단체로는 도저히 이러한 장구한 사업을 경영할 수 없는 것이외다. 어떠한 당파의 정부, 어떠한 주의, 정견을 가진 정부라도 용훼(容喙)할 이유가 없는 단체라야 능히 이러한 사업을 하여갈 것이니, 만일 독립협회가 정치에 대하여 아무런 간섭이 없이 오직 교육의 진흥, 산업의 발전, 민중의 진작 같은 것으로만 목적을 삼았다 하면 당시의 집권자의 증오를 받을 리가 없었을 것이요, 그리하면 자기 분내(分內)의 일만, 사업만 착착히 진행하였다 하면 금일까지에 막대한 효과를 생하였을 것이외다. 그러나 그 회가 오직 정치적 사업을 목적으로 한 것이라 하면, 물론 이러한 비평을 할 필요가 없습니다.

다음에 그 회가 실패된 이유는 인물이 없었음이외다. 첫째로 인격과 학식과 능력이 족히 그 운동의 중심이 될 만한 중심인물이 없었고, 둘째는 그 중심인물의 지도를 받을 만한 회원과 그 회의 모든 사무와 사업을 분담할 만한 사무가, 전문가가 없었습니다. 동양식 생각으로 보면 어떤 단체는 그 단체를 거느리는 영웅 하나만 있으면 되는 것같이 생각하지마는, 한 단체가 성립되고 생활하여가는 데는 삼종(三種)의 인물이 정(鼎)의 삼족(三足)과 같이 필요한 것이외다. 삼종의 인물이란 무엇이뇨. 중심인물, 또는 지도자와 전문가와 회원이외다. 지도자와 전문가 되기 어려운 것은 누구나 다 알 만하지마는 회원 되기 어려운 것은 오직 아는 자라야 압니다. 회의 목적과 계획을 잘 이해하며 그 규칙을 잘 복종하여 회비를 꼭꼭 내고 집회에 꼭꼭 출석하고 회를 사랑하고 위하는 회원 되기는 여간한 훈련을 받은 사람이 아니고는 어려운 일이외다. 독립협회뿐 아니라, 이래(邇來) 조선의 각종 단체가 실패하는 원인의 가장 중요한 것은 그 회원들이 회원 될 자격을 가지지 못한 것에 있습니다. 오늘날도 그리하거든 하물며 근(近) 삼십년이나 전에리오. 이러한 이유로 독립협회의 사업은 실패된 것이외다.

    그로부터 얼마를 잠잠하다가 다시 십년을 지나 갑진(甲辰)의 일아전(日俄戰)이 개시되매, 조선에는 무수한 단체가 일어났습니다. 그중에서 민족개조를 표방은 아니하였다 하더라도 그러한 관념을 가진 것은 학회라는 이름을 가진 단체들이외다. 가장 먼저 일어나고 가장 세력 있던 서북학회를 위시하여 기호학회, 호남학회, 교남학회 같은 것이 있어 교육을 위한 유세, 학교의 설립, 교과서의 간행, 기관 잡지의 발행 등으로 교육열을 고취하였습니다. 이 단체들이 교육의 필요를 제창한 점에서 일단의 진보와 새로운 자각을 하였다 하겠으나, 인물이 핍(乏)한 것(지도자, 전문가, 회원), 정치적 색채를 띤 것(당시의 사정으로는 면할 수 없는 것이라 하더라도), 무엇보다도 단체조직의 요체를 모른 것 등은 독립협회와 다름이 없었고, 따라서 그 단체들의 말로도 거의 그와 동공이곡(同功異曲)이었습니다.

그네는 아직도 민족의 개조가 조선 민족을 살리는 유일(唯一)한 길인 것, 그리함에는 교육이 근본이 되는 것, 그리함에는 유위(有爲)한 인물과 거액의 자금을 가진 공고한 단결이 필요한 것, 이것이 당시에 부르짖던 독립보다도, 제국보다도, 정권보다도 필요한 것을 아직도 철저하게 자각하지 못하였습니다. 만일 그것을 철저하게 자각하였다 하면 좀 더 착실하게, 좀 더 완완(緩緩)하게 장구한 계획을 세웠을 것이외다. 그네에게는 몽롱한 자각과 열렬한 성의가 있었으나 투철한 선견과 착실한 계획이 없었습니다. 그래서 '힘'을 기를 생각을 하지 못하고 '마음'만 있으면 일이 되는 줄 알아, 한갓 조급(躁急)하고 한갓 소리를 크게 하였습니다.

그네의 자각치 못한 것 중에 가장 중요한 것은 민족개조의 대사업을 감당할 만한 단체를 조성함에는 '회원될 자부터 양성하여야 된다'는 것을 자각치 못함이외다. 의미 있는 사람, 또는 이미 된 사람으로서 능히 이러한 단체를 얻으리라 생각하는 것이 근본적 유견(謬見)이외다. 개조를 목적하는 단체는 그 회원이 이미 개조된 사람이라야 할 것임이, 마치 금주(禁酒)를 선전하는 단체를 이루려면 그 단원부터 이미 금주한 사람이라야 할 것과 같습니다. 주정꾼들이 모여서 술을 먹어가며 금주운동을 한다 하면 골계(滑稽)는 없을 것이 아닙니까. 그러므로 민족개조와 같은 사업을 목적으로 하는 단체를 이룸에는 그 단체의 조직보다도 그 기초회원 될 자의 양성이 더욱 필요하고 곤란한 사업이외다.

또 하나 당시의 지도자가 자각치 못한 중요한 점 — 이야말로 참으로 근본적으로 중요한 점은, 민족의 개조는 도덕적 방면으로부터 들어가야 할 것이다 —, 특별히 조선 민족의 쇠퇴의 원인은 도덕적 원인이 근본이니 이를 개조함에는 도덕적 개조, 정신적 개조가 가장 근본이 되는 것이라 함이외다. 이 점을 자각치 못하고 그네는 오직 신지식의 주입만을 절규하였습니다. 이것은 어느 나라든지 신문명의 수입기에는 면치 못할 일인 듯하지마는, 그네가 조선민족의 쇠퇴의 근본 원인을 도덕적 부패에서 찾을 줄을 모르고 오직 지식의 결핍만에서 찾으려 한 것은 큰 불총명(不聰明), 부자각(不自覺)이외다. 혹은 아직 그러한 시기에 달(達)하지 못한 것인지도 알 수 없습니다. 도덕적 원인을 무시하고 지식만 고취하였기 때문에 드디어 금일까지도 지식만 중히 여기고 도덕이란 것을 경시하는 폐습(弊習)을 생하게 된 것이외다.

나중에 과거(寡居)의 민족개조운동단체로 들 것은 청년학우회(靑年學友會)외다. 이 회는 성립된 지 일 년도 못되어 합병 때문에 해산을 당한 것이라, 세상에 드러난 공적은 별로 없지마는 그 조직된 법이 이전의 모든 단체의 결점을 참고하여 거의 이상에 가깝게 된 것으로, 보아 신시기(新時期)를 획(劃)하는 것이라 할 수 있습니다. 첫째, 그 회에서는 회원을 극히 신중히 선택하여 단결의 제일의(第一義)를 지켰고, 둘째, 기본금의 적립을 실행하였고, 셋째, 덕, 체, 지의 동맹수련(同盟修鍊)을 중요한 목적으로 세워 그 중에는 덕육을 고조하였고, 넷째, 정치적 색채를 일체로 띠지 아니하여 순전히 교육에 의한 민족개조운동을 목적으로 하였고, 맨 나중으로 한번 작정한 규칙을 엄정히 지키었습니다. 이는 실로 조선의 단체사에는 특필할 만한 조직법이요, 겸하여 민족개조를 목적으로 하는 단체로는 더욱 그 의(宜)를 얻은 것이라 할 수 있습니다. 그러나 불행히 부득이한 사정으로 하여 폐절(廢絶)되어 그 사업의 실적을 볼 수 없이 되었음이 큰 유감이외다.

이상에 나는 갑신 이래 근 사십 년간의 조선의 혁신운동을 민족개조라는 견지에서 대략으로 비평하였습니다. 그러나 그 모든 운동들이 다 '이래서는 안 되겠다'는 것을 자각하여 무슨 새 방침을 세워야 하겠다는 생각은 가졌다 하더라도 아직 '민족개조가 유일한 생로(生路)다'하는 명확한 자각과, '그런데 민족개조는 이러한 주의, 이러한 계획으로 해야 한다'는 구체적 의견에는 달치 못하였던 모양이외다(오직 청년학우회가 그러한 이상을 가졌던 모양이나).

이만하면 내가 제창(차라리 소개)하려는 민족개조론의 본론에 들어갈 준비가 되었다고 생각합니다.

민족개조(民族改造)는 도덕적(道德的)일 것

　민족개조(民族改造)라 함은 민족성 개조라는 뜻이외다. 일 민족의 생활은 무수한 부문으로 된 것이니, 그 중요한 자를 들면 정치적 생활, 경제적 생활, 문화적 생활(종교적 생활, 예술적 생활, 철학적 생활, 사교적 생활) 등이외다. 이렇게 그 실생활의 부문이 극히 복잡하지마는 이 모든 생활의 양식과 내용은 그 민족성의 여하에 의하여 결정되는 것이요, 민족성은 극히 단순한 일, 이의 근본 도덕으로 결정되는 것이외다.

　예컨대, 앵글로색슨족의 자유를 좋아하고 실제적이요, 진취적이요, 사회적인 국민성, 독일인의 이지적이요, 사색적이요 조직적인 국민성, 라틴족의 평등을 좋아하고 감정적인 민족성, 중국인의 이기적이요 개인주의적인 민족성. 이 중에서 앵글로색슨족을 뽑아 봅시다. 그네의 개인생활, 사회생활, 국민생활을 보시오. 어느 점 어느 획이 자유(自由), 실제(實際), 진취(進取), 공동(共動) 같은 그네의 근본적 민족성의 표현이 아닌가.

첫째, 그네의 정치제도를 봅시다. 영국은 세계에 가장 처음이요, 또 가장 발달된 입헌국(立憲國)이니, 자유민권이란 사상은 실로 영국에서 그 원(源)을 발한 것이라 합니다. 그러나 영국인은 자유를 바라는 동시에 실제를 좋아하므로 불국인과 같은 공상적 혁명을 일으키어 실제에 쓰지 못할 공상적 헌법을 세우려 아니하고, 또 감정적으로 급격하게 변하려 아니하고, 극히 실제적으로, 극히 점진적으로 인민의 자유를 확장한 것이외다.

그 결과는 감정적, 공상적으로 급격하게, 이론만으로 보아서는 가장 철저하게 자유를 주장하던 불국인보다도 훨씬 철저한 자유를 향락합니다. 그네는 일시에 이상적으로 제정한 헌법도 없습니다. 다 아는 바와 같이 영국 헌법은 일조(一條)씩 일조(一條)씩 주워 모은 관례의 집적에 불과합니다. 그 이론의 철저함과 조리의 정연함이 도저히 연소기예(年少氣銳)한 청년들인 중국헌법제정위원의 지은 헌법에 비겨 훨씬 떨어질 것이외다. 모순 많고 불합리한 점 많기로 영국 헌법은 세계에 제일이라 합니다. 그러나 중국의 헌법은 지어 놓은 헌법이요, 영국의 헌법은 쓰는 헌법이외다. 영인에게는 쓸데없는 것은 진실로 쓸데없게 여깁니다. 이렇게 그네는 심히 실제적(實際的)이요, 점진적(漸進的)이외다.

그네의 요구하는 자유는 이론상의 자유가 아니요, 실용상의 자유외다. 그러한 잡동사니 헌법도 영인의 실용상의 자유를 보장하기에는 넉넉한 것이외다. 그러면서도 영인은 국가로 하여금 자기 개인의 자유를 간섭케 아니하리만큼 철저한 개인주의자외다. 그렇지마는 그네는 국가생활, 사회생활, 즉 단체생활의 필요를 알아 봉사의 정신이 왕성하므로 그네는 능히 단체를 위하여(국가만이 아니요, 무릇 무슨 단체든지 자기가 속한 단체를 위하여) 자기의 자유를 희생합니다. 그 희생함이 자유의 의사에서 발한 것이기 때문에 자유외다. 이번 구주대전(歐洲大戰)에도 그네는 자원병으로 싸웠습니다. 정치제도뿐 아니라 종교나 철학이나 문학이나 예술이 모두 이 자유, 실제, 사회성, 점진성 같은 영인의 근본 성격에서 발하지 아니함이 없으니, 가령 영국의 철학을 보시오. 독일인의 것과 같은 완전한 체계나 심오한 사색도 없고 불국인의 것과 같은 명쾌한, 신기한 맛도 없이 그 역시 불완전한 실제적의 철학이외다. 특히 철학의 기초되는 인식론과 철학의 중심이라 할 인생철학, 즉 윤리학이 더욱 그러합니다. 이론적으로 보아 불완전하나 실제적으로 보아 쓸데가 많습니다. 실제란 워낙 불완전한 것이 특징이니까요.

문학과 예술도 그러합니다. 영문학에는 남구문학(南歐文學)의 염려(艶麗), 방순(芳醇)도 북구문학(北歐文學)의 심각, 신비도 없고 그네의 실생활과 같이 평담(平淡)하고 자연합니다. 그러나 영문학은 문학 중에는 밥과 같습니다. 남구문학을 포도주에 비기고 북구문학은 워커(소주)에 비기면.

영인의 상업이나 식민지정책도 또한 그러합니다. 그중에도 식민지정책을 보면 그 주민(住民)의 종교, 습관, 기타의 생활방식을 존중하여 그 자유로운 발달에 맡깁니다. 이것이 또한 그네의 자유의 정신의 발로외다. 그네는 다른 민족의 민족성의 자유를 알아주고 구태여 이것을 자기네의 표준을 따라서 변혁하는 것이 불가능한 줄을 아는 총명을 가지기도 하였겠지마는 자기의 자유를 심히 사랑하는 그네는 차마 남의 자유를 죽이지 못함인 듯합니다.

또 그네의 식민지를 다스리는 제도를 보건대 자기네의 본국을 표준하여 철두철미로 영국의 속령(屬領)이라는 표가 나기를 반드시 힘쓰지 않는 모양이요, 다만 실제로 자기의 식민지에의 이익을 취하면 그만이라 하는 듯합니다. 마치 커다란 유니언 잭 국기(國旗)를 그 땅에 달아놓으면 그만이지 구태 방방곡곡이, 가가호호가 유니언잭을 그리고, 달고 해야 한다는 철저한 생각은 아니 가진 듯합니다. 그러면서도 아주 이상적으로 철저적이요, 조직적이게 모국화하려고 애쓰는 불국보다 훨씬 유효하게 그 식민지를 모국화하는 공효(功效)를 얻습니다. 그네의 식민지는 번창하고 그네의 지배를 받는 이민족은 비교적 많은 자유를 향락하고 그러면서도 그네의 모국은 이 식민지에서 얻을 이익을 넉넉히 향수(享受)합니다. 애급(埃及)과 비율빈(比律賓)은 앵글로색슨족의 식민지정책 성공의 호표본(好標本)입니다. 그리하고 그 성공의 원인은 또한 그네의 근본 성격인 자유, 실제, 봉사, 점진성 같은 정신에서 나온 것이외다.

이렇게 영인의 모든 생활과 그 생활의 성패는 그 민족의 근본성격, 또는 근본정신에 기인한 것이외다. 민족심리학의 태두 불국의 석학 르 봉 박사는 그의 명저 『민족심리학』에, '언어, 제도, 사상, 신앙, 미술, 문학 등 무릇 일국의 문명을 조직하는 각종 요소는 이를 지어낸 민족성의 외적표현이라(민족심리학 제1장 제1절)'고 단언하였으니, 이는 내가 이상에 누누이 설명한 바를 가장 간명하게 결론한 것이라고 볼 수 있습니다.

머리를 돌려 조선민족의 이처럼 쇠퇴(衰頹)한 진인(眞因)을 찾아봅시다. 조선민족이 어떻게 이처럼 쇠퇴하였느냐 하는 문제에 대하여 일본인은 흔히 이조의 악정(惡政)이 그 원인이라 하고, 서양인도 그와 같은 뜻으로 Maladministration(악정)이라 합니다. 이것이 우리 민족의 쇠퇴의 가장 직접되고 또 총괄적인 원인인 것은 말할 것도 없습니다. 그러나 이것은 조금도 원인을 설명한 것은 아니니, 이는 마치 영미가 강성한 것은 그 선정에 말미암음이라 하는 것처럼 무의미한 말이외다. 구태 악정이라 하는 말에 무슨 의미가 있다 하면 그것은 '조선민족의 쇠퇴의 책임은 그 치자계급(治者階級) — 즉, 국왕과 양반에게 있다' 함일 것이외다. 과연 조선에는 적어도 삼백 년 이래로는 엄연히 치자계급이란 것이 있었습니다.

국왕과 양반, 일인의 국왕과 혹은 동서인(東西人), 혹은 노소론(老少論)하는 전민중의 몇 백분지 일에 불과한 소수계급이 세습적으로 정치와 교화를 분담하여 왔으니, 전 민족을 쇠퇴케 한 직접의 책죄(責罪)가 그네에게 있는 것은 사실이외다. 정치를 문란케 한 것, 산업을 쇠잔케 한 것, 국민교육을 힘쓰지 아니한 것, 사회의 풍기와 인민의 정신을 타락케 한 직접의 책임자가 피등(彼等)인 것은 피치 못할 사실이외다. 더욱이 인국(隣國)의 치자계급이 서양의 신문명을 수입하여 대경장(大更張)을 행할 때에 그 인국의 권유와 원조가 있음을 불구하고 때맞추어 유신의 원도(遠圖)를 행하지 못하여 써 전 민족으로 하여금 철천의 한을 품게 한 것은 그네의 죄 중에도 가장 큰 죄라 할 것이외다.

하지마는 한걸음 더 내켜 생각하면 이 역시 전 민족의 책임이요,

또 한걸음 더 내켜 생각하면 이 역시 민족의 소이(所以)외다. 만일 영인 같은 자유를 좋아하는 정신이 있고, 불인 같은 평등을 좋아하는 정신이 있다 하면 결코 신임치 못할 치자계급을 그냥 두지 아니하였을 것이외다. 또 치자계급인 그네에게도 자유, 평등, 사회성, 진취성이 있었다하면, 결코 조선민족을 이렇게 못 되게 만들지는 아니하였을 것이니, 치자이던 양반이나, 피치자이던 일반 민중이나, 그가 가진 타락한 민족의 희생이 되기에는 마찬가지 조선민족(朝鮮民族)이외다. 만일 당시 민족성을 타락하게 한 책임이 치자계급에 있다 하여 그네를 책망할진대 그러한 치자계급을 산출하고 존속케 한 책임이 또한 일반 민중에게 있다하여 그네를 또 책망하게 될 것이외다. 그러므로 치자계급이던 양반에게 민족을 쇠퇴케 한 직접의 책임을 지우더라도 별 수 없는 일이요, 요컨대 조선민족 쇠퇴의 근본원인은 타락된 민족성에 있다 할 것이외다.

조선민족 쇠퇴의 원인이라도 악정이란 것이 이미 도덕의 부패를 연상케 하는 것이니, 대개 악정이라면 식견이 부족하여 되는 악정, 즉 위정자의 동기는 국리민복을 위함에 나왔지마는, 지식이 없어서 악정이 되는 악정도 있을 것이외다. 그러나 악정이라는 이름을 듣는 악정 대부분 — 특히 조선민족을 쇠퇴케 한 악정의 대부분은 이러한 선의의 악정이 아니요, 진실로 그 동기부터 악한 악의의 악정이외다. 곧 정사를 행함에 국가와 민생을 위하여 하지 아니하고 자기 일개인 또는 자기와 이해관계를 같이하는 일 당파의 이익을 위하여 하는 악정이외다.

가령 모가 영의정이 되었다 합시다. 그는 관리의 임면(任免)이나 만반 시정(施政)을 국가를 위하여 하기 보다 첫째 자기 일신의 권세, 둘째 자기의 친척 붕우의 출세, 셋째 자기와 휴척(休戚)을 같이하는 노론이나 소론의 권세를 위하여 합니다. 따라서 그의 손으로서 나온 모든 공직을 띤 자가 다 이러합니다. 조선의 악정은 실로 이러한 종류의 악정이었습니다. 이제 이 악정자를 도덕적으로 분석해봅시다. 그는 첫째, 허위의 인이외다. 국사를 한다 하면서 사사(私事)를 하고 총준(聰俊)을 거(擧)한다 하면서 당여(黨與)를 거하고, 죄인을 벌한다 하면서 자기의 사혐(私嫌)을 보(報)합니다. 교화의 머리가 되는 대제학(大提學)이 반드시 학식과 품격이 빼난 자가 아니며, 원수(元帥)와 대장이 반드시 무용과 전략을 구비한 자가 아닙니다. 하필 예를 고대에 구하리오. 최근으로 보더라도 수만의 시위대(侍衛隊), 진위대(鎭衛隊)가 국방을 위하여 있던 것이 아니요, 무슨 대신 무슨 국장이 국사를 하노라고 있던 것이 아니니 모두가 허(虛)요, 모두가 위(僞)외다.

둘째, 그네는 단체생활의 생명인 사회성, 곧 봉사의 정신이 없었습니다. 만일 공을 위하여 사를 희생하는 정신 즉, 일생의 사, 언, 행이 도시(都是) 국가와 민족을 위함이라는 정신이 없기 때문에 이렇게 빙공영사(憑公營私)의 악행을 한 것이외다. 이 허위와 사욕 두 가지가 치자로 하여금 그러한 악정을 행하게 한 것이외다. 허위된지라 그네에게 정의가 없고 충신이 없으며 사욕된지라 그네에게 국이나 민에 대한 애(愛)도 경(敬)도 없는 것이외다. 다음에 일반 민중이, 또는 치자계급 자신이 이 악정을 개혁하지 못한 원인도 또한 도덕성입니다. 그네 중에도 이것이 그릇된 것을 자각한 자가 있었을 것이외다. 생각도 하고, 말도 하고, 글도 지었을 것이외다. 논어나 맹자도 결코 허위와 사욕을 가르치는 글이 아니니 이것을 외우는 그네의 입에는 살신성인(殺身成仁)이라든지, 국궁진췌(鞠躬盡悴)라든지, 알인욕이존천리(遏人慾而存天理)라든지, 충군애국(忠君愛國)이라든지 하는 말도 많이 하였을 것이외다. 그러면서도 이 악정을 이내 고치지 못한 것은 첫째, 나타(懶惰)하여 실행할 정신이 없고, 둘째, 겁나(怯懦)하여 실행할 용기가 없고, 셋째, 신의와 사회성의 결핍으로 동지의 공고한 단결을 얻지 못한 까닭이외다.

개혁의 사업은 공상과 공론으로 될 것이 아니요, 오직 실행으로야만 될 것이요, 재래의 정권이나 습관에 반항하여 구를 파(破)하고 신을 건(建)하는 위업은 그 사업의 성질상 곤란과 위험이 많은 것이니, 이를 능히 함에는 위대한 용기가 필요합니다. 또 일국을 개혁하려는 위업은 결코 일, 이 개인의 능력이 능히 할 바 아니요, 오직 공고하고 유력한 단체로야만 할 것이외다.

그런데 조선사를 보면 흔히 개혁자들이 국왕이나 재상에게 일편의 의견서를 드림으로써 유일한 방침을 삼고, 가장 근대에 비교적 진보한 사상을 가졌다 할 김옥균, 박영효조차 겨우 십수의 동지를 음모적으로 규합함에 불과하였고, 일찍 공고하고 세력 큰 대결사(大結社)에 상도(想到)치 못하였습니다. 비록 근년에 이르러 개혁을 목적으로 한 여러 가지 단체가 있었지마는 내가 전에 말한 바와 같이 그 역시 공고한 단결이라 할 수는 없었습니다. 진실로 갑신 이래로 삼 인 이상의 단결된 동지가 삼개년 이상을 그냥 그 단결을 유지한 것을 듣지 못합니다.

  그 원인이 어디 있나. 허위, 나타, 무신, 사회성의 결핍에 있습니다. 피차에 허위되니 피차에 믿지 못하고 믿지 못하니 단결이 안 됩니다. 단체생활의 제일 요건은 진실로 서로 믿는 것인데 거짓말쟁이 속임꾼들끼리 모이면 무슨 단결이 되겠습니까. 둘째, 단체란 일하자고 만드는 것인데 밤낮 공상과 공론으로만 일을 삼으면 무엇이 되겠습니까. 셋째, 신의가 없어 피차에 작정한 것을 지킬 줄을 모르고 단체에 대하여 진 의리를 안 돌아보아 서로 미쁨이 없으면 무슨 단결이 되겠습니까. '배반'은 실로 조선의 교우사(交友史), 단체사를 관류(貫流)한 악덕이외다. 이리하여 악정의 개혁을 행하지 못하고 말았습니다.

  위에 말한 나의 사론(史論)이 만일 정확하다 하면 조선민족 쇠퇴의 근본적 원인이 도덕적인 것이 더욱 분명하지 아니합니까. 곧 허위, 비사회적 이기심, 나타, 무신, 겁나, 사회성의 결핍 — 이것이 조선 민족으로 하여금 금일의 쇠퇴에 빠지게 한 원인이 아닙니까. 영미족의 흥왕도 그 민족성이 원인이요, 오족(吾族)의 쇠퇴도 그 민족성이 원인이니 민족의 성쇠흥망(盛衰興亡)이 실로 그 민족성에 달린 것이외다. 그러므로, 일 민족을 개조함에는 그 민족성의 근저인 도덕에서부터 시작하여야 한다 함이외다.

  새 술은 낡은 부대에 담지 못한다. 부대는 터지고 술은 쏟아지리라. 낡은 재목으로 새집을 짓지 못한다. 더구나 썩어져 무너진 집 재목으로 새집을 지으랴. 짓지도 못하려니와 지어도 다시 무너지리라. 쇠퇴하던 백성이 흥왕하는 백성이 되지 못하리니 흥왕하려면 그 백성부터 새롭게 힘 있게 하여야 할 것이외다. 만일 그 썩어진 성격을 그냥 두면 아무러한 노력을 하더라도 허사가 되고 말 것이니 민족적 성격의 개조! 이것이 우리가 살아날 유일한 길이외다.

민족성(民族性)의 개조(改造)는 가능한가

　나는 이 논문의 상편에서 민족개조란 가능한 것이라는 뜻을 암시하였습니다. 특히 소크라테스의 민족개조운동을 논평할 때에, 단체사업으로만 하면 민족개조는 가능하다는 확신을 말하였습니다. 그러나 우리가 몸소 민족개조운동(民族改造運動)을 개시하려고 드니 이것이 가능한가 아니한가를 한번 환히 알고 싶어집니다.
　전절에 말한 바와 같이 민족개조란 곧 민족의 성격, 즉 민족성의 개조니, 민족이란 개조할 수 있을 것인가 하는 것이 우리가 본 절에서 토론할 문제외다. 전에 인용한 르 봉 박사는 민족적 성격에 근본적(根本的) 성격과 부속적(附屬的) 성격의 이부(二部)가 있다 하여 부속적 성격은 가변적이나 근본적 성격은 불가변적이니, 오직 유전적 축적으로 지완(遲緩)한 변화가 있을 뿐이라 합니다. 크롬웰 시대의 영인(英人)과 금일의 영인과는 거의 딴 민족같이 보이지마는, 기실은 그 부속적 성격이 특수한 대사건, 대변동의 영향을 받아 변하였음이요, 그네의 근본적 성격에는 거의 아무 변화도 없었다 하고, 또 나폴레옹 대제의 종순한 신민(臣民)이던 불국인과 바로 몇 해 전 대혁명시대의 불기자유(不羈自由)하던 불국인과는 근본적으로 딴 성격의 민족인 듯하나 기실 전제적(專制的)으로 지배받기를 좋아하는 라틴족의 성격에는 변함이 없다 하였습니다. 그래서 박사는 주위의 사정, 무슨 대사변, 또 교육은 어떤 민족의 부속적 성격을 변하게 할 수 있으되, 그 근본적 성격은 변하게 할 수는 없으며, 그렇기 때문에 부속적 성격을 일시 변하더라도 얼마를 지나면 다시 그 근본적 성격이 우등(優騰)하게 된다고 합니다.

그리하고 박사는 근본적 성격의 예로 앵글로색슨족의 자유와 자치를 좋아하는 성격, 라틴족의 평등과 피치(被治)를 좋아하는 성격 등을 들었습니다. 박사의 주장대로 하면 앵글로색슨족의 성격은 아무리 변하더라도 자유를 좋아하는 성격은 변치 못하리라, 그와 반대로 라틴족의 성격은 아무리 변하더라도 평등을 좋아하는 성격은 변치 못하리라 하게 됩니다.

또 박사는 민족의 성격을 해부적(解剖的) 성격과 심리적(心理的) 성격 둘로 나누어, 우리가 흔히 민족성이라고 일컫는 바를 심리적 성격이라 하고, 체질의 특징을 해부적 성격이라 합니다. 그래서 박사는 일 민족의 해부적 특징의 근본적인 몇 가지가 변할 수 없는 모양으로 일 민족의 심리적 특징, 즉 민족성의 근본적인 몇 가지도 변할 수 없는 것이라 합니다. 가령 황색인종의 피부의 황색 같은 것은 불가변적인 특징이외다. 그러나 해부적 특징에 이렇게 고정불가변(固定不可變)한 것이 있다고 거기서 유추하여 심리적 특징에도 그런 것이 있으리라 함은 한 가설에 불과한 것이라 과학적으로 정확한 증명을 하기는 어렵지마는, 여러 가지 역사적 실례로 보건대 그것이 진리인 듯합니다. 박사가 이미 앵글로색슨족과 및 자국인인 라틴족을 예로 들었지마는 일찍이 이민족으로서 완전히 동화하여 동일한 성격의 민족을 성(成)하였다는 전례를 보지 못한 것으로 보면, 각 민족에게는 도저히 변할 수 없는 일개 또는 수개의 근본적 성격이 있다고 보는 것이 옳은 듯합니다. 특히 개인심리학상으로 보더라도 각 개인마다 해부적 특징이 있는 모양으로 갑이면 갑, 을이면 을 되는 개성에 근본적 특징이 있어, 이것은 일생에 변하기 어려운 것을 보더라도 개인의 성격의 총화(總和)라 할 만한 민족성에도 변할 수 없는 근본적 성격이 있을 것입니다.

만일 그렇다 하면 우리는 일종의 실망에 빠지게 됩니다. 민족성의 개조란 불가능이 아닐까 하는 의혹이 생깁니다.

만일 민족의 근본적 성격도 변할 수 있는 것이라 하면 다시 말할 필요가 없거니와, 르봉 박사의 설과 같이 민족의 근본적 성격은 불가변의 것이라 하고, 민족을 개조할 방법을 연구해보는 것이 필요합니다.

여기는 두 가지 경우가 있겠습니다. ① 근본적 성격은 좋지마는 부속적 성격이 좋지 못한 경우와, ② 근본적 성격 자신이 좋지 못한 경우. 그런데 첫째로 말하면 설명치 아니하여도 주위와 대변동(大變動)과 교육의 힘으로 개조할 수 있는 것이 분명하고, 둘째가 가장 어려운 문제이외다. 곧 근본적 민족성이 좋지 못하고는 그 민족은 생존 번영(生存繁榮)할 수가 없거늘, 이것은 도저히 변화시킬 수 없는 것이라 하면 그 민족의 운명은 절망적일 것이외다. 그러나 역시 개조할 길이 있습니다.

　근본적 성격이 좋지 못한 민족이라고 그 민족의 각 개인이 다 좋지 못한 사람일 리는 만무하니, 그 중에도 소수(小數)나마 몇 개의 선인은 있을 것이외다.

　마치 부패한 유태인(猶太人) 중에서 예수 같으신 이가 나시고 그의 사도들 같은 이들이 난 모양으로, 이 소수의 선인이야말로 그 민족 부활의 맹아(萌芽)외다. 십인의 선인이 없으므로 하여 소돔 성이 천화(天火)에 망하였다는 말도 진실로 의미심장한 말이외다.

　이 소수의 선인, 다시 말하면 그 민족의 근본적 악성격(惡性格)을 가장 소량으로 가진 사람들 중에 한 사람이 먼저 '이 민족은 개조해야 한다'는 자각과 결심이 생깁니다. 그 사람이 자기와 뜻이 똑같은 사람 하나를 찾아 둘이서 동맹을 합니다. 먼저 자기를 힘써 개조하고, 다음에 개조하자는 뜻이 같은 사람을 많이 모으기로 동맹을 합니다. 차차 삼인, 사인씩 늘어 수천만의 민족 중에서 수백인 내지 수천인을 모집하여 한 덩어리, 한 사회, 한 개조동맹단체(改造同盟團體)를 이룹니다. 그리하면 그 단체의 각원은 더욱더욱 수련되고, 개조되어 더욱더욱 좋은 사람(문명한 국가의 일 공민 될 만한 덕행과 학식, 기능과 건강을 가진 사람)이 되고, 이러한 바른 자각과 굳은 결심과 오랜 수양을 가진 사람들의 단체이기 때문에 그 단체의 유지와 발전이 썩 잘 되어갈 것이외다. 이에 그네는 아직 개성이 고정되지 아니하고, 그중 우수한 소년소녀 남녀를 뽑아 그 동맹에 가입케 하여, 일면으로 그 동맹원의 수를 증가시키고, 일면으로 그 단체의 인력과 재력을 충장(充壯)케 하여 학교, 서적

출판 기타의 사업으로 일반 민족에 크게 선전하는 동시에 차대의 후계자인 자녀에게 새 이상의 교육과 환경을 주어서 더욱더욱 신분자(新分子), 즉 개조된 개인의 수를 증가케 합니다.

이리하여 십년이나 이십년을 지나면 개조된 개인이 일이천 인에는 달할 것이니, 그네는 모두 신용과 능력이 있는 인사이겠기 때문에 사회의 추요(樞要)한 모든 직무를 분담하게 되어 자연 전 민족의 중추계급을 성하게 될 것이요, 이리되면 자연도태의 이(理)로 구성격(舊性格)을 가진 자는 점점 사회의 표면에서 도태되어 소리 없이 칩복(蟄伏)하게 되고, 전 민족은 이 중추계급의 건전한 정신에 풍화되어 세월이 가고 세대가 지날수록 민족은 더욱 새로워져 오십년이나 백년 후에는 거의 개조의 대업이 완성될 것이외다.

이렇게 의식적이요 조직적인 방법은 아직 역사상에 전례가 없거니와, 전에도 말한 바와 같이 무릇 민족개조라 할 만한 사업은 다 이와 유사경우(類似經遇)로 되는 것이니, 혁명이라든지 유신이라든지가 신계급의 출현으로 됨을 보아서 알 것이외다.

이제 우리 조선 민족에게 민족개조의 원리를 응용하여 봅시다.

첫째, 조선 민족의 민족성의 결점은 그 근본적 성격에 있는 것인가, 또는 부속적 성격에 있는 것인가를 한번 생각할 필요가 있습니다. 문제의 결정되기를 따라 우리의 민족개조의 사업의 난이(難易)가 결정될 것이외다. 그런데 이 문제를 결정하려면 르 봉 박사의 이른 바와 같은 조선민족의 근본 성격이란 무엇인가 하는 것을 먼저 찾아보아야 할 것이외다.

우리 민족에 대한 가장 낡은 비평은 산해경(山海經)에 나온 한족

(漢族)의 비평이니 '군자국재기북 의관대검식수 사이문호재방 기인양호부쟁(君子國在其北 衣冠帶劍食獸 使二文虎在傍 其人好讓不爭)'이라 하였고, 이에 대한 곽박(郭璞)의 찬(讚)에 '동방기인국유 군자훈서시식 조호시사아호 예양예위논리(東方氣仁國有 君子薰犀是食 彫虎是使雅好 禮讓禮委論理)'라 하였습니다. 우리 민족이 이민족에게 처음 준 인상이 '군자'외다. 공자도 '군자거지(君子居之)'라 하여 자국민의 부패 무도함에 분개하여 아족(我族) 중에 오려 하였습니다. '기인양호부쟁(其人好讓不爭)'이라 한 것으로 군자인 것을 설명하였습니다. 양호부쟁(好讓不爭)이란 것을 현대적 관념으로 분석하면 관대(寬大), 박애(博愛), 예의(禮儀), 염결(廉潔), 자존(自尊) 등이 될 것이외다.

다시 이 다섯 가지 덕목을 한데 뭉치면 곽박의 산해경찬에 있는 바와 같이 '인(仁)'이 될 것이외다. 그런데 이를 조선 민족의 역사에 참고해 보건대, 인은 조선 민족의 근본 성격인 듯합니다. 국제적으로도 일찍 남을 침략해 본 일이 없고, 또 외국인을 심히 애경하는 성질이 있으며, 민족끼리도 잔인 강폭(殘忍强暴)한 행위는 극히 적습니다. 살인강도 같은 잔인성의 죄악은 현금에도 심히 적다합니다.

조선처럼 관대한 자는 타민족에서는 보기 어렵습니다. 혹 누가 자기에게 모욕을 가하면 흔히는 껄껄 웃고 구태여 보복하려 아니합니다. 외국인은 혹 이를 겁나(怯懦)한 까닭이라고 할는지 모르나, 껄껄 웃는 그의 심리는 일종 관서(寬恕)와 자존이외다. 그래서 조선인은 원수(怨讎)를 기억할 줄 모릅니다. 곧 잊어버립니다.

심지어 자기의 혈족을 죽인 자까지도 흔히는 용서합니다. 그러므로 조선의 전설이나 문학에 보수(報讎)에 관한 것은 극히 적고, 일본 민족과 같이 이를 한 미덕으로 아는 생각은 조금도 없습니다.

다음에 조선인은 애인(愛人)하는 성질이 많습니다. 처음 대할 때에는 좀 뚝뚝하고 찬 듯하지마는 속마음에는 극히 인정이 많습니다. 십수년 전까지 사랑(舍廊)에 들어오는 손님이 있으면 알거나 모르거나 숙식을 주어 관대(款待)합니다. 집에는 내객을 위하여 항상 객량(客糧)과 객찬(客饌)과 객초(客草)를 준비하고, 가족의 먹는 것은 박(薄)하여도 객에게는 맛나는 것을 주며, 가족은 좀 차게 자더라도 객실에는 불을 많이 땝니다. 옛날의 조선 가정의 하는 일의 반은 실로 '접빈객(接賓客)'이었습니다. 예의를 중히 여기는 것은 오족의 본래의 특성이외다. 군자국이라는 칭호부터도 예의를 연상케 하거니와 '의관대검(衣冠帶劍)'이라든지, '호양부쟁(好讓不爭)'이라든지 하는 말에도 예의를 연상케 합니다. 또 동방삭 신이경(東方朔 神異經)에, '동방유인남개 호대현관여개 채의항공좌이 불상범상예이 불상훼견인유 환투사구지창 졸견지여 치명왈선인(東方有人男皆縞帶玄冠女皆 采衣恒恭坐而 不相犯相譽而 不相毀 見人有 患投死救之蒼 卒見之如 癡名曰善人)'이라 한 것이 있음을 보아 어떻게 고대 오족의 예의를 숭상한 것을 알 것이외다. 또 후한서에 부여인(夫餘人)의 예의 있음을 평하여, '음식용조두회동배작세작읍양승강(飮食用俎豆會同拜爵洗爵揖讓升降)'이라 하였고, 또 삼국지에 마한을 평하여 '기속행자상봉개주양로(其俗行者相逢皆 住讓路)'라 하였습니다. 이렇게 예의를 숭상하는 본성이 있었으므로 이조의 당쟁도 거의 예문의 해석이 그 원인이 되었으며, 현금의 조선인도 예의를 숭상하는 풍이 많으니, 우리나라를 예의지방(禮義之邦)이라 한 것은 참으로 적평(適評)이라 하겠습니다. 그러면 예의란 무엇이뇨. 규율에 복종하여 질서를 지키는 것이외다. 규율 밑에는 극히 순복한다는 뜻이외다. 예의란 곧 의(義)외다.

또 조선인은 염결(廉潔)하였습니다. 또 삼국지에 '기인성원각소기욕유염치(其人性愿慤小嗜慾有廉恥)'라 하였습니다. 정승으로서 객주집 한 방을 빌려서 유숙한 이가 있고, 결코 남을 위하여 무슨 일을 할 때에 물질적 보수를 논하지 아니하였습니다. 금전을 탐하는 것은 조선인의 가장 천히 여기던 바이외다. 지금은 세강속말(世降俗末)하여 금전 수입의 다소로 인물을 평가하게 되었지마는, 옛날 조선인은 금전이라는 말을 하기도 부끄러워하였습니다. 그러나 그러한 정신은 아직도 남아서 무슨 일에나 월급이라든지 보수를 논하기를 치욕(恥辱)으로 압니다.

또 조선인은 심히 자존심이 많습니다. 근대에 일부 배명배(拜明輩)가 한족의 문화에 심취하여 숭정기원후(崇禎紀元後)를 쓰면서도 일반 민중은 한인(漢人)을 '되놈'이라 하고 '오랑캐'라 하여 우리보다 훨씬 떨어지는 자로 여기도록 그처럼 자존심이 많습니다. 어떤 미국인이 ○○사건 후에 구제미(救濟米)를 얻으러 온 조선인들의 모여 선 것을 박은 사진을 보고 아아 조선 사람은 존대(尊大)하다고 평하는 것을 보았습니다. 과연 우리 사람의 앉음앉음, 걸음걸이, 말하는 모양, 어떻게나 존대합니까. '점잖다'는 말은 우리가 사람의 품격을 칭찬하는데 가장 많이 쓰는 말이외다.

또 자존이라는 관념 중에는 자주나 독립이란 관념이 항상 부수(附隨)합니다. 역사를 보면 조선에는 일찍 봉건제도(封建制度)가 시행되어 본 일이 없습니다. 삼한시대나 삼국초에도 허다한 소국이 있었지마는 그것이 다 완전한 독립국이었고, 대국의 멸함을 받을지언정 그 부속은 아니 되었습니다. 당과 신라의 관계 같은 것은 일종 외교적 정책관계요, 신라가 당의 지배를 받은 일은 없었으며, 이씨 조선시대에도 명의상 명청양조(明淸兩朝)의 정삭(正朔)을 받았다 하나, 그것은 일편의 형식이요, 그 실질상 지배를 받은 일은 없었습니다.

그리고 일반 민중의 생활을 보더라도 독립 자주의 기풍이 많습니다. 조선에는 일인의 지배하에 만인이 복종하는 대가족제나 농노제(農奴制)는 시행된 적이 없었고, 조그마한 집일망정 각각 제 집에서 제가 빌어먹기를 좋아합니다. 지금도 그 기풍이 남아 이익이 많은 남의 고용보다도 이익이 적은 독립한 영업을 좋아합니다. 이 자주를 호상(好尙)하는 기풍은 조선인의 생활의 각 방면에 드러납니다. 그러나 산해경은 우리 조선 사람을 그릴 때에 오직 이 인(仁)한 방면만 볼 뿐이 아니요, 또 그 무용(武勇)한 방면도 보았습니다. '의관대검'이라 하니, 그는 점잖은 의관을 하고 무용의 검을 찼습니다. 이뿐 아니라 후한서에도 우리를 평하여 '부여기인추대강용이근후불위구초…행인무주야호가음음성부절(夫餘其人麤大彊勇而謹厚不爲寇鈔…行人無晝夜好歌吟音聲不絕)'이라 하였고, 또 동옥저를 기하여, '…인성질직강용편지모보전(…人性質直强勇便持矛步戰)'이라 하였습니다. 또 한인의 우리 민족을 부르는 최고(最古)한 칭호인 이자(夷字)는 종대종궁(從大從弓)이라 하여, 대궁을 가지고 다니는 자라는 뜻이외다. 이렇게 우리 민족의 본성은 무용하였습니다. 오직 후한서에 말한 바와 같이 '근후불위구초(謹厚不爲寇鈔)'하여 '추대강용(麤大彊勇)'하면서도 군자국이란 칭찬을 듣는 것이외다.

다음에 조선인의 성질은 심히 쾌활합니다. 여기 인용한 글에도 '호가음음성부절(好歌吟音聲不絕)'이라 하였으니, 그네의 사는 곳에 음악이 끊이지 않는단 말이요, 삼국지에 마한의 속(俗)을 평하여 '상이오월전경제귀신주야주회군회취가무무첩수십인상수답지위절(常以五月田竟祭鬼神晝夜酒會群會聚歌舞舞輒數十人相隨踏地爲節)'이라 하고, 또 후한서에 진한(辰韓)을 평하여, '속희가무음주고슬(俗喜歌舞飲酒鼓瑟)'이라 하고, 삼국지에 고구려를 평하여 '기민희가무국중읍락모야야남녀군취상취가희(其民喜歌舞國中邑落暮夜夜男女群聚相就歌戲)'라 하였습니다. 이는 한인이 고대의 우리 민족을 평한 것이어니와 우리 자신이 보더라도 우리는 퍽 쾌활한 민족이외다. 조선인은 낙천적이라 그는 웃을 줄 알되, 울거나 노하거나 음침한 태도를 취할 줄을 모릅니다. 조선인처럼 농담과 장난을 좋아하는 자는 드물 것이외다. 조선인은 결코 제국주의적, 군벌주의적(軍閥主義的) 국민은 되지 못합니다. 종교적으로 우는 민족, 철학적으로 음침하게 사색하는 민족도 되지 못합니다. 조선인은 현실적, 예술적으로 웃고 놀고 살 민족이외다. 그러면 조선민족의 근본 성격은 무엇인고. 한문식 관념으로 말하면 인(仁)과 의(義)와 예(禮)와 용(勇)이외다. 이것을 현대식 용어로 말하면 관대,

박애, 예의, 금욕적 염결(廉潔), 자존, 무용, 쾌활이라 하겠습니다. 구체적으로 말하면 조선민족은 남을 용서하여 노하거나 보복할 생각이 없고, 친구를 많이 사귀어 물질적 이해관념을 떠나서 유쾌하게 놀기를 좋아하되(사교적이요), 예의를 중히 여기며 자존하여 남의 하풍(下風)에 입(立)하기를 싫어하며, 물욕이 담(淡)한지라 악착한 맛이 적고 유장(悠長)한 풍이 많으며, 따라서 상공업보다도 문학, 예술을 즐겨하고, 항상 평화를 애호하되 일단 불의를 보면 '투사구지(投死救之)'의 용(勇)을 발하는 사람이외다.

이제 그 반면(反面)인 결점을 보건대, 관대 박애하므로 현대 국민이 가지는 배타적 애국심을 가지기 어려우니, 그러면서 사천 년래 능히 국가를 유지한 것은 그의 자존심과 무용성이 있음이외다. 그의 성(性)이 염결한지라 이민족의 영토를 침략할 야심이 없을뿐더러, 치부지술(致富之術)이 졸(拙)하여 저 삼국시대를 보더라도 미술의 발달은 당시 세계에 관(冠)이 될 만하면서도 상공업의 발달은 보잘 것이 없었습니다. 또 예의를 숭상하는 반면은 진정의 유로(流露)를 저해하여 허위에 흐르기 쉬우며, 자존심이 많음은 지도자의 지도에 순종함을 절대요건으로 하는 공고한 단체의 조직을 못하게 하는 원인이 되고, 그의 낙천적이요 현실적인 본성은 그로 하여금 피안의 낙원을 구하는 종교나 심오한 철학적 사색이나 과학적 탐구에 대한 노력을 경시하게 하였습니다. 조선민족을 금일의 쇠퇴에 끌은 원인인 허위와 나타와 비사회성 및 경제적 쇠약과 과학의 부진은 실로 이 근본적 민족성의 반면(半面)이 가져온 화(禍)입니다. 그러나 그렇다고 이 민족성, 그것이 악한 것은 아니니, 이것은 우리 민족의 타고난 천품이라 어디까지든지 발휘하여야 할 것이외다. 그러므로 우리의 개조할 것은 조선민족의 근본적 성격이 아니요, 르 봉 박사의 이른바 부속적 성격이외다. 그러할진댄 우리의 개조운동은 더욱 가능성이 풍부하다 할 것이외다. 이에 나는 민족성의 개조는 가능하다 함과 특히 조선 민족성의 개조는 가능할뿐더러 참으로 용이하다 함을 단언합니다.

민족성(民族性)의 개조(改造)는 얼마나한 시간을 요할까

　민족성의 개조는 가능하다 함과 특히 조선 민족성의 개조는 용이하다 함을 말하였습니다. 그러나 한 사람씩 시작하여 언제나 그 많은 민중을 다 개조해 놓을까, 언제나 이천만이나 되는 민족을 개조하여 문명하고 부강한 생활을 하게 할까 함을 생각하면 누구나 망연한 생각이 날 것이외다. 그래서 혹은 무슨 지름길이 없을까, 이렇게 힘든 길 말고 갑자기 잘살게 되는 길이 없나 하고 무슨 이적적(異蹟的)인 길을 찾고자 합니다. 이는 개인이나 민족이나 물론하고 불행한 경우에 처한 자의 흔히 가지는 심리외다. 그러고 이는 병적 심리외다. 가령, 극히 가난한 사람이 부하기를 원한다 하면 그는 각고(刻苦)와 근면으로 축적하리라는 생각보다도 무슨 요행으로 졸부(猝富)가 되려고 합니다. 그래서 혹은 금광을 찾으러 다니고 혹은 미두(米豆)를 하러 다닙니다.
　그렇지마는 금광이나 미두로 소원하는 졸부가 되는 자는 만에 하나도 드문 일이외다. 나머지 구천구백구십구 인은 일생을 허욕

만 따르다가 마침내 빈(貧)한 대로 죽고 말게 됩니다. 그네가 근면 축적(勤勉蓄積)의 길을 잡았다면 일생에 먹을 만한 재산은 다 가질 수가 있었을 것이어늘. 그러나 졸부는 혹 이러한 요행으로 될 수 있지마는 학자나 위인은 결코 요행으로 될 수 없고, 오직 각고와 근면으로만 되는 것이외다. 그런데 민족의 성쇠는 졸부되는 것과 같은 것이 아니요, 학자나 위인이 되는 것과 같은 것이외다. 제가 도덕을 닦고 지식을 배우고 개인과 사회의 생활을 개량하고 부를 축적함으로 되는 것이지, 결코 남의 도움이나 일시적 요행으로 되는 것이 아니외다. 강화회의나 국제연맹이나 태평양회의는 조선인의 생활개선에는 아무 관계가 없는 것이외다. 설사 조선인의 생활의 행복이 정치적 독립에 달렸다 하더라도 그 정치적 독립을 국제연맹이나 태평양회의가 소포 우편으로 부송(付送)할 것이 아니외다. 정치적 독립은 일종 법률상 수속이니, 이는 독립의 실력이 있고, 시세가 있는 때에 일종의 국제법상의 수속으로 승인되는 것이지, 운동으로만 될 것이 아니외다. 우리는 과거의 쓰라린 경험으로 이 귀한 진리를 깨달았습니다. 우리는 다시 구원을 우리 밖에서 구하는 우(愚)를 반복하지 아니할 것이요, 우리는 목적을 요행에서 달하려는 치(穉)를 반복하지 아니할 것이외다.

 이제부터 우리가 근본적으로 할 일은 정경대도(正經大道)를 취한 민족개조요, 실력양성(實力養成)이외다. 조선인이 각 개인으로, 또 일 민족으로 문명한 생활을 경영할 만한 실력을 가지게 된 후에야 비로소 그네의 운명을 그네의 의사대로 결정할 자격과 능력이 생길 것이니, 그때에야 동화(同化)를 하거나 자치(自治)를 하거나 독립(獨立)을 하거나, 또 세계적 의의를 가진 대혁명을 하거나, 그네의 의사대로 자처할 것이외다. 그러므로 조선인의 명운개선(命運改善)에는 결코 민족개조를 제(除)한 외에 아무 지름길도 없는 것이외다. 다시 말하면 유일한 지름길이 곧 민족개조이외다. 부질없이 다른 요행의 지름길을 찾다가는 한갓 세월만 더 허비하고 힘만 더 소비할 뿐이외다. 언제까지나 우리는 이 유치하고 못생긴 '요행(僥倖)'을 바라는 생각을 버리지 아니할 것인가.

이제부터 본제(本題)에 들어가 조선민족개조(朝鮮民族改造)에 걸리는 시간을 연구해 봅시다. 연구의 순서상 개인의 성격개조상에 걸리는 시간을 생각해 보는 것이 필요하겠습니다. 민족개조란, 결국은 그 민족을 조성한 각 개인의 개조의 문제니까. 일개인의 성격개조의 기원은 개조해야겠다는 자각의 순간에서 시작할 것이외다. 자각이 있으면 그 다음에는 신성격의 근본이 될 사상을 찾을 것이니, 그것을 찾아 얻는 동안이 한참 될 것이외다. 흔히 생각하기를 사상만 찾아내서 제 것을 만들면 성격은 개조된 줄로 알지마는 결코 그런 것이 아니외다. 물론 사상을 찾는 것이 근본이 되지마는 사상은 건축으로 말하면 설계도에 불과한 것이외다. 설계도만 있다고 집이 되지 아니하는 것과 같이 신사상만 있다고 신성격이 되는 것이 아니외다.

사상이란 이지적이외다. 성격이란 정의적이외다. 사상은 이지적인 고로 일순간에 이해할 수가 있지마는, 성격이란 정의적 습관인 고로 그것을 조성함에는 서서(徐徐)한 축적작용을 요구하는 것이외다. 가령 부지런해야겠다 하는 사상을 얻는다 합시다. 부지런이라 하면 아침에 일찍 일어날 것, 일어나서는 꼭꼭 시간을 정해놓고 그날에 하기로 예정한 직무를 다할 것 등을 내용으로 합니다. 그러나 이것은 이지(理智)로 아는 것만으로 되는 것이 아니요, 이지를 정의(情意)의 역(力)으로 옮겨 실행하고, 실행하여 일일, 이일, 일년, 이년 실행하는 동안에 그만 견고한 부지런한 습관을 길러 그 다음에는 힘 안들이고 자연히 부지런하게 되어야 이에 비로소 부지런이 성격을 이루었다 하는 것이외다. 그러므로 한 사람이 부지런한 성격을 가지려면 적어도 일개년의 노력이 필요하다 합니다. 세상에는 부지런해야 한다는 지식을 가진 자가 많지마는 부지런한 성격을 가진 자는 적습니다. 왜 그런가요. 실행과 노력으로써 부지런한 습관을 이루지 아니한 까닭이외다.

부지런이란 일례를 들어 성격조성(造成)의 경로를 설명하였거니와, 무릇 성격의 조성은 지식에서 실행, 반복실행을 통하여 습관을 성(成)하는 경로를 밟아야 하는 것이외다. 그러므로 국민교육의 중심인, 성격조성의 교육인 수신교육과 훈련은 일언이폐지(一言以蔽之)하면 선량한 습관을 조성하는 것이지, 도덕적 지식을 주입하는 것이 아니외다. 각 학교에서는 아직 이 '선량한 습관(習慣)조성'이라는 진의를 이해하지 못하여 수신교육이란 오직 도덕적 지식을 주입함으로써 만족하는 듯합니다. 윤리학자가 결코 선량한 성격자가 아니외다. 가령 청결, 질서, 정직, 근면, 활발 같은 보통교육에서 역설하는 덕목을 봅시다. 아무리 청결이 좋다는 이론을 하더라도 날마다 양치하고, 세수하고, 목욕하고, 소제하고, 때 묻은 옷 안 입는 것을 반복 실행하여 그것이 습관이 되지 아니하면 성격에는 아무 보익(補益)이 없을 것이외다.

또 정신적인 활발의 기상(氣象)도 실지로 여러 사람 사이에 나서서 뛰어, 제 재주와 기운을 발표하고, 만인 중에 나서서 큰소리로 제 뜻을 주장하는 일을 여러 번 반복하여 그 습관을 이루는 실행이 없고는 활발이란 것이 성격이 될 수는 없는 것이외다.

이렇게 일개인이 어떤 사상으로써 자기의 성격을 개조함에는 반복실행하여 습관을 조성하는 시간이 필요한 것이니, 덕목의 종류를 따라 그것이 성격이 되는 시간에 각각 장단이 있을 것이외다. 가령 청결의 습관이나, 물각유소 사각유시(物各有所事各有時)의 질서의 습관 같은 단순한 성질의 것은 의식적으로 일 년만 노력하면—즉, 반복 실행하면 족할 것이로되, 애인여기(愛人如己)라든지 충성이라든지 언행일치라든지 하는 고상하고 복잡한 덕목이 성격을 이루도록 하기에는 일생의 반복실행으로도 오히려 부족할 것이외다. 공자의 소위 '칠십종심소욕불유구(七十從心所慾不踰矩)'라 함은 자기가 원하는 모든 덕목이 칠십년 부단의 노력과 실행으로 모두 습관을 이루어 자기의 성격이 되고 말았다는 뜻이외다. 또 유명한 프랭클린의 수양이라든지 기타 무릇 수양이란 것은 모두 자기가 원하는 덕목을 습관으로 만든다는 뜻이외다. '언즉이행즉난(言則易行則難)'이란 이러한 뜻이니, 개인의 인격의 힘은 오직 이러한 모든 습관에서만 발하는 것이지 지(知)나 언(言)에서 발하는 것이 아니외다.

민족성의 개조도 상술한 원리에 벗어나는 것이 아니니, 그 개조되는 경로는 이러할 것이외다.

1. 민족 중에서 어떤 일개인이 개조의 필요를 자각하는 것.
　2. 그 사람이 그 자각에 의하여 개조의 신계획을 세우는 것.
　3. 그 제일인이 제이인의 동지를 득하는 것.
　4. 제일인과 제이인이 제삼인의 동지를 득하여 이 삼인이 개조의 목적으로 단결하는 것, 이 모양으로 동지를 증가할 것.
　5. 이 개조단체의 개조사상이 일반민중(一般民衆)에게 선전되는 것.
　6. 일반 민중 중에 그 사상이 토의의 제목이 되는 것.
　7. 마침내 그 사상이 승리하여 그 민중의 여론이 되는 것, 즉 그 민중의 사상이 되는 것.
　8. 이에 그 여론을 대표하는 중심인물이 나서 그 사상으로 민중의 생활을 지도하는 것.
　9. 마침내 그 사상이 절대적 진리를 작(作)하여 토의권(討議權)을 초월하여 전염력을 생(生)하는 것
　10. 마침내 그 사상이 이지(理知)의 역(域)을 탈하여 정의적인 습관의 역에 입하는 것을 통과하여 드디어 민족성개조의 과정을 완성하는 것이외다.

　제일인의 자각이 생김으로부터 제삼인을 얻어 단체를 성(成)하기까지가 가장 곤란한 시대요, 또 기간에 일정한 한계가 없는 시대외다. 그러나 한번 단체를 성하여 계획이 확립하기만 하면, 이에 개조사업의 기초는 성하는 것이니, 이로부터 일종 유기적 생장의

경로를 밟아 장성하는 것이외다.

　다음은 선전시대(宣傳時代)이니 여기 두 가지가 있어 서로 의지하고 서로 도와가는 것이라, 그중에 하나를 결(缺)할 수도 없는 것이외다. 두 가지란 무엇이뇨. 동지의 규합과 사상의 선전이외다. 많은 동지를 얻으려면 사상의 선전이 근본이 되고 사상의 선전을 힘 있게 하려면 또한 많은 동지가 필요한 것이니 동지가 많이 있어야 입이 많고 손이 많고 몸이 많고 돈이 많아 선전의 방면이 더욱 넓어질 것이요, 동시에 많은 동지의 결합한 단체, 그 물건이 모든 것 중에 가장 유력한 구체적 선전기관이 되는 것이외다.

　그런데 여러 천만의 민중에게 일종의 중요하고 복잡한 사상을 선전하는 것도 퍽 많은 노력과 세월을 요하는 일이요, 그 민중의 여론의 지도자가 될 만한 수의 동지를 규합하는 것이 더구나 많은 세월과 노력을 요할 것이외다. 개조의 대상이 되는 민중의 수가 많을수록 세월은 더 오랠 것이요, 그 민중의 문화의 정도와 부패한 정도의 여하를 따라서 또한 사업의 난이(難易)가 결정될 것이며, 기타 실력의 대소, 외위(外圍)의 사정 등 여러 가지 복잡한 사정으로 그 요구하는 바 노력과 세월이 각각 다를 것이외다. 조선 내지(內地)의 인구 일천칠백만, 이를 저 중국의 그것에 비기면 이십오 분지일 강(强)에 불과합니다. 또 혈통과 언어와 성정(性情)의 점으로 보더라도 조선인은 극히 단순하여 저 중국이나 인도와 같은 많은 차별이 없으며, 종교나 계급도 통일적 생활을 하는 데에 장애가 될 만한 것은 없습니다. 아마 중국이나 인도의 민족개조는 심히 어려울 줄 압니다. 차라리 중국이라 인도라 하여 그것을 각각 일 민족으로 보고 개조사업을 하느니보다 그것을 혹은 지방, 혹은 언어, 혹은 종교 등을 표준으로 여러 부분에 나누어서 제가끔 개조사업을 행하는 것이 편하리라 합니다. 그러나 상술한 바와 같이 조선은 극히 단순한 일 민족으로 성정과 언어와 생활의 목적이 단일하므로 개조하기에는 가장 근본적인 편의를 가졌다고 할 수 있습니다. 또 사상 선전에 가장 중요한 요소 되는 문자로 보더라도 조선 문자는 인쇄의 불편은 있으되 학습의 용이(容易)가 있어 그 편리함이 비할 데가 없습니다.

이제 이러한 모든 편의를 기초로 하고, 개조에 요하는 시간을 개산(槪算)하여 봅시다. 그런데 이것은 가장 더디게 될 것으로 보고 하는 것이외다. 그러면 개조의 단체가 생김으로부터 그 사상이 전 민족의 여론적(輿論的) 사상이 되기까지 대략 얼마나한 세월을 요할까.

이것을 결정하는 데는 먼저 전 민족의 여론을 지배하기에는 어떠한 조건이 필요할까 하는 문제를 결정함이 필요하외다. 어떤 사상이 전 민족의 여론을 지배하기에 가장 결정적인 조건은 그 민족의 지식계급의 반수 이상 — 더욱 정확하게 말하면 그 민족의 민족적 생활의 모든 기관을 운전하는 계급의 반수 이상이 이 사상의 찬성자가 됨이외다. 그네가 만일 사상의 소유자뿐만 아니요, 아울러 실행자이면 더욱 유력하고 각개의 실행자뿐이 아니요, 이것을 목적으로 한 단체로 뭉친 것이면 더구나 비할 데 없이 유력할 것이외다.

그런즉 우리의 민족적 생활의 모든 기관을 운전하는 지식계급은 대개 얼마나 하면 될까요.

　민족생활의 모든 기관이라 하면 정치기관, 경제기관, 교육기관, 각종의 민족결사(Free Association), 종교기관, 기타 학술, 예술 등 모든 것이외다. 더 자세히 말하면 정치가, 관리, 상공업자, 교사, 목사, 학자, 무사, 예술가, 신문기자, 지방유지 등을 지식계급이라 하겠습니다. 이 계급 민족의 문화 정도가 향상될수록 전민족에 대한 비례가 클 것이지마는 매 천 명에 일인씩 잡으면 족히 문명한 민족생활을 경영할 수 있으리라 합니다. 그러면 우리 전 인구를 일천칠백만 치고 일만칠천 인, 삼십년 후에 이천만이 될 셈 쳐서 이만 인, 즉 이만 인의 대표될 만한 지식계급이 생기면 조선민족은 넉넉히 문명하고 부강한 민족생활을 경영할 수 있을 것이니, 그중에서 일만 인 이상의 개조자를 가진다 하면, 개조사상으로 하여금 전 조선 민중의 여론이 되게 할 수 있는 것이외다.

　그런즉 결국은 얼마나한 세월이면 일만 인의 개조동맹자를 얻을까 하는 문제외다.

　만일 제일년에 이십 인을 얻는다고 하고 각인이 매년에 일 인의 동지자를 구한다 하면, 제이년에는 사십 인이 될 것이요, 제삼년에는 팔십 인이 되어 이를 공비(公比)로 하는 기하급수로 증가될 것이니, 제칠년에 일천이백팔십 인이 되고 제구년에 오천일백이십 인이 되고, 제십년에는 일만이백사십 인이 될 것이외다. 사상의 전파가 기하급수적이라 함은 사회심리학의 한 법칙이외다. 그러나 동지의 선택을 극히 엄중히 할 것, 동지 중에 사망, 제명, 기타의 사고가 있을 것 등을 작량(酌量)하여 넉넉히 잡고, 그 시간을 삼 배하여 삼십년에 일만 인을 얻는다고 보면 가장 확실하리라고 생각합니다.

혹, 중간에 내부의 와해(瓦解)나 정부의 해산명령의 액을 당함이 없을까 하는 기우도 있으려니와 회원의 선택의 신중과 규칙의 엄수, 특히 규칙을 범하는 자는 한 번도 용서함이 없이 제명하는 방법으로 내부의 와해를 방두(放杜)할 수 있고, 또 절대적으로 정치와 시사에 관계함이 없고 오직 각 개인의 수양과 문화사업에만 종사함으로 정부의 해산을 당할 염려가 없을 것이외다. 그러므로 규칙의 엄수와 정치와 시사에 불간섭함과 이 두 가지로 능히 이 개조단체의 생명을 영원히 할 수가 있는 것이외다.

이렇게 삼십년에 일만 인의 개조동맹자를 얻었다 하면 어떠한 결과가 생길까.

그네는 도덕적으로 인격의 완성을 목적삼아, 혹은 삼십년 혹은 이십년, 혹은 십년을 제명을 당하지 않고 수양한 자니, 허위도 없고 나타도 없고 교사(巧詐)도 반복(反覆)도 없고 겁나도 없고 성실하고 근면하고 신의 있고 용단 있고 사회성 있는 일만 인일 것이외다. 또 그네는 지적으로 인격의 완성을 목적한 자니, 일종 이상의 학술이나 기예를 학수(學修)하였을 일만 인일 것이외다. 또 그네는 체육으로 인격의 완성을 목적한 자니, 인의 직무를 감당할 만한 건강한 체격을 가진 일만 인일 것이외다. 또 그네는 저축으로 생활의 경제적 독립을 목적한 자니, 자기의 의식주에는 근심이 없는 일만 인일 것이외다. 그리고 그네는 자기 개인의 개조만 목적하지 아니하고 전 민족의 개조도 목적한 자이기 때문에 — 이 신성한 주의로 수십 년간 수양하고 노력한 자이기 때문에, 공익심과 단결력이 풍부할 것이외다. 이러한 자격을 가진 사람들은 자연히 사회의 각 방면에서 추요(樞要)한 지위를 점령하였을 것이 아닙니까.

그뿐더러 그네는 문화사업을 목적한 자이기 때문에 만일 매인이 평균 이십 원씩을 내어 여러 가지 사업의 기금을 만들었다 하더라도, 만 인이면 이십만 원의 기금을 가졌을 것이요, 매년 이 원씩을 낸다 하더라도 이만 원의 수입은 될 것이요, 만일 학교나 기타 특별한 사업의 신설을 위하여 매인 평균 백 원씩을 낸다 하면 백만 원을 얻을 것이외다. 이에 비로소 교육사업이나 출판사업이나 기타의 민중교육기관을 창설도 하고 유지도 할 실력이 생길 것이외다.

그러나 만 명을 얻음이 민족개조의 완성이 아니라, 이에 민족개조의 기초가 확립함이니, 정말 민족개조사업의 본업(本業)은 이에서 시작할 것이외다. 즉, 이로부터 각 도회는 물론이요, 면면촌촌(面面村村)에 학교와 강습소와 도서종람소(圖書縱覽所)와 오락장, 체육장을 세우고, 각종의 대학과 전문학교와 도서관, 박물관, 학술연구기관 등을 세우고 서적출판사업을 성대히 하며 미술관, 연극장, 회관, 구락부(俱樂部) 같은 것을 십삼도 각지에 세우며, 또 산업 방면으로 그러하여 조선민족으로 하여금 도덕적으로나 지식적으로나 경제적으로나 체격적으로나 사회의 각종 사업으로나 가장 문명하고 가장 우수한 민족을 만들어, 안으로는 행복을 누리는 인민이 되게 하고 밖으로는 세계 문화에 공헌하는 민족이 되게 함이 개조사업의 완성이라 할지니, 그러므로 이는 오십 년, 백 년, 이백

년의 영구한 사업이외다. 이 사업에는 끝이 있을 것이 아니라, 조선민족으로 하여금 영원히 새롭게, 젊게하기 위하여 영원한 개조사업을 영원히 계속할 것이외다. 나는 믿거니와 이 개조의 원리와 방법은 오직 조선에만 적용할 것이 아니요, 실로 천하만민(天下萬民)에게 적용할 것이니, 중국인의 부활도 오직 이 길을 통하여서야 얻을 것이외다. 그네가 혁명을 백천 번하고 손문(孫文), 고유균(顧維均), 왕정연(王正延)이 아무리 혁명과 외교를 잘한다 하더라도 중국인의 구제는 오직 민족개조운동에게서만 찾을 것이라 합니다.

개조의 내용(內容)

 나는 상편에서 민족개조의 의의를 설하고, 중편에서 민족개조의 가능을 설하였습니다. 그리하는 중에 자연히 개조사상의 내용과 방법도 단편적으로 말하였습니다. 그러나 민족을 개조한다니 어떤 모양으로 개조한단 말인가 하는 개조사상의 내용과 그 개조를 어떠한 방법으로 하겠는가 하는 방법에 대하여 다소 구체적, 계통적으로 말할 필요가 있습니다. 기실 상, 중 양편에 말한 것은 지금부터 말하려는 것의 서론이라 할 만한 것이외다. 그러면 내가 말하는 민족개조란 조선민족을 어떤 모양으로 개조하잔 말인가. 이것을 설명하는 데는 먼저 부정의 방법을 취하여 민족개조란 이것도 아니요, 저것도 아니라는 것을 분명히 하여 마침내 민족개조란 이렇다는 것을 설명하는 것이 가장 편하리라고 생각합니다.
 세계 사조의 영향을 입어 근래 조선 사상계의 민족이나 사회에 대한 사상분류의 범주가 흔히 민주주의 대 제국주의, 자본주의 대 노농주의(勞農主義)의 이쌍(二雙)에 분(分)한 듯합니다. 그래서 각 개인의 사상경향을 논할 때에도 이것을 표준으로 하는 모양이외다. 그러나 내가 말하는 민족개조주의는 이 범주 중에 어느 것에 속한 것도 아니요, 또 어느 것을 특히 배척하는 것도 아니외다. 이 개조주의자 중에는 제국주의자, 자본주의자도 있을 수 있는 동시에 민주주의자, 노농주의자도 있을 수 있는 것이외다. 이런 것은 정치조직에 관한 것이니, 개조주의에는 아무 상관이 없는 것이외다. 개조주의자의 유일한 주장은 조선인이 제국주의자가 되든지, 민주주의자가 되든지, 또는 자본주의자가 되든지, 노농주의자가 되든지를 물문(勿問)하고, 오직 그 무슨 '… 자(者)'될 사람의 인성을 개조해야 한다 함이외다. 다시 말하면 현재 조선인의 성격을 개조한 뒤에야 건전한 제국주의자도 될 수 있고, 민주주의자도 될 수 있고, 노농주의자나 자본주의자도 될 수 있는 것이지, 이 개조가 없이는 아무 주의자도 될 수 없이 오직 열패자(劣敗者)가 될 뿐이라 함이외다. 신용할 만한 덕행, 직무를 감당할 만한 학식이나 기능, 자기의 의식주를 얻을 만한 직업의 능력, 이런 것이 없이야 무엇이 되겠습니까. 그러므로 이 개조주의는 사람의 바탕을 개조하여 그 주의야 무엇이며 직업이야 무엇이든지 능히 문명한 일개인으로, 문명한 사회의 일원으로 독립한 생활을 경영하고 사회적 직무를 부담할 만한 성의와 실력을 가진 사람을 만들자 함이외다. 또 이 개조주의는 주의 자신이 어떤 종교도 아니요, 또 기성의 어떤 종교에 특별히 가담하는 자도 아니외다. 동시에 어떤 종교를 배척하는 자도 아니외다. 야소교인(耶蘇敎人)도 가(可), 천도교인도 가, 불교인도 가, 유교인도 가, 무종교인도 역가(亦可)외다. 오직 개조된 자라야 야소교인이라도 참말 야소교인이 되고, 불교도라도 참말 불교도가 될 것이외다.

다음에 이 개조주의는 정치에 대하여 아무 간섭이 없습니다. 이 주의자 중에는 정치가도 나올 수 있으리라. 개조주의로는 동지인 자로도 정치적 의견으로는 몇 가지로든지 다를 수가 있습니다. 더구나 개조주의의 단체 자신은 영원히 정치에 참여할 것이 아니외다. 그는 영원히 오직 개조주의의 단체로 민중교육사업을 위여서만 힘쓸 것이외다.

그러면 이 개조주의의 내용은 무엇인가. 각 사람으로 하여금,

1. 거짓말과 속이는 행실이 없게,

2. 공상(空想)과 공론(空論)은 버리고 옳다고 생각하는 바, 의무라고 생각하는 바를 부지런히 실행하게,

3. 표리부동과 반복(反覆)함이 없이 의리와 허락을 철석같이 지키는 충성된 신의 있는 자가 있게,

4. 고식(姑息), 준순(浚巡) 등의 겁나(怯懦)를 버리고 옳은 일, 작정한 일이어든 만난(萬難)을 무릅쓰고 나가는 자가 되게,

5. 개인보다 단체를, 즉 사보다 공을 중히 여겨 사회에 대한 봉사를 생명으로 알게(이상 덕육방면),

6. 보통 상식을 가지고 일종 이상의 전문학술이나 기예를 배워 반드시 일종 이상의 직업을 가지게(이상 지육방면),

7. 근검저축을 상(尚)하여 생활의 경제적 독립을 가지게(이상 경제방면),

8. 가옥, 의식, 도로 등의 청결 등, 위생의 법칙에 합치하는 생

활과 일정한 운동으로 건강한 체격을 소유한 자가 되게 함이니.

이것을 다시 줄여 말하면 덕, 체, 지의 삼육(三育)과 부의 축적, 사회봉사심의 함양이라 할 수 있습니다. 조선민족 중에 이러한 사람이 많게 하자, 그리하여 마침내는 조선민족으로 하여금 참되고, 부지런하고, 신의 있고, 용기 있고, 사회적 단결력이 있고, 평균하게 부유한 민족이 되게 하자 함이외다. 불행히 현재의 조선인은 이와 반대외다. 허위 되고, 공상과 공론만 즐겨 나타(懶惰)하고, 서로 신의와 충성이 없고 임사(臨事)에 용기가 없고 이기적이어서 사회봉사심과 단결력이 없고 극히 빈궁하고, 이런 의미로 보아 이 개조는 조선민족의 성격을 현재의 상태에서 정반대 방면으로 변환하는 것이라 할 수 있습니다. 개조주의자가 생각하기에 현재의 조선 민족성을 그냥 두면 개인으로나 민족으로나 열패자가 될 수밖에 없으니, 이를 구원하는 것은 오직 그 반대 방향을 가리키는 개조가 있을 뿐이라 합니다.

이제 나의 말하는 민족개조의 근본은 무실(務實)과 역행(力行)의 사상이외다. 위에 말한 여덟 가지도 통틀어 말하면 무실과 역행 두 가지에 괄약(括約)되는 것이외다.

무실이란, 무엇이나 거짓말을 말자, 속이는 일을 말자, 말이나 일에 오직 참되기를 힘쓰자 함이요. 역행이라 함은 공상을 말자, 공론을 말자, 옳은 일이라고, 하여야 할 일이라고 생각하였거든 말하였거든, 곧 행하기를 힘쓰자 함이외다. 이 두 가지야말로 천만고에 긍(亘)하여도 변할 수 없는 인류의 도덕 중의 근본도덕이니, 실과 행이 없이 무슨 도덕이나 있을 수가 없는 것이외다. 따라서 일개인의 생활의 성패도 여기에 달리고, 일민족, 일국가, 기타 모든 단체의 성패도 이 실과 행이 있고 없기에 달린 것이외다.

예컨대, 일개인에게 무실역행의 덕이 없다 합시다. 실(實)이 없으매 그는 거짓말쟁이요, 사기사일 것이니, 세상은 그를 신용치 아니할 것이외다. 신용이 없으니 그는 상인도 못 되고, 관리도 교사도 못 되고, 동네의 일이나 가정의 일조차 할 수가 없을 것이외다. 진실로 신용은 사회생활하는 자의 생명이니, 신용은 도덕의 결과 중에 대표되는 자외다.

또 행이 없으매 그에게는 이루어지는 일이 하나도 없을 것이외다. 그는 공부가 좋은 줄을 생각도 하고 말도 하나, 실지로 공부를 하지 아니하므로 학식이 있어질 날이 없고 그는 근검저축을 말로도 하고 생각도 하나, 실지로 아무 사업도 하지 아니하므로 그에게는 사업의 성공도 부의 축적도 없을 것이외다. 따라서 이렇게 신용 없고 사업 없는 자의 할 일은 요행(僥倖)을 바라는 투기사업이나 협잡(挾雜)이나 사기나 구걸이나, 또는 도적밖에 없을 것이외다.

현재 조선인의 지식계급이란 자들의 행동을 보면 어떠합니까. 과연 두터운 신용을 가지고 정당한 직업에 진췌노력(盡悴努力)하는 자가 얼마나 됩니까. 실업계면 미두 거래나, 주식 거래나, 그렇지 아니하면 광산 기타에도 각 방면으로 요행을 바라는 협잡적 조명(釣名), 어리적(漁利的) 사업에 종사하고 그렇지 아니하면 누워서 천도(天桃) 떨어지기를 기다리는 부랑자적 인물이 많지 아니합니까.

우리 중에 누가 큰 신용을 가진 자입니까. 누가 큰 사업을 이룬 자입니까.

조선민족이 무실역행의 도덕이 결핍한 것은 지내온 역사의 결과를 보면 알 것이외다. 내가 이렇게 함은 자기 민족의 결함을 폭로하기를 즐겨 그러함이 아니라, 우리의 결함을 분명히 앎으로 다시 살아날 길을 분명히 찾아내자 함이외다.

첫째, 조선인끼리 서로 신용이 없습니다. 외국인은 신용하면서도 자국인은 신용치 못하는 기현상(奇現象)이 있습니다. 멀리는 말고 이조사(李朝史)를 보건대 서로 속이고, 서로 의심하고, 시기하고 모함한 역사라 하겠습니다. 이조사와 같이 완인(完人)이 없는 역사는 아마 드물 것이니, 명망 있는 인물 중에 와석종신(臥席終身)한 사람이 몇 사람이 못 됩니다.

또 현재로 보더라도 조선인 중에 만인의 신망을 일신에 집(集)하였다 할 만한 인물이 없고, 모두 의심을 받는 자들뿐이외다. 이는 서로 거짓말을 하고 서로 속이는 행실을 하기 때문에 서로 신용치를 못함이니, 이러므로 큰 단체적 사업을 경영할 수가 없는 것이외다. 단체적 사업은커녕 서로 믿는 친구도 얻기가 어려운 형편이외다. 또 단체로 보더라도 허위를 숭상하는 책망을 면치 못합니다. 금전으로나 인물로나, 아무 실력도 없으면서도 무슨 큰 실력이나 있는 듯이 허장성세(虛張聲勢)를 합니다. 심한 자는 표면에 드러낸 목적과 이면의 진동기(眞動機)가 판이한 수도 있습니다. 이러므로 세상에서도 이러한 단체를 신용하지 아니합니다. 그래서 '저것이 기실은 무슨 목적으로 생겼나' 또는 '저것이 저렇게 떠들지마는 몇 날이나 갈 터인가' 합니다.

또 민족적으로 보더라도 조선민족은 결코 타민족 중에 신용 있는 민족이 아니외다. 일본인도 우리를 신용치 아니합니다. 합병 전 몇 십년간의 한국 정부의 외교는 거의 전부 허위와 사기의 외교이었습니다. 여기서 민족적 신용을 실추함이 다대(多大)합니다.

다음 서린(西隣)인 한족(漢族)에게 조선민족의 신용을 실추한 최대한 원인은 인삼장사와 가지사(假志士)들이외다.

무릇 중국 방면에서 상업을 경영하는 오인(吾人)은 십에 팔구는 한인을 속이기로 장기를 삼아 이것을 한 자랑으로 아는 경향이 있습니다. 말똥을 청심환이라고 팔았다는 말은 중국에 재(在)한 조선 상인의 상략(商略)을 설명하는 말이라 하겠습니다. 그러나 가장 사기를 대표함은 홍삼(紅蔘)장사니, 그네는 만주삼(滿洲蔘)을 홍삼이라고 속이고, 십 원짜리면 백 원짜리라고 속여 참말 비인도적 폭리를 탐합니다. 그밖에 근년에 아편장사가 많이 생겨 이 역시 정부를 속이고 인민을 속여 불의의 폭리를 탐하는 자인데, 넓은 중국에 조선 상인이라고는 이러한 홍삼장사, 아편장사뿐이니 민족의 수치가 이에서 더한 것이 어디 있겠습니까. 그러나 이런 것은 하급 인민의 소위라 하여 관대한 한인의 용서하는 바도 되려니와 근년의 다수의 자칭 애국지사, 망명객배(亡命客輩)가 중국의 고관과 부호에게 애걸하여 사기적으로 금품을 얻는 자가 점점 증가하여 민족의 신용을 아주 떨어뜨리고 만 것은 실로 개탄할 일이외다. 또 미국인의 오족(吾族)에 대한 신용은 어떠한가. 그 역(亦) 말이 아니니, 조선에 와 있는 선교사들이 조선인을 신용치 않는 것도 사실이거니와 미국에 재류하는 동포가 또한, 혹은 악의로, 혹은 유치한 애국심으로 거짓말과 속이는 일을 짐짓 행하므로 신용을 잃은 것도 많고, 그중에도 상해를 경유하여 도미하는 동포들이 비록 사세(事勢)는 부득이하다 하더라도 국적을 속여 거짓 여행권으로 가며, 혹은 재산을 속여 없는 학비를 있다고 하는 등으로 '조선인은 거짓말쟁이'라는 실망하는 평을 하게 됩니다. 그보다도 지식계급인 인사들이 자국의 약점을 안 보이려는 생각으로 흔히 거짓말을 하나니, 이것이 민족적 신용을 잃는 가장 큰 원인이 되는 줄을 알면 누구나 다 전율할 것이외다. 그러나 아마도 우리의 민족적 신용을 가장 잃게 하는 것은 모든 일에 허장성세하는 병일 것이외다. 아무 실력도 없으면서 소리만 크게 내는 허위일 것이외다. 그러나 나는 이에 대하여 차마 자세하고 구체한 예를 들지 못합니다. 이렇게 조선인으로, 안으로 자기네끼리도 서로 믿지 못하고, 밖으로 이민족간에도 신용을 잃어버렸으니, 이러고 어찌 살리오. 살게 되는 날은 조선인끼리 서로 믿게 되고 이민족에게 신용을 받게 되는 날이니, 이러하려면 허위 없는 공부를 시작하여 전 조선인으로 하여금 진실한 인민을 만드는 수밖에 없을 것이외다.

인류 생활의 가장 안전하고 유리한 방식이 단체생활인 것은 다시 말할 것도 없거니와 단체생활을 가능케 하는 근본 동력은 그 단체의 각 원간(各原間)의 신뢰니, 이것이 없으면 단체가 성립될 수가 없을 것이외다. 그런데 신뢰는 어디서 생기나. 허위가 없고 진실함에서 생기는 것이외다. 그러므로 일 민족의 흥망성쇠는 그 민족의 각 원의 진실 여부에 달린 것이니, 진실하면 그 민족은 굳은 단결이 이루어지는 동시에 그 민족이 이족에게 받는 신용도 클 것이외다. 그러므로, 민족의 개조는 반드시 무실에 시(始)한다 함이니, 허위의 죄의 대가가 멸망인 것과 덕의 보상이 갱생인 것을 따끔하게 자각할지어다. 이렇게 개인으로나 민족으로 신용이 없는데다가 모두 공상과 공론뿐이요, 실지로 행하는 것이 없기 때문에 아무 이루어 놓은 일이 없습니다. 근래에 명망 있다는 인사를 예로 들어 보시오. 그네가 무엇으로 명망을 얻었는지 알 수 없습니다. 우리 중에 가장 명망이 많은 자가 애국자입니다. 우리는 수십 인의 명망 높은 애국자들을 가졌거니와 그네의 명망의 기초가 무엇인지를 찾아보면 참으로 허무합니다. 다 그렇다고 하는 것은 아니나, 대부분은 허명(虛名)이외다. 그네의 명망의 유일한 기초는 떠드는 것과 감옥에 들어갔다가 나오는 것과 해외에 표박(漂泊)하는 것인 듯합니다. 나는 이곳에서 이러한 말을 좀 자세히 하고 싶시마는, 여러 가지 사정으로 그러한 자유를 못 가진 것이 한이외다.

애국자들뿐이 아니라, 지금 사회에 명사라는 칭호를 듣는 이들로 보더라도 그네의 이 명칭은 아무 사업적 근거가 있는 것이 아니니, 우리 명사의 일대 특징이 일정한 직업을 안 가진 것임을 보아 알 것이외다. 혹 지사(志士)라 하여 그의 뜻이 가상하다 함으로 명사가 됩니다. 그래서 그 사람 생각이 좋다고 칭찬하거니와 뜻이 좋다, 생각이 좋다 하는 것이 아무 칭찬할 거리가 되지 못하는 것이니, 만일 그가 아직 수학 중에 있는 청년이라 하면 그 뜻이나 생각 좋은 것이 장래의 좋은 사업할 것을 지시하므로 칭찬할 거리가 되지마는 신사라든지 명사라는 말을 듣는 자로서 뜻이 좋다, 생각이 좋다는 것을 유일한 칭찬으로 아는 것은 그 칭찬받는 자의 수치로 알 일이외다. 그런데 우리 명사는 흔히 뜻이 좋고, 생각이 좋다는 명사가 아닌지. 사람의 생명은 일에 있습니다. 일이란 직업이외다. 직업으로만 오직 사람이 제 의식주를 얻는 것이요, 제가 맡은 국가와 및 사회의 직분을 다하는 것이니, 일을 아니하는 자는 국가나 사회의 죄인이외다. 그러므로 뜻이 좋고 생각이 좋은 것은 그것이 일로 실현되어 나오기 전에 아무 소용도 없는 것이외다. 그러므로 사람을 비평하는 표준은 그의 하여 놓은 일뿐이니, 이것을 두고는 다른 표준은 없는 것이외다.

혹, 감가불우(轗軻不遇)라 하여 때가 돌아오기를 기다린다 하고 부랑자가 되는 것을 일종의 미덕으로 알지마는 이것은 가장 잘못된 도덕적 비판이외다. 중용(中庸)에 이르기를 '도자불가수유이야(道者不可須臾離也)' 라 하였거니와, 도라는 것은 인생의 직무라는 뜻이니, 인생이 살아 있는 동안 일시일각도 그 직무를 떠날 수는 없는 것이외다. 직무란 곧 직업을 사회의 견지에서 본 명칭에 불과한 것이외다. 뜻이 좋고 아무 일도 아니하는 것을 공상이라 하고 말만 좋고 아무 일도 아니하는 것을 공론이라 하나니 공상과 공론은 나타(懶惰)한 자의 특징이외다. 그런데 공상과 공론은 조선 명사의 특징이외다. 이를 민족적으로 보더라도 조선민족은 적어도 과거 오백 년간은 공상과 공론의 민족이었습니다.

그 증거는 오백 년 민족생활에 아무 것도 남겨 놓은 것이 없음을 보아 알 것이외다. 과학을 남겼나 부를 남겼나 철학, 문학, 예술을 남겼나. 무슨 자랑될 만한 건축을 남겼나 또 영토를 남겼나. 그네의 생활의 결과에는 남은 것이 하나도 없고, 오직 송충이 모양으로 산의 삼림을 말짱 벗겨먹고, 하천의 물을 말끔 들이마시고, 탕자 모양으로 선대의 정신적, 물질적 유산을 다 팔아먹었을 뿐이외다. 의주에서 부산, 회령에서 목포에 이르는 동안의 벌거벗은 산, 마른 하천, 무너진 제방과 도로, 쓰러져가는 성루와 도회, 게딱지 같고 돼지우리 같은 가옥, 이것이 오백 년 나타한 생활의 산 증거가 아니고 무엇입니까. 진실로 근대조선 오백년사는 민족적 사업의 기록이 아니요, 공상과 공론의 기록이외다. 저 이조 조선사의 주류인 당쟁도 또한 공상과 공론으로 된 것이니, 따라서 이조사에 나오는 인물은 대부분 공상과 공론의 인물들이외다. 그래서 그네의 명망은 그 이루어 놓은 사업으로 전하는 것이 아니요, 그네의 언론과 문장으로 전할 뿐이외다. 만일 언론과 문장을 업으로 삼는 자라 하면 언론, 문장만 세(世)에 전하는 것이 마땅하지마는 일국의 재상이나 수령 방백(守令方伯)으로서 그렇다 하면 이는 진실로 괴변이외다. 심지어 임진(壬辰), 병자지역(丙子之役) 같은 흥망이 유관(攸關)한 대사건에도 당시의 당국자들은 군비나 산업에 노력하기보다 의리가 어떤 둥, 어느 대장의 문벌이 어떤 둥, 시가 어떤 둥 하여, 혹은 의주의 행재(行在), 혹은 남한(南漢)의 몽진(蒙塵)에 공상과 공론만 일삼았습니다. 진실로 근대조선사는 허위와 나타의 기록이외다. 과거에만 그러한 것이 아니라, 현재의 조선인도 그러합니다. 우리가 보는 전등, 수도, 전신, 철도, 윤선(輪船), 도로, 학교 같은 것 중에 조선인이 손수 한 것이 무엇 무엇입니까.

　교육을 떠들고, 산업을 떠들지마는 교육기관 중에 조선인의 손으로 된 것이 삼, 사(三四)의 고등보통학교가 있을 뿐이요, 산업기관이라고 자본을 총합하여도 일천만 원도 못 되는 구멍가게 같은 은행 몇 개가 있을 뿐이외다. 이것이 모두 공상과 공론뿐이요, 행함이 없는 까닭이니 조선인은 언제까지나 이 나타를 계속하려는가요. 만일 분연히 이것을 버리지 아니하면 그 명운은 멸망밖에 없을 것이외다. 그러므로 우리는 행하기를 역(力)하자, 즉 역행(力行)하자. 누구나 한가지씩의 직업을 가지자.

그리하여 그 직업을 부지런히 하자 함으로 민족개조의 근본칙(根本則)을 삼아야 합니다. 이에 나는 우리가 무실과 역행으로써 민족개조의 근본칙을 삼을 것을 말하였습니다. 바꾸어 말하면 새로 개조하려는 민족성의 근본을 실과 행에 두자 함이외다. 그밖에 모든 도덕은 이 실과 행에 기초하여 건설될 것입니다. 그러나 한가지 더 실과 행과 동(同) 정도로 고조할 것이 있으니, 그것은 사회봉사심이외다. 전에 개조 팔원칙(改造八原則)의 제오호에 게재한 것이외다. 개인보다 단체를, 즉 사보다 공을 중히 여겨 사회에 대한 봉사를 생명으로 알게 하자 함이외다. 이것이 이기심의 반대되는 것은 명료하거니와 가족이나, 사당이나, 친구 같은 것도 또한 사(私)외다. 그런데 조선인은 아직 사회생활의 훈련이 없어 그 애호의 정이 미치는 범위가 가족, 붕당을 초월하지 못합니다. 그러므로 자기 일신이나, 일가의 이해를 위하여 사회의 이해를 불고(不顧)하는 수가 많습니다. 이래서는 안 되니, 적더라도 그 애호의 범위를 민족까지에 확대할 것은 심히 긴요합니다. 사회봉사의 길은 둘이 있으니, 일은 사회에 익(益) 있고 해(害) 없는 직업을 택함이요, 이는 모든 단체생활에 충실함이외다. 자선사업이나 소위 공익

사업을 하는 것만이 사회봉사인 줄 아는 것은 잘못이외다. 이는 자본주의적 사회조직에서 유산계급만 할 수 있는 일이니, 대개 세상에서 말하는 자선사업이나 공익사업은 많은 금전이나 시간을 자기의 이해와 아무 관계없는, 순전히 남을 위한 사업에 내는 것을 이르기 때문이외다. 참뜻의 사회봉사는 누구나 할 수 있는 것이니, 가령 농부가 오곡의 배양에 종사하는 것, 공장(工匠)이 유용한 기구를 제작하기에 종사하는 것, 교사가 청년자제의 교육에 종사하는 것 등의 직업 자신이 이미 사회봉사를 의미하는 것이외다. 무릇 사회의 존립에 필요한 직업에 종사하는 자는 모두 사회에 봉사하는 자니, 그러므로 사회봉사의 제일요건은 사회가 요구하는 직업을 가짐이외다. 직업이 없이 사회봉사를 설(說)하는 자가 있다 하면 그는 공론을 하는 자외다.

사회봉사의 둘째 길은 모든 단체생활에 충실함이라 하였습니다. 전에도 누차 말한 바와 같이 인류의 생활은 단체생활이니, 각 개인의 생활을 분석하면 여러 가지 중중(重重)한 단체생활이외다.

실례를 들면 일개인은 첫째 국가라는 단체의 일원이겠습니다. 다음에는 도, 시, 군, 면 같은 행정자치단체의 일원이겠고, 또 그가 학생이나 교원이면 교육단체의 일원이겠고, 기타 개인의 성정과 직업의 방면을 따라, 혹은 정치단체, 경제단체, 교육단체, 학술단체, 수양단체의 일원일 것이외다. 문화가 향상할수록, 생활의 내용이 복잡할수록, 단체생활의 필요와 종류가 느는 것이니, 이 단체생활을 잘하는 것이 생존에 적자인 자의 특징이외다. 그런데 단체생활에 충실하다 함은 무슨 뜻인가. 일언이폐지하면 그 단체의 규약, 즉 법을 엄수함이요, 다시 상언(詳言)하면 그 단체의 유지와 발전의 동력이 되는 금전상의 분담(즉 납세, 회비 등)에 충실할 것, 집회에 잘 출석할 것, 그 단체를 실제로 운용하는 지도자의 지도에 순종할 것, 그 단체를 내 것이라고 사랑하는 정을 가질 것 등이겠습니다. 지도자라 하면 국가면 원수, 회면 회장 같은 것이니, 지도자를 잘 택하는 것과 택한 지도자에게 잘 순종하는 것은 진실로 단체생활에 극히 중요한 것이니, 지도자를 바로 택할 줄 모르는 민중도 단체생활에 성공할 자격이 없는 동시에 지도자의 지도에 순종할 줄 모르는 민중도 단체생활에 성공할 자격이 없는 것이외다. 데모크라시란 지도자 없는 생활이란 말이 아니라, 지도자를 민의로 택하는 생활이란 뜻이외다.

그런데 우리 사람은 위에 말한 것과 같은 단체생활의 도덕이 없습니다. 길게 설명하지 아니하더라도 우리가 보는 무슨 회, 무슨 회 하는 단체들이 되어가는 모양을 보아 알 것이외다.

그런즉 무실과 역행과 사회봉사심(즉 단결의 정신)을 개조하는 신민족성의 기초로 삼자 함이외다. 그러면 이 주의에 의지하여 개조된 사람은 어떤 사람일까. 그는 반드시 보통교육과 일종의 전문교육이나 기예의 교육을 받아 사회에 유익하다고 믿는 일종의 직업을 가졌을 것이외다. 그 직업을 지극히 사랑하고 그 직업을 가진 것을 영광으로 알아 일생의 정력을 그것을 위하여 다할 것이외다. 대개 그는 모든 직업이 평등으로 다 존귀한 줄을 확신할 것이외다. 그 직업이 자기에게 의식주를 주고, 사회에 대한 봉사의 신성한 보수되는 명예를 주고 또 양심의 만족과 활동과 성공의 쾌락을 주는 줄을 알기 때문이외다. 그는 일정한 휴일을 제(除)하고는 날마다 일정한 시간 동안을 성의와 근면으로 그 직업에 종사하되, 그의 하는 일, 만드는 물건이 아무쪼록 사회에 유익하기를 바라므로 속임이 없습니다. 그러므로 世上은 그를 믿어 다시 의심함이 없습니다. 그는 이 직업에 관하여 남과 거래할 때 반드시 성의를 가지고 신용을 지킵니다. 또 그 직업을 심(甚)히 사랑하기 때문에 어떠한 곤란이 있든지 위험이나 핍박(逼迫)이 있더라도, 결코 그것을 버리지 아니하고 용기를 발하여 싸워 이깁니다.

이렇게 직업을 사랑하고 그것을 위하여 근면하므로 주색에 빠지거나 잡담, 박혁(博奕)을 즐길 새는 없지마는 그에게는 방순(芳醇)한 가정의 낙과 문학, 예술, 혹은 종교나 철학을 즐기며, 혹은 순결한 교우의 낙과 동지의 회집의 낙을 가집니다. 그리고 그는 일정한 운동으로 건강과 용기와 쾌락을 얻습니다.

그는 국가에 대하여서는 모든 의무를 충실히 다하는 국민이요, 그의 참가한 모든 단체에 대하여는 충실한 회원이외다. 그러므로 그는 혹은 체면에 끌려, 혹은 군중심리에 끌려, 용이히 무슨 허락을 아니하지마는 한번 허락한 이상 그는 결코 변함이 없습니다.

그는 위인이 아닐는지는 모르되, 무슨 일을 하는 사람이요, 성인이 아닐는지는 모르되, 누구나 믿을만한 사람이외다. 그는 완성될 범인이니, 이 완성될 범인이야말로 우리가 구하는 바외다.

개조의 방법(方法)

그러면 어떠한 방법을 취하여 이 개조의 이상을 실현할까. 이상은 아무리 좋더라도 그 실현하는 방법을 찾지 못하면 역시 공상이 되고 말 것이외다.

방법! 이것은 우리 사람들이 가장 경히 여기고 그렇기 때문에 가장 졸(拙)합니다. 우리들은 흔히 수단을 중히 여기나 방법을 경히 여깁니다. 수단과 방법을 흔히 동의(同義)의 어(語)로 쓰지마는 기실은 그 사이에는 구별이 있고 또 구별을 할 필요가 있는 것이외다.

방법이라 하면 무슨 일을 하는 길을 이름이니 무슨 일이든지 하려고 할 때에는, 첫째는 그 일의 목적을 정하여야 하고, 둘째는 그 목적을 달하는 길을 정하여야 합니다. 출발점과 도착점 사이에는 가능한 여러 가지 길이 있음이 마치 기하학상으로 양점간(兩點間)에는 무수한 선을 그을 수 있음과 같습니다. 그런데 양점간의 최단거리는 직선이요, 직선은 일(一)이요, 오직 일인 것같이 사업의 출발점에서 목적의 도착점까지에 달할 수 있는 모든 길 가운데에서 신중한 고려로써 그 최단거리라 할 만한 길을 택하여 이 사업을 완성하기까지는 꼭 이 길로 나가자 하고 작정해 놓은 것이 방법이니, 방법이란 자의(字義)가 십분 그 불변성, 불가범성(不可犯性)을 표하는 것이외다. 원래 방(方)자는 모형이란 뜻이요, 법(法)자는 먹줄이란 뜻이니 방이나 법이나 일정(一定)하다는 뜻이 있는 것이외다. 다시 말하면 방법이란 법률이요, 규칙이며, 이에 반하여 수단이란 그 법률이나 규칙의 운용의 솜씨외다. 같은 법률이나 규칙도 잘 운용키도 하고 못하기도 하기에 그 효력에 대관계(代關係)를 생(生)하는 것이니 수단이란 것도 일을 위하여는 필요한 것이외다. 방법은 식이요, 수단은 활용이외다. 그러나 수단은 방법에 의하여 쓸 것이니, 방법 없는 수단은 되는 대로 하는 것에 불과합니다.

그러하거늘 우리들의 일하는 법은 흔히 방법을 세우지 아니하고 임시 임시의 수단만 부리려 합니다. 그래서 수단이란 그 본래의 뜻을 잃어버리고 부정한 권모나 술책을 의미하게 된 것이외다.

방법이란 만사에 다 중요한 것이외다. 밥을 짓는 데도 방법이 있으니, 쌀과 물을 솥에 두고 불을 땐다고 밥이 되는 것이 아니외다. 쌀과 물과의 분량의 비, 불 때는 양을 다 방법에 맞게 하여야 밥이 되는 것이니, 쌀과 물과 불 세 가지 재료는 같다 하더라도 그 방법을 따라 밥도 되고 죽도 되고 미음도 되고 풀도 될 것이외다. 만일 아주 방법을 그르치면 혹은 태울 수도 있고 설익을 수도 있어 소위 죽도 밥도 안 될 수가 있는 것이외다. 이에 대하여 같은 밥을 짓되, 질도 되도 않게 맞나게 짓는 것은 그 짓는 자의 수단이외다. 그러므로 수단은 방법을 지키는 때에만 유효한 것이외다.

좀더 어려운 말로 방법의 필요를 설명하려면, 과학연구의 방법을 예로 드는 것이 편할 것이외다. 첫째, 오늘날과 같은 자연과학, 기타 제반 과학이 발달된 가장 주요한 원인이 베이컨의 귀납법(歸納法)의 발견이라 합니다.

귀납법이란 재래의 연역법(演繹法)에 대한 자연 및 인사 연구의 일 방법이외다. 그런데 이 방법을 얻었기 때문에 모든 과학의 발달이 된 것입니다. 무슨 과학이든지 한 과학이 성립됨에는 특수한 대상이 필요함과 같이 특수한 연구방법이 필요한 것이니, 이 방법 없이는 과학이 성립될 수 없는 것이외다.

또 딴 방면으로 말하는 서양인은 성하고 우리는 쇠하는 것도 서양인은 생활의 방법이 옳았고 우리는 생활의 방법이 잘못되었다고 볼 수 있는 것이외다. 이렇게 일에는 방법이란 것이 필요합니다. 그런데 우리가 하려는 가장 큰일 되는 민족개조에 어찌 방법이 필요하지 아니하겠습니까. 이 방법에 관하여는 위에도 기회를 따라 말하였습니다마는 그 중심은 개조동맹(改造同盟)이외다. 금주동맹이나 금연동맹과 같이 일정한 주의로 개조하기를 동맹함이외다. '우선 나부터 개조하자'는 뜻을 가진 자들이 동맹을 지어 하나씩 둘씩 그러한 동맹원(同盟員)을 늘려가면서 서로 자격(刺激)이 되고 서로 도움이 되어 일면 자기의 개조를 완성하면서 일면 동맹원을 늘리는 것이외다.

이제 이러한 동맹이 가장 정확한 방법인 것을 말합시다.

재래로 우리 사회에서는 사상을 전하기로 주요사(主要事)를 삼았습니다. 그러나 공론을 좋아하고 실행이 없는 우리 사람들은 새로 얻은 사상을 오직 공론의 좋은 새 재료를 삼을 뿐이요, 그 사상이 들어오기 때문에 좋아진 것이 별로 없었습니다. 물론 사상이 널리 전파되고 점점 깊이 침윤함에 따라 오랜 세월을 지내는 동안에는 조금씩 조금씩 행(行)으로 실현되는 것은 사실이겠지마는, 지금 우리 형편으로는 이러한 자연의 추이를 기다릴 수가 없고 마치 전기작용과 온도의 조절로 식물의 성장을 촉진하는 모양으로 무슨 인공적 촉진방법을 쓰지 아니치 못할 위험한 처지에 있는 것이외다. 그러므로 '이리해야 된다, 저리해야 된다' 하고 필설로만 떠들며 들을 자는 들을지어다, 하고 싶은 자는 할지어다 하는 완만(緩慢)한 정책에만 의지할 수는 없는 것이외다. 그뿐더러 내가 보기에 우리 민족의 결핍한 것은 사상이기보다 실행이니, 우리가 아는 것만이라도 실행만 하면 살 수가 있으리라 합니다.

가령 거짓이 없어야 한다, 부지런해야 한다, 학술이나 기예를 배워야 한다, 그래서 누구나 한 가지 직업을 가져야 한다, 교육과 산업을 발달시켜야 한다. 이런 것은 누구나 다 알만한 것이 아닙니까. 그러므로 우리의 할 일은 그대로 실행함이외다. 그러므로 '나부터 먼저 개조하자' 하는 것이 개조사업의 가장 확실한 방법이 되는 것이니, 대개 나 하나의 개조는 나의 가장 확실하게 가능한 바요, 따라서 나 하나를 개조하면 이에 조선민족은 일편(一片)의 개조된 원(員)을 가지게 될 것이며, 겸(兼)하여 그 개조된 한 사람이 개조사상의 실현된 모범이 될 것이니, 이 실현된 모범이야말로 가장 웅변된 선전이 되는 것이외다. 이렇게 개조된 일인은 전 민족개조의 발단이요, 기초가 되는 것이외다.

이러한 사람이 동맹을 지으므로 서로 자격(刺激)이 되고 서로 보익(補益)이 되는 동시에 개조된 사람, 적더라도 개조를 목적으로 실행하는 사람이 일단(一團)이 되기 때문에 그 실현된 모범이 더욱 뚜렷하고 유력하게 됩니다. 특별한 주의와 행동을 하는 개인도 표(標)가 나지마는, 그러한 개인들의 단체는 더욱 표가 나는 것이 마치 여러 천만 자루의 횃불을 한 곳에 모아 세운 것 같습니다. 비(比)컨대 예수교회를 보시오. 그네가 만일 교회라는 단체를 이루고 속인과 판이한 습속을 가지지 아니하였더면, 그렇게 뚜렷하게 세인의 주목을 끌기가 어려울 것이외다. 그러므로 한 단체의 존재가 백천의 신문, 잡지보다 위대한 선전력을 가진 것이외다.

단체의 선전력이 위대하다는 실례로는 미국의 금주동맹(禁酒同盟)이 가장 좋을까 합니다. 그것은 거금 오십칠 년인가 팔 년 전에 매튜라는 신부가 시작한 것인데, 하나씩 하나씩 동맹원을 모집하여 오십칠 년 만에 마침내 전미 인민의 과반수의 동지를 얻어 작년 칠월에 드디어 그 나라 헌법에 금주의 조(條)를 가입케 하였습니다. 고래로 금주를 선전한 사람이 퍽 많지마는 이 나라에서와 같이 성공한 자가 없음은 이 동맹단체라는 방법을 이용할 줄 모른 까닭이외다.

동맹을 짓는 셋째 이익은 위에도 말한 바와 같이 그 운동의 생명을 영속케 함이외다. 개인의 생명은 믿을 수가 없는 것이로되, 공고하게 조직된 단체의 생명은 영원성을 가진 것이니, 비록 세월이 가고 대(代)가 갈리더라도 그 단체의 주지(主旨)는 그냥 남아 연해 동맹자의 수를 늘릴 것이며 아울러 그네가 목적하는 사업을 영구히 계속하여 갈 것이외다.

그러므로 이 민족개조를 목적하는 동맹단체는 가능한 모든 수단을 다하여 그의 생명이 영속하기를 힘써야 할 것이외다. 단체의 생명을 영속하게 하는 방법은 여기서 말할 바 아니니, 딴 기회를 기다리려니와, 한 가지 반복하여 역설할 것은 '민족개조는 오직 동맹으로야만 된다. 그러므로 이 동맹으로 생긴 단체는 가장 공고하여 영원성을 가짐이 필요하다' 함이외다.

최종에 동맹이 필요한 것은 그 주의를 선전하고 그 목적을 실현하기 위한 사업을 경영하기 위해서외다. 동맹이 비록 좋지마는 언론으로 일반 민중에게 그 주의를 선전할 필요가 있으며, 또 이미 덕육(德育)을 하여라, 보통 학식을 배우는 일종 이상의 전문학술이나 기예를 배워라 하였으니, 그러하기에 필요한 일을 하여 주어야지 그렇지 아니하면 그도 또한 공론에 불과할 것이외다.

그러면 그런 일이란 무엇이오. 학교, 서적 등의 공급이외다. 또 체육을 하라 하면 그것을 할 설비, 곧 위생설비나 체육장의 설비, 위생서, 체육서 등의 제공이 필요할 것이외다. 그리고 보니 이런 모든 것을 시설하려면 거액의 금전과 다수의 인재가 필요합니다. 그러면 그것들은 어디서 나오나. 오직 공고한 단체에서외다. 재래 우리의 모든 사업은 일정한 재력과 인력이 없이 하였습니다. 가령 신문, 잡지나 학교를 경영하는 자 중에 진실로 이러한 예산을 세우고 하는 자가 몇이나 됩니까. 소위 '마음만 있으면 된다' 하고, '시작만 하면 된다' 하여 마음만 가지고 시작한 것이 많았으며 모두 몇 날이 못가 스러지고 말았습니다.

　마음만 있으면 된다는 것이 곤란을 무릅쓰고 열심을 내라는 격언이 되지마는 마음이 밥이 되고 마음이 나무가 되지 않는 이상 마음만 가지고 일이 될 리가 있습니까. 일을 이루는 것은 오직 '힘'뿐이니, 힘이란 무엇이뇨. 사람과 돈이외다.

　그런데 우리네는 흔히 사람을 쓸 때에 임시 임시(臨時臨時) 아무나 말마디나 하는 자면 골라 쓰려 하고 돈은 의연(義捐)이나 일시 일시(一時一時) 어떤 부자를 꾀어내어서 쓰려 합니다. 작은 사업에나 큰 사업에나 다 이러합니다.

　이것으로 어찌 일이 되겠습니까.

　일하는 사람이란, 그 일의 전문가이기를 요구합니다. 정치에는 정치의 전문가, 산업에는 각각 그 방면의 전문가, 교육에는 교육의, 신문 잡지에는 신문 잡지의 전문가를 요구하는 것이니, 전문의 교양이 없이 임시 임시로 정치가도 되고 교육가도 되었다가 은행 지배인도 되고 잡지 주필도 되는 것은 아직 사회의 분화가 생기지 아니하였던 옛날의 일이외다. 전문가란 그 직업에 상당한 덕행(즉 신용, 근면, 신의, 용기)과 거기 상당한 전문 학식을 가진 자를 일컬음이니, 이러한 자격을 얻으려면 십수년의 성의(誠意)로운 수양과 경험을 쌓아야 하는 것이외다. 전문가 아니고 모종의 사업을 경영하려 함은 오늘날에 있어서는 한 공상에 불과합니다.

　돈에 관하여 말하건대 일시적 사업, 비(比)컨대 어떤 지방에 수재가 나서 그 이재민을 구제하는 사업 같은 것은 의연으로도 할 수 있는 것이지마는, 그렇지 아니하고 교육사업이나 신문, 잡지, 기타 무릇 영구성을 가진 사업을 경영하는 데는 반드시 매년에 일정한 수입이 있기를 요하는 것이니, 이 일정한 수입을 얻는 길은 오직 두 가지 길이 있을 뿐이니, 하나는 그 단체의 각원이 일정한 기간 내에 일정한 금액을 거출(據出)함이니 이는 국가의 납세, 항용 단체의 회비 같은 것이요, 또 하나는 기본금이니 이는 어떤 단체의 단원들이 얼마씩을 내어 그 본전은 영영 쓰지 아니하고 이자만 쓰는 제도니, 근대의 각종 산업단체, 교육단체, 기타 사회사업의 단체들이 많이 취하는 것이외다.

이 두 가지 중에서 가장 확실한 것은 기본금(基本金)주의니, 이것에서 나오는 매년의 수입이 일정한 금액 이상일 것이 확실합니다. 회비주의는 국가나 종교와 같이 특수권력을 가진 단체가 아니고는 꼭 일정한 금액 이상의 수입을 확보하기가 어려운 것이외다. 무릇 영구성을 가진 사업을 하려 하는 단체는 위에 말한 바와 같은 인력과 금력의 준비를 가짐이 절대로 필요한 것이니, 이것이 없으면 아무리 좋은 이상과 계획이 있다 하더라도 또한 공론이 되고 말 것이외다.

그러므로 민족개조를 목적하는 자들이 크고 견고한 동맹을 지음이 이 두 가지 힘을 얻는 유일한 길이니, 동맹의 큰 필요를 여기에서도 볼 것이외다.

이 모양으로 개조된 개인들, 즉 건전한 인격자들과 그네의 동맹한 단체, 즉 견실하고 큰 단체를 이루면 이에 우리 사업의 기초는 확립한 것이니, 이로부터 오직 점점 이상을 실현하면서 성장(長成)함이 있을 뿐이지 결코 퇴보함이 없을 것이외다.

위에 말한 개조의 방법은 그 대강령(大綱領)을 든 것이어니와 이는 만고에 긍(亙)하여 변치 아니할 진리외다. 그러나 이 방법의 세밀한 점에 이르러서는 다른 때에 말하는 것이 적당하리라 합니다.

결론(結論)

나는 이상에 민족개조의 의의와 역사상의 실례와 조선 민족개조의 절대로 긴하고 급함과 민족의 가능함과 그 이상과 방법을 말하였습니다.

세인 중에는 조선민족의 장래에 대하여 비관하는 자도 있고 낙관하는 자도 있을 것이외다. 또 비관하는 자 중에도 그 비관의 이유가 여러 가지일 것이니, 혹은 조선민족의 외국의 사정의 불순(不順)을 이유로 하는 자도 있을 것이요, 혹은 조선민족은 정신상으로나 물질상으로나 피폐의 극에 달한 것을 이유로 하는 자도 있을 것이요, 심한 자는 조선민족의 본성이 열악(劣惡)하여 도저히 번영을 기(期)치 못할 것을 이유로 하는 자도 있을 것이외다.

이러한 모든 비관의 이유가 다 일면의 진리를 가진 것이니 일개(一概)로 조소해버릴 것은 아니외다.

또 낙관자 편에도 그 낙관의 이유가 하나가 아닐지니, 혹은 천운이 순환(循環)하여 부왕태래(否往泰來)할 날이 반드시 있으리라

하는 유치한 숙명관을 이유로 하는 자도 있을 것이요, 혹은 비관론자와 정반대로 조선민족의 천질(天質)이 우수함은 고대사의 증명하는 바라는 것을 이유로 하는 자도 있을 것이요, 혹은 광막한 세계의 대세를 이유로 하는 자도 있을 것이외다(저 민족의 운명에 관하여 아무 생각도 없는 자는 말할 필요도 없는 일이외다). 이러한 낙관설에도 또한 취할 점은 있지마는 그 진리를 함유한 분량으로는 비관설이 훨씬 우승합니다. 진실로 낙관자의 이유는 극히 유치하고 천박합니다. 천운순환(天運循環)이란 것은 거론할 필요도 없고(기실 다수의 조선인을 지배하는 사상이겠지마는) 민족의 본질의 우수라는 것도 지금 형편에 누가 믿어줄 말이 못되며, 또 설사 본질은 우수하더라도 타락한 금일에는 우수한 점보다 열악한 점이 많은 것은 사실인즉, 이것이 낙관의 이유가 될 수는 없는 것이요, 세계 대세론자는 신문명, 신사상으로 민족을 일신케 하면 살아나리라는 의미로는 진리이나 정치적 의미로 말하는 것이라 하면 괘치(掛齒)할 바가 아니외다.

    낙관론자에 가장 확실하고 고급적인 것은 우리가 힘씀으로 살리라 하여 문화운동을 주창(主唱)하는 자외다. 그네는 생각하기를 강연을 하고 학교를 세우고 회를 조직하고 신문이나 잡지를 경영하고 서적을 출판하는 등, 이른바 문화사업으로 족히 이 민족을 구제하여 행복과 번영의 길에 넣으리라 합니다. 이는 무론 옳은 자각이니, 대개 이는 모든 행복되고 번영하는 민족들이 그 행복과 번영을 얻는 길로 하는 사업이외다. 그러나 조선민족은 너무도 뒤떨어졌고, 너무도 피폐하여 남들이 하는 방법만으로 남들을 따라가

기가 어려운 처지에 있으니, 무슨 더 근본적이요 더 속달의 방법을 찾을 필요가 있습니다.

우선 현재 있는 대로의 상태로는 문화사업도 하여 갈 수가 없으리만큼 조선민족은 쇠약하였습니다. 자양분과 운동을 취하게 하기 전에 우선 캄플 주사가 필요하게 되었습니다. 보시오, 학교들이 생기나 유지할 능력이 없어 거꾸러집니다. 회들이 생겼으나 또한 그러하고 잡지와 신문들이 생겼으나 또한 그러합니다. 문화사업을 할 사람이 없고 할 돈부터 없는 처지입니다. 사람부터 만들자, 돈부터 만들자 하는 것이 맨 먼저 필요합니다.

그러면 내 의견은 어떠하냐. 이 논문에 말한 것으로 이미 짐작(斟酌)도 하였으려니와 나는 차라리 조선민족의 운명을 비관하는 자외다. 전에 말한 비관론자의 이유로 하는 바를 모두 진리라고 생각합니다. 우리는 과연 순(順)치 못한 환경에 있습니다.

우리는 그 이상을 상상할 수 없으리만큼 정신적으로나, 물질적으로나 피폐한 경우에 있습니다. 또 우리 민족의 성질은 열악합니다(근본성은 어찌 되었든지 현상으로는). 그러므로 이러한 민족의 장래는 오직 쇠퇴 또 쇠퇴로 점점 떨어져가다가 마침내 멸망에 빠질 길이 있을 뿐이니 결코 일점의 낙관도 허할 여지가 없습니다. 나는 생각하기를 삼십 년만 이대로 내버려 두면 지금보다 배 이상의 피폐에 달하여 그야말로 다시 일어날 여지가 없이 되리라 합니다. 만일 내 말이 교격(驕激)하다 하거든 지나간 삼십 년을 돌아보시오! 얼마나 더 성질이 부패하였나, 기강이 해이하였나, 부가 줄었나, 자신이 없어졌나. 오직 조금 진보한 것은 신지식이어니와 지식은 무기와 같아서 우수한 자에게는 복이 되고 열악한 자에게는 화가 되는 것이라, 이 소득으로 족히 소실(所失)의 십의 일도 채우기 어려울 것이외다.

그러면 이것을 구제할 길은 무엇인가. 오직 민족개조가 있을 뿐이니 곧 본론에 주장한 바외다. 이것을 문화운동이라 하면 그 가장 철저한 자라 할 것이니, 세계 각국에서 쓰는 문화운동의 방법에다가 조선의 사정에 응할 만한 독특하고 근본적이요, 조직적인 일 방법을 첨가한 것이니 곧 개조동맹(改造同盟)과 그 단체로써 하는 가장 조직적이요, 영구적이요, 포괄적인 문화운동이외다. 아아, 이야말로 조선민족을 살리는 유일한 길이외다.

최후에 한 가지 미리 변명할 것은 이 개조운동은 정치적이나 종교적의 어느 주의와도 상관이 없다 함이니, 곧 자본주의, 사회주의, 제국주의, 민주주의, 또는 독립주의, 자치주의, 동화주의 어느 것에나 속한 것이 아니외다. 개조의 성질이 오직 민족성과 민족생활에만 한하였고, 또 목적하는 사업이 상술한 바와 같이 덕체지(德體知) 삼육(三育)의 교육적 사업의 범위에 한한 것인즉 아무 정치적 색채가 있을 리가 만무하고, 또 있어서는 안 될 것이외다. 루소의 말에 '정치가가 되기 전에 군인이나 목사가 되기 전에 우선 사람이 되게 하여라' 한 것이 있거니와 이것이 개조운동의 계한(界限)이니 동맹자 중에는 온갖 주의자, 온갖 직업자, 온갖 종교의 신자를 포함할 수 있는 것이니 대개 무실하자, 역행하자, 신의 있자, 봉공심(奉公心)을 가지자, 한 가지 학술이나 기예를 배우자, 직업을 가지자, 학교를 세우자 하는 것 등은 어느 주의자나, 어느 종교의 신자나를 물론하고 공통한 신조로 할 수 있는 까닭이외다. 어느 종교의 신자는 개조동맹에 들어 그대로 수양하므로 참으로 좋은 신자가 될 것이요, ㅇㅇ주의자는 참으로 좋은 ㅇㅇ주의자가 될 것이니 대개 이는 인(人)의 근본 되는 모든 요건이기 때문이외다. 이에 나는 민족개조에 관한 사상과 계획의 대요(大要)를 술하였습니다.

나 자신이 이 주의자인 것은 물론이어니와 독자 중의 다수가 여기 공명할 것을 믿습니다. 그래서 이것이 실현될 날이 멀지 아니할 것을 확신하매 넘치는 기쁨으로 내 작은 생명을 이 고귀한 사업의 기초에 한줌 흙이 되어지라고 바칩니다.

―신유(辛酉) 11월 22일 밤
『개벽』1922년 5월『개벽(開闢)』

[후기]

이광수와 안창호

　주지하다시피 이광수와 안창호는 인연이 깊은 사이로 알려져 있다. 특히 이광수의 경우, 안창호에 대한 존경심이 깊었던 것으로 나타난다.

　이광수가 남긴 기록을 보면, 그는 안창호에게서 우리 민족의 제일의 지도자상, 스승상을 보고 있었던 게 아닌가 싶다. 이광수는 상해임시정부의 성립이 안창호의 수완과 인품, 조직화 능력이 없었다면 불가능한 일이었다고 보고 있을 정도로 안창호의 능력을 높게 보고 있었다. 그런 이광수였으므로 안창호에게서 사상적으로나 인생적으로나 깊은 영향을 받았을 것은 말할 나위가 없겠다.

　이광수는 1892년생이고 안창호는 1878년생이니 14살 정도의 나이차가 난다. 이광수에게 안창호는 서재필, 이승만 등과 함께 만민공동회에 참여해 독립문화운동을 한 일세대의 대선배였다고 하겠다.

　이광수가 안창호와 깊이 교류하게 되는 것은 상해시절이었던 것으로 보인다. 3·1운동이 좌절되면서 이를 이끈 민족지도자들이 대거 해외로 망명하게 되는데, 그때 이광수는 상해로 몸을 피하게 된다. 상해에서 한(韓)민족을 대표할 임시정부의 필요성을 절감한 안창호가 총대를 메고 민족지도자들을 상해로 불러들이고 임시정부의 체제를 확립하게 되는데, 이광수도 여기에 참여하는 것이다. 글쟁이였던지라 이광수는 임시정부의 기관지 격이었던 『독립신문』 간행역을 맡게 되고, 안창호는 사실상의 임시정부 탄생의 주역이었음에도 대통령에 이승만 박사를 세우고 스스로는 뒤로 물러서 말석 각료로서의 역할을 자임한다.

  이광수는 1921년 중반쯤 상해생활을 정리하고 조선의 경성으로 되돌아오게 된다. 연인이었던 의사 허영숙이 그를 찾아와 함께 경성으로 돌아갈 것을 종용했기 때문이다. 그러니까 1919년부터 1921년까지의 약 2년간 이광수와 안창호와의 깊은 교류가 있었다고 할 수 있겠다.

  안창호는 이광수가 경성으로 돌아가는 것을 위험한 일로 여겼던 것 같다. 만류를 했던 것으로 보이고, 후에 만류에도 불구하고 돌아가자 자신의 일기에 그와 같은 우려를 기록하고 있기도 하다. 만일 이광수가 안창호의 만류에 귀 기울여 경성으로 돌아가지 않고 상해에 남았다면 어떻게 되었을까. 상상하기 어렵지 않을 듯하다. 일단 이광수는 작가로서의 삶을 살기는 어려웠을 것이다. 아내인 허영숙과의 관계도 파탄이 났을 테고. 대신 일제에 부역한 변절자라는 소리는 듣지 않게 되었을 것 같다. 안창호만큼이나 큰 민족의 지도자로 이름을 날렸을 수도 있는 일이겠다.

  역사에 가정은 어리석은 일이겠지만.

하여튼 경성으로 돌아온 이광수는 이듬해인 1922년 5월 개벽지에 중요한 논문 한편을 발표하게 된다. 『민족개조론』이라는 논문이다. 이 논문에서 이광수는 이렇게 밝히고 있다. 이것을 기록하는 것은 춘원 자신이지만, 이 사상은 재외동포의 독립운동 경험 가운데서 발생한 것이라고. 이 논문에서 언급되고 있는 재외동포가 바로 도산 안창호임은 불문가지겠다.

이 『민족개조론』이야말로 이광수의 기본사상이 안창호에게서 비롯되고 있는 것임을 보여주는 첫 사례요, 가장 중요한 텍스트라고 하겠다. 이광수의 역사관이나 민족관, 세계정치사관이 무엇보다도 안창호의 그것에 기반하고 있다는 산 증거인 까닭이다. 그러니까 안창호의 정신세계를 알면 이광수의 정신세계의 핵심도 대개 알 수 있다고 하는 것은 대체로는 옳은 이야기라고 본다. 적어도 민족문제에 관한 한은 그렇다고 할 수 있지 않을까 한다.

흔히 안창호를 아끼는 분들 중에 안창호의 『민족개조론』과 이광수의 그것과는 질적으로 다르다고 주장하는 분들이 있다. 안창호의 것은 실력양성을 통한 민족의 재탄생을 의미하는 반면 이광수의 그것에는 우리 민족을 열등하다고 보는 폄하의식이 근저에 깔려있는 것이라고 하는 것이다. 그러나 과연 그럴까? 이런 차별화에 타당성이 있는지는 잘 모르겠으나, 본인 생각으로는 차별성보다는 공통성을 찾는 게 더 낫지 않나 하는 관점이다. 이광수가, 그가 존경하는 민족지도자의 사상을 전하는 전달자의 역을 자임하면서 그 근본적 사상적 틀을 왜곡하였으리라고는 보이지 않기 때문이다.

사실 『민족개조론』은 당시로서는 가장 합리적인 것이었다. 당시 나라를 빼앗긴 민족에게 선택지는 세 가지였다. 나라를 잃은 어느 민족이나 마찬가지였을 것이다. 즉각혁명을 통해 독립을 달성하자는 『즉각혁명론』, 일제의 무력에 굴종해 그냥저냥 편안한 일상을 살기로 하자는 『굴종론』, 그리고 즉각혁명은 현실적으로 불가능하고 일제에의 굴종은 불가하니 일단 실력을 양성하여 이를 바탕으로 민족세력을 조직하여 후일을 도모하자는 점진적 혁명론으로서의 『민족개조론』, 이 세 가지 길이었다. 당대를 사는 사람으로서 이 세 가지 길 중에서 가장 합리적인 것은 『민족개조론』이었다. 해외가 아닌 국내에서 살기로 작정한 경우라면 더욱 그랬다고 할 수 있다.

민족개조론에 힘을 실어주는 중요한 경험 사례가 조선에 있었다. 갑신정변이 그것이었다. 갑신정변은 김옥균, 박영효, 서재필 등이 중심이 되어 즉각적 정치혁명을 시도한 것이었으나 잘 알려져 있는 것처럼 삼일천하로 끝나고 만 일이었다. 갑신정변의 실패의 한 원인으로 드는 게 백성이 깨이지 못하고 실력이 없었기 때문이라고 하는 것이다. 깬 실력 있는 선각자들만으로 혁명은 달성될 수 없는 것이라고 하는 것이었다. 즉각혁명론은 갑신정변과 같은 것이었다. 혁명이 가능해지기 위해서는 백성의 깸, 실력양성이 필수인데 그것은 민족개조라는 점진적 과정을 거치지 않고는 불가능한 것이었다.

물론 현실적인 입장 차이가 있을 수는 있겠다. 해외에 체류하냐 국내에 거주하냐에 따라서 그 차이는 더욱 심화되었을 수도 있다.

헌데, 『민족개조론』은 단순한 실력양성론에 그치는 게 아니었다. '조직론'이 실력양성론을 잇는 것이었고, 어떤 의미에서 보자면 '조직론'이야말로 그것의 핵심이라고 할 수 있다. 안창호를 보라. 그가 진정으로 잘했던 게 바로 조직화였다. 이에 크게 감복한 게 이광수였다. 흥사단, 수양동우회, 대한인국민회, 신민회, 상해 임시정부, 청년학우회, 동명학원, 대성학교 등등등.

조직화는 이광수에게는 한계였을 것임에 틀림없다. 해외가 아닌 국내에 돌아왔기 때문에 더욱 그러했다고도 볼 수 있고, 거기에 스스로 한계를 느꼈기 때문에 국내로 돌아왔다고도 할 수 있을지 모른다. 이런 점을 감안하면 이광수가 안창호의 사상 체계를 왜곡했다고는 보이지 않는다. 이광수는 안창호의 사상을 왜곡한 게 아니라 조직화에 약했을 뿐인 것이다.

1932년 5월 윤봉길 의사의 홍커우 공원 의거에 안창호가 연루되었다는 혐의로 상해에서 잡혀 국내로 이송되어 왔을 때, 이를 인천항 부두에서 맞이한 사람들 가운데의 하나가 이광수였다. 안창호는 2년 반여의 옥살이를 했는데, 아마도 이광수 역시 옥바라지를 상당 정도 했을 것으로 추정된다. 3년 후인 1935년 안창호는 일단 풀려나게 되는데, 그러나 곧 수양동우회 사건의 사실상의 주동자로 지목되어 다시 감방행을 맞이한다. 이 수양동우회 사건에는 주지하다시피 이광수도 연루되었다는 혐의를 받고 체포되어 옥살이를 하게 된다.

안창호는 이 두 번째 옥살이에 그만 몸을 그르치고 말아 1938년 목숨을 잃게 되고, 이광수는 6개월여 만에 다행히도 혐의를 벗고 풀려나게 된다. 안창호의 죽음에 조선팔도가 치를 떨고 통곡하였다고 하나, 이광수에 대하여는 그가 크게 마음을 그르쳐 변절했다는 소문이 나돌았다.

해방 후 이광수는 도산 안창호 전기를 써서 발간한다. 1947년의 일이다. 글도출판사가 이번에 낸 책의 원형이다. 이 책을 보면 이광수에게 있어 도산 안창호가 사상적으로나 심적으로나 얼마나 중요한 인물인가를 알 수 있게 된다. 안창호야말로 이광수의 정신적 스승이며, 그의 사상적 고향임을 살필 수 있다.

책을 읽어보면 알겠지만, 이 책에는 매우 흥미 있는 두 개의 에피소드가 삽입되어 있다. 조선이라는 나라의 운명을 결정적으로 결정지을 에피소드.

을사늑약이 체결되고 통감정치가 시작되고서 얼마 지나지 않아 이토가 안창호를 만나기를 청하였다고 한다. 이토가 어떤 인물인가 궁금했던 안창호는 이토의 청을 거절하지 않았다고 하는데, 그 만남에서 이토가 이런 제안을 하였다고 한다. 이토는 자신의 일이 동아 제국(東亞諸國) 즉 일본이 잘되고 조선이 잘되고 마지막으로 중국이 잘되라고 하는 일로 결코 조선을 병탄할 생각이 아니니 안창호, 당신 같은 조선의 인재가 조선의 정부를 꾸리고 맡아 보면 어떻겠느냐고. 물론 안창호는 이것이 이토의 꾐에 넘어가 이용당하는 것임을 알고 단연코 거절하였다고 한다.

이와 비슷한 사건이 한차례 더 있었는데, 경술국치가 일어나기 직전이었다.

이때도 통감이 안창호 등에게 정부를 꾸리고 조선을 통치하지 않겠느냐고 제안했다고 하는데, 이때도 제안을 하는 일제의 논리는 똑같았다고 한다. 자신들은 결코 조선을 병탄하려고 하는 목적이 있는 게 아니니, 조선은 조선 사람으로 통치하는 게 옳다고 본다고 했다는 것이다. 그 임무를 안창호에게 맡기고 싶다고 했다는 것인데, 이때는 안창호도 여러 지도자와 협의를 가지며 심사숙고를 했다고 한다. 이 제안을 받지 않으면 영락없이 나라를 잃을 판이니 일단 제안을 받고 뒤로 힘을 도모하여 때가 오면 일제를 몰아내자는 의견이 있었다고 한다. 그러나 안창호는 이에 동의하지 않았다. 우리에게 아직 그만한 실력이 없으니 반드시 노리개가 되고 이용당할 뿐이 될 터이므로 불가하다는 것이었다.

이 장면을 머릿속에 떠올리면서 역시 안창호는 현명하고 그의 판단이 옳다고 여겼다. 조선 백성의 강력한 저항을 고려해 안창호 같은 민족지도자를 전면에 내세워 이를 무마하기 위한 꼼수였던 게 불을 보듯 확실한 일이었기 때문이다.

그러나 왠지 모를 안타까움이 남는 일이기는 했다.

안창호가 그 제안들을 받아들였다면 어떻게 되었을까 하는 것. 민족의 실력은 아직 그만하지 않았다 하더라도 안창호의 실력은 일제에 버금가고 있었으니 무언가 조선의 역사가 바뀌지는 않았을까 하는 것. 일단 나라가 망하는 것은 막고 뒤로 힘을 도모해 일제를 축출해낼 수는 없었을까 하는 것이었다.

안창호만 한 인물의 능력이었다면 이도 가능한 일이 아니었을까 하는 안타까움과 아쉬움이 남는 것은 필자만의 감회는 아니었으리라고 본다. 역사는 하나의 능력자가 만드는 게 아니고 애국심을 지닌 강력한 지도자와 이를 뒷받침해주는 국민들의 힘이 합쳐질 때 비로소 형성되는 거라는 걸 알면서도 안창호의 능력이라면…… 이라고 가정법을 두고 싶어지는 것은 나라를 잃음에 대한 안타까움이 너무나도 큰 탓이었을까.

구한말의 조선의 비극은 현실 정치인들은 지나치게 썩었던 반면 민족지도자들은 너무 깨끗하고 맑았다는 것일지 모르겠다는 생각이 문득 스쳐지나간다.

하긴 옛날이나 지금이나 이게 망해가는 나라의 전형적인 모습인 것이겠지만.

이 책을 읽는 독자 제위들도 이런 안타까움을 느끼지 않았을까 싶다.

뒤늦게 이 책을 읽는 독자 제위와 독자로서의 선배인 필자가 하나의 책을 두고 같은 것을 느낀다면 서로 동병상련의 마음이 되는 것이니, 이 또한 책을 읽는 즐거움이라고 하겠다.

책의 일독을 권하는 바다. (편집부)